马克思主义新闻观
教育统编教材

丛书主编　李昌文
　　　　　常　庆

融媒体新闻报道

主　编　王　倩
副主编　任晓敏　郝丽丽　王育红

山东大学出版社
SHANDONG UNIVERSITY PRESS
·济南·

图书在版编目(CIP)数据

融媒体新闻报道 / 王倩主编. —济南：山东大学出版社，2022.5

马克思主义新闻观教育统编教材 / 李昌文，常庆主编

ISBN 978-7-5607-7436-7

Ⅰ. ①融… Ⅱ. ①王… Ⅲ. ①新闻报道—教材 Ⅳ. ①G212

中国版本图书馆 CIP 数据核字(2022)第 065535 号

责任编辑 滕希功
文案编辑 孟希亚
封面设计 张 荔

出版发行 山东大学出版社
社　　址 山东省济南市山大南路 20 号
邮政编码 250100
发行热线 (0531)88363008
经　　销 新华书店
印　　刷 山东和平商务有限公司
规　　格 720 毫米×1000 毫米 1/16
　　　　 20 印张 348 千字
版　　次 2022 年 5 月第 1 版
印　　次 2022 年 5 月第 1 次印刷
定　　价 52.00 元

前　言

在数字技术的驱动之下，媒介融合经过十几年的发展已经成为全球信息产业发展的大趋势。随着信息技术革命的推进，我们已经从报纸、广播、电视构成的传统媒体时代，跨越到了各类媒介的深度融合、立体融合发展的时代。特别是近几年，我国的媒介融合取得了实质性进展，新闻生产模式不断改进，融媒体生态环境逐步构建，推动了我国新闻产业的全面转型升级。变革之中，社会公众信息需求更加强烈；竞争之下，媒体市场形态格局各具特点。面对千变万化的新闻传播新局面，我们作为经历者、学习者、教材编撰者感到了不同以往的压力，与此同时也渴望把握时代的脉搏，感知新变化、新趋势，探索新经验、新知识、新思路。

一、融媒体时代的到来

综观媒介发展史，新技术的应用和推广往往会给新闻行业带来深刻的变革与影响。大数据、云计算、虚拟现实、人工智能等传播手段的应用，无人机采访、机器人写手、虚拟现实网络传播等新技术方式的尝试，都为新闻生产注入了新的活力，拓展了新闻传播活动的广度与深度，也给新闻生产带来革新，特别是对新闻报道领域中的信息采集方式、写作方式等带来了新的创作空间。

媒介的革新与发展不仅受信息传播方式的影响，也会随社会环境和受众需求的变化而发生变化。国际国内环境的不断变化，新时代社会发展的矛盾频仍，各地区各领域联系加强，社会和公众对于优质、多元信息的需求都格外强烈。公众越来越意识到信息的传递、媒介的力量影响的不只是传播领域，更承载着社会关系，维系着社会运行。

在国家政策的指导下，我国媒介融合已经有了实质性的发展。从2014年8月《中共中央办公厅、国务院办公厅关于推动传统媒体和新兴媒体融合发展的指导意见》到2020年9月《中共中央办公厅、国务院办公厅关于加快推进媒体深度融合发展的意见》，文件名从“推动”“融合”到“加快推进”“深度融合”，为媒体融合发展绘就路线图，同时也表明我国的媒体融合建设进入新阶段，任务进一步升级，向纵深发展。这意味着我国媒体融合是所有媒体都在参与的轰轰烈烈的行业实践，媒体融合发展是大势所趋，媒体融合时代已经到来。

社会环境、政策调控和技术逻辑之下，融媒体时代日益清晰地展现在我们眼前，我国的媒体业态和信息传播生态发生了深刻的变化。社会利益阶层的分化和多元化，使得社会发声嘈乱混杂；新技术带来新闻生产方式的变革，既是创新的可能性，也易引起传播失范；大众化受众变成个性化用户，对高质量信息的追求对新闻工作者提出了更细化、更专业的要求。正确理解我们所处的媒介环境，是我们探索融媒体时代的开始。

二、融媒体环境下新闻实务类教材的现状

新闻教育战线与我国新闻传播事业配合，为媒体培养和输送了大批新闻人才，促进了媒体的良性发展。基于传统新闻传播业的分工结构和运行方式而构建的新闻教育体系和今天的新闻媒介环境一样，也面临变革的诉求。教材是新闻教育体系中的重要一环，是决定教育质量高低的重要因素。当前新闻实务类教材在教学中存在的问题主要有以下几个方面：

一是新闻工作者的基本职业理念和价值判断未能得到强调。融媒体时代，媒体和新闻报道虽然面临着新闻生产模式、生产流程的再造，但越是在这种环境之下，新闻媒体和新闻报道者的一些基本职业守则和价值判断越应该得到强化。传统媒体时代提出的新闻真实、客观、深刻、全面的要求，在媒体融合时代不是削弱了、不重要了，而是更加强烈了。

二是对新闻界的新变化没有及时跟进、更新。新闻教育前辈们十分重视教材建设，出版了内容扎实、门类齐全的教材，但随着时间的推移，很多内容、体例已不再适用当下新闻教育，亟待重新编写一套适应媒介新环境的教材。此外，只有让学生结合业界新发展、新趋势，才能更好地理解当下的媒介环境，进而更顺畅地接受新闻理论，学习新闻技能。

三是融媒体环境下的课程框架和教学模式不够先进、系统。媒介融合

不断深入，传播主体、传播模式、传播效果都有了较大变化。多平台、全媒体的新闻生产环境下，如果教学还停留在单一媒介、固定模式的层面，没有区分不同类型媒体在信息传播中的要求，就无法引导学生建立全媒体的思维，也就满足不了对新闻工作者提出的“全能型人才”“全媒体人才”的新要求。

不论是学校还是媒体，都需要一本能够真正适应媒体融合新趋势的新闻实务教材。在山东省马克思主义新闻观专业统编教材工作计划的推动下，我们以融媒体新闻报道为题，聚合了山东省多所高校新闻专业教师，以合作的方式完成本书的编写，试图以诚恳的态度、专业的视角、新鲜的案例来讲述融媒体新闻报道的专业原则与专业方法，引导读者认知媒介环境，认同职业责任，提高专业判断能力，提升工作技能。

三、守正创新，探索新闻实务教育的新思路

《媒体融合蓝皮书：中国媒体融合发展报告(2019)》指出，“新闻策采编发全流程再造”是我国媒体融合实践的核心。作为培养融媒体时代学生新闻实务能力的教材，我们带着包容的目光，与读者一起探讨新闻报道的技巧、责任与方向。

本书共分为十一个章节，主要包括以下几方面内容：

第一，认识新闻工作者的职责与所处的媒介环境现状。融媒体时代，媒介融合渗透日益加深，新闻传播出现了传播主体的多元性、新闻报道的非专业性、民众参与的低成本性、传播链接的交互性和传播速度的即时性等新的特征，以及由此带来的信息海量化、低质化和碎片化等问题。传统的新闻敏感、专业主义等新闻特质在此时代背景下面临创新性传承和发扬的历史使命，如何守正创新，传承和发扬好新闻人独特的专业基因，是新闻工作者面临的重大机遇和严肃考验。

第二，从事新闻工作需要了解的新闻报道基本规律和原则。对于具有专业意识的媒体和新闻报道者来说，融媒体时代的挑战，很多时候来自流量、点击量、转发量与传统新闻规范和传统新闻伦理的矛盾和冲突。网络媒体发展在一定程度上淡化、冲击了媒体的专业性。如何在融媒体背景下坚守并重塑新闻报道的基本原则，考验着新闻人的责任意识、业务能力和技术水平。

第三，扎实的新闻采访与写作技能是新闻报道的核心。新闻采访与写作是新闻报道的基础，是新闻工作者最基本的职业技能。传统的新闻报道方式为我们提供了丰富、详尽的内容创作经验，在新平台、新媒介中也要能够利用好这些创作优质内容的技巧和规律。同时，我们也对新技术、新题材、新风格做了初步的探讨，运用新鲜的案例，对融媒体新闻报道的方法进行了讲述。

第四，探讨融媒体时代新闻报道更多的可能性。我国目前正推动传统媒体与新兴媒体全面融合向纵深发展，全媒体传播体系呼之欲出。我们将目光投向未来，融媒体时代的新闻报道呈现出了哪些新的特征，又延续了哪些旧的传统，面对新的机遇与挑战，我们如何做好融合新闻报道，这些都是我们要努力回答的问题。

我们希望本书能够为新闻专业的学生和新闻从业者提供一点关于融媒体新闻报道的思路，我们也期待读者的批评指正。

王 倩

2021 年 3 月

目　录

第一章　融媒体时代的新闻报道

融媒体时代，新闻报道的方方面面正在发生着巨大的变化，特别是以网络社交和自媒体为代表的新媒体对传统媒体行业的渗透日益加深，新闻传播出现了传播主体的多元性、新闻报道的非专业性、民众参与的低成本性、传播链接的交互性和传播速度的即时性等新的特征，以及由此带来的信息海量化、低质化和碎片化等问题。传统的新闻敏感、专业主义等新闻特质在此时代背景下面临创新性传承和发扬的历史使命，如何守正创新，传承和发扬好新闻人独特的专业基因，新闻报道正在面临重大机遇和严峻考验。

第一节　新闻敏感与新闻专业精神

融媒体时代，人人都是“麦克风”，人人都是各种信息和观点的发声者。在海量的信息中，能否及时、敏锐地发现新闻线索，准确地判断其蕴含的新闻价值，是衡量新闻工作者专业技术的基本标准。而能否从发掘到的新闻线索和素材中精准地分析其动态价值和社会意义，并通过多媒体手段向受众进行高质量的传播，更是体现新闻报道者专业能力的重要依据。

一、新闻敏感在新闻报道中的新要求

日常生活中，普通人和新闻工作者都有可能耳闻、目睹乃至亲身经历具有一定报道价值的新闻线索或事实，普通人无法从中判断哪些信息能成为新闻或成为怎样的新闻，而新闻工作者却可以凭借某种专业素养和本能条件反射对其中所包含的重要信息进行精准认知和判断。这种对变动的事实信息迅速感知和抓取的能力，以及判断其新闻价值的所在并将其转化为新

闻的能力，就是新闻敏感。新闻敏感被视为新闻采访和写作过程中的新闻生命，是支撑新闻报道者进行新闻生产活动不竭的动力源泉。在信息大潮波涛汹涌的融媒体时代，既要赋予新闻敏感以更丰富、更符合时代特征的内涵，更要充分挖掘新闻敏感所具有的新特质，用以指导我们的新闻实践活动。

（一）去伪存真，为虚假新闻传播树立屏障

辨别和判断信息的新闻价值大小，是新闻敏感的常规表现。但在融媒体时代，面对纷纷扰扰的各类信息，新闻报道者能否在短时间内准确感知、辨别受众的“迷惑点”和需要向受众澄清的“新闻点”，能否澄清事实，解释事实，去伪存真，为真实信息的传播创造条件，为虚假信息的传播和泛滥树立屏障，是对新闻报道者新闻敏感的新要求。

熏醋可以预防病毒传染、喝高度白酒能防治新冠肺炎、吃维生素C能提高免疫力，乃至抽烟可以打败病毒……2020年1月，面对突如其来的新冠肺炎疫情，很多人一时陷入了不知所措的状态。在这种情况下，一些媒体打着“民间小妙方”的旗号报道、传播类似伪科学的信息。这些信息似是而非，真假难辨，不仅误导了大众，也扰乱了抗击疫情的公共秩序。

在这种情况下，《人民日报》抓到了公众的疑惑点，充分发挥了“去伪存真”的作用，在头版“今日谈”栏目中配发了新闻评论进行提醒：

> 疫情面前，媒介传播也呈现出一些新的特征，那就是，传播方式和路径向移动端和视频平台转移，信息传播更加多元化和快速化。在这样的传播环境下，每个人都是一个传播节点。也正因此，每个人既应该多一份责任，也要多一些定力。对未知有害怕，对疫情有恐慌，都是人之常情，但不能也不应该在“无意”中成为谣言的放大器、“伪科学”的“二传手”。我们理应心存谨慎，但不应传播恐慌；我们要对信息敏感，但不能未经思考就“随手转发”。[①]

文中特别提到“我们要对信息敏感，但不能未经思考就‘随手转发’”，这自然不仅仅是对广大民众的提醒，更是对新闻工作者在纷纷扰扰的海量信息中能够去伪存真的新闻报道能力提出合理要求。

---

① 余清楚：《别让谣言跑在科学前面》，《人民日报》2020年1月28日。

(二)去芜存菁,为低质新闻传播设置门槛

当下,很多受众都有这样的体验:打开很多新媒体资讯类应用的首页,各种夸张的、博眼球的标题扑面而来,诸如猎奇故事传说、养生保健常识、明星八卦绯闻以及星座风水解梦等,更有一些看起来很刺激的资讯,如“大学生不上班在家玩游戏,零花钱却花不完”“高中生被父母发现藏有巨额存折,原来是……”等,这些其实是涉嫌违法的博彩类广告,几乎无新闻价值可言。

可以看到,除了以上谈到的虚假信息泛滥之外,大量的含金量低、无价值的信息和重复性信息也参与到新闻信息的传播过程中来,甚至一些低俗的、违法广告类信息也掺杂其中,五花八门的内容在信息流转过程中消耗了媒体的资源和受众的关注力,形成了信息的低质化传播。无论是传统媒体时代还是融媒体时代,新闻信息的传播都是整个社会成员之间有效互动的基础,它应该是受众与媒体出于对自己利益的关切、出于对社会关注和社会参与的需要而进行的一种信息交换活动。而海量的未经核实、新闻价值低下的信息掺杂在信息流通过程中,实际上破坏了信息流通的良性互动属性,把信息互动的权威性、严肃性给消解掉了,带来的不良后果就是新闻信息的低质化以及过度的娱乐化、儿戏化等,不利于新闻传播过程的健康运行。

因此,在融媒体时代,辨别和判断信息质量的高低,恰当地择取传播内容,实现新闻的高质量传播也是衡量新闻工作者职业能力的重要指标。

(三)与时俱进,满足受众个性化信息需求

融媒体时代,公众对信息进行自主选择的欲望更加强烈,并且往往是希望在最短的时间内以最便捷的方式获得自己最感兴趣或是最需要的信息,而新媒体所具备的技术、渠道等优势也为人们的这种需求提供了便利条件。公众对信息交流的速度、深度、实用度和愉悦度的要求越来越高,从而呈现出更强的个性化需求。

能否在海量信息资源中挖掘出符合公众个性化需求的新闻,并且通过适当的整合、重组方式进行处理,达到更好的传播效果,是对新闻报道者的新闻敏感力的进一步考验。

2016 年 10 月,微博上有大 V 讨论“山东人爱说倒装句”的话题,引起了热议。关注到这一热点话题后,山东媒体《齐鲁晚报》很快便整合资料,编辑相关报道内容,在手机客户端“齐鲁壹点”上进行了发布,并在报道中风趣地

提到历史上最喜欢用倒装句的山东籍名人应该是孔子，从而将山东人爱说倒装句的有趣话题进行了文化上的延展。一时之间，该内容不仅引起了山东人的广泛刷屏，也引起了全国对山东倒装句文化的热议，从而将一个活跃于社交媒体的一过性话题发展为一个具有较强拓展性的文化话题，使得“山东人爱说倒装句”的“文化梗”在多年内都长盛不衰。

通过以上案例可以看出：要想融媒体时代的受众能够在更高程度上满足受众的个性化需求，作为媒体和新闻报道者，一方面需要具备多种媒体信息的整合、重组和多样利用的信息处理能力，另一方面也需要具备广泛挖掘和调用丰富信息资源的新闻敏感能力，这是融媒体时代对媒体和新闻报道者的新要求。

二、新闻敏感在新闻报道中的新应用

新媒体时代，新闻报道者面对纷繁芜杂的信息，更应该提高新闻的敏感度，找到事物和新闻的发展规律，及时精准地判断出蕴藏于事物背后的新闻线索及其所具有的价值，通过对新闻细节的挖掘抓取精彩内容，拓宽写作思路，生产出让受众喜闻乐见的新闻报道。

（一）善用新闻敏感发现新闻线索

在社交媒体发达的今天，新闻线索在我们的生活中无处不在、无时不在。但是，能否在别人容易忽略的日常场景中发现和判断出认同度高、易引起共鸣的线索，需要新闻报道者较强的新闻嗅觉。正如蓝鸿文教授在《新闻采访学》一书中所说：“什么叫新闻敏感？一个具有新闻价值的事实，别人不能看出它是新闻，而你却一下子能识别出它是新闻，这就是新闻敏感。”

2021 年 2 月 13 日，正值中国传统节日春节期间的大年初二，在我国的民俗中，这是一个女婿陪妻子回娘家的日子。这一天，《潇湘晨报》在官方微博上转发了一个名为“过年时外地女婿的统一姿势”的视频，并配发文字：

> 初二，过年时，你在村头遇见了这些奇怪的陌生人，他们听不懂方言，见面只会傻笑……尽管放心，他们不是坏人，他们只是外地女婿……这样的背影和姿势是全国统一的！为了爱情，尽力融入这个地方却又有一丝无助。[①]

---

① 《过年时外地女婿的统一姿势》，潇湘晨报官方微博，2021 年 2 月 13 日。

该视频一经媒体编辑综合发布，信息素材本身所具备的那种贴近生活、贴近现实的特性及带有浓厚人情味的幽默风趣感，很快便吸引了广大受众，一度冲上微博热搜，并且在随后的几日里被人民网、新华社、《环球时报》等权威媒体的新媒体平台转发，其中新华社的微信公众号在转发时还在文尾配上了“致敬亲情”的标签，点赞量和精选留言的点赞量都非常可观。

这样一个引起国人情感共鸣的报道，最初是来自名为“许昌时刻”的抖音号。《潇湘晨报》的报道者利用自己的新闻敏感在浩如烟海的信息中发现并判断该内容的情感价值和新闻价值，将这样一个存在多年却无人关注的“老场面”发展为一个南北共通、引起共情的“新话题”。

（二）善用新闻敏感挖掘新闻细节

细节，往往是新闻报道中最鲜活、最具特色的精华部分，是新闻的新意所在。新闻细节的挖掘，可以在内容上提升新闻报道的精彩程度，也可以丰富新闻报道的内涵。新闻细节的获取，离不开新闻报道者在新闻采访和写作过程中的新闻敏感。

2020 年第三十届中国新闻奖评选中，山东大众网・海报新闻大型融媒体专题报道——《行走黄河滩・我的迁建故事》荣获网络专题一等奖。记者通过对山东省沿黄七市多个滩区村蹲点采访，聆听建设者和黄河滩区居民的故事，见证新时代黄河滩区百姓生活的巨变。在该专题报道中，一个重要的部分为“故事画卷”。“展开”此“画卷”，你会发现该报道虽然置于宏大的叙事背景下，但在采访过程中，记者非常注重利用新闻敏感抓取村民朴实而生活化的日常细节，挖掘出了很多接地气、带“露珠”的新闻故事。其中一个名为《全家福》的短视频中，用短短 50 多秒的时间展示了多户村民在老房子前（内）和新房子前（内）拍摄的全家福对比照片，以一种近乎白描的手法，展现了百姓在搬迁前后生活环境的变迁，表达了“滩区群众追逐多年的安居梦致富梦变成现实的喜悦”①。

一滴水可见太阳，一个细节可见人生。新闻报道者发挥自己的新闻敏感将挖掘到的细节活用起来，往往既可以聚焦百姓生活近景，使新闻报道鲜活生动，又能放大时代景深，拓展新闻报道的内涵。

---

① 姜洋：《“行走黄河滩・我的迁建故事”专题引多方点赞　数万网友共话安居梦致富梦》，大众网，2019 年 12 月 31 日。

(三)善用新闻敏感拓宽写作思路

新闻报道者强大的新闻敏感,不仅体现在报道者能够在海量信息中发现信息素材的独特性以及他们对于新闻素材的价值发现、判断的迅捷性和准确度上,更体现在新闻呈现领域。在新闻呈现时通过恰当的方式对信息资源进行聚合利用,选择丰富多样的呈现方式,并在合适的时机进行发布,也需要新闻报道者具备融媒体时代特有的新闻敏感。

同样是在2020年第三十届中国新闻奖评选中,“新湖南”客户端推出的新媒体短视频产品《十八洞龙金彪的Vlog丨脱贫之后》获得一等奖。该作品敏锐地抓到了新媒体背景下受众的需求,采用Vlog第一视角的方式,选择更有记录感的专业小机器拍摄记录了十八洞村年轻村民龙金彪脱贫后的生活。以一个青年农民的个人故事为切入点,展现了十八洞村人脱贫后做到不返贫且致富奔小康的生动实践,是该报道在内容上的创新;而后期制作中,融合了手绘、动画等多种新媒体元素,让作品更有“网感”,进一步突出了作品的“年轻化”,则是在形式上的创新。

综上,融媒体时代的新闻敏感,往往贯穿于新闻生产的整个过程,无论是新闻采访还是新闻写作,乃至最终的新闻呈现,都能体现出媒体和新闻报道者对新闻敏感能力的集中应用。从另一个角度说,媒体和新闻报道者提供的新闻产品在满足受众信息需求之上,还能够推进受众的多元化、个性化信息需求的健康发展,是融媒体时代对媒体和新闻报道者提出的更高要求。

三、融媒体时代新闻报道的专业性

(一)融媒体时代传统新闻生产的专业性面临的挑战

以服务社会和大众为宗旨,秉持真实、全面、客观、公正的原则,是新闻媒体和新闻工作者始终应该具备的专业素养。

新媒体技术的广泛应用,使得媒体业态和信息传播生态发生了深刻变化,由专业媒体人主导的传播模式已经发生了较大的转变。对于具有专业意识的媒体和新闻报道者来说,融媒体时代的挑战,很多时候来自流量、点击量、转发量与传统新闻规范和传统新闻伦理的矛盾和冲突,在一定程度上淡化、冲击了媒体的专业性。面对一个可能收获巨大流量乃至引爆舆论场的事件,作为一名新闻报道者,你获取了独家线索,但是不能保证信息的全面和准确,那发布还是不发布?对于很多具有热度和话题性的内容,你只能采访到事件的一方，无法获得另一方的观点，那报道还是不报道？这些看似两难的选择境地，无疑会对专业新闻报道者在专业新闻报道活动中的认知和执行产生较大冲击。

1.传播主体边界模糊，削弱了信息传播过程中的严谨性和规范化

在媒体融合的交互机制下，人人都有途径和手段传播信息，专业和非专业的个体和机构的边界变得越来越模糊。而社会对于非专业的信息传播者和自媒体，并没有一套行之有效的方法或规范来约束，信息的生产和传播过程开始变得不规范，引起了众多失实性新闻的广泛传播，其“影响力”甚至远超事实真相。

如 2017 年 4 月引起公众高度关注的“皮皮虾被注胶”事件视频中，一女子展示自己在早市上买到的皮皮虾，煮熟后每一只里面都有硬硬的红色物体（实为虾籽），并说这是注在皮皮虾里的“胶”。“这是想把人吃死吗?”她认为这是黑心商家为谋利所为，并愤怒呼吁广大网友“都别买了，也别吃了”。该视频广泛传播，一时之间，关于市场上“皮皮虾注胶售卖”的误解影响广泛。此外，“紫菜是塑料袋做的”“甜西瓜里都注射了糖精”等传言也是通过类似的传播方式渗透到了公共传播领域，即使主流媒体多次辟谣，也很难彻底消除流言的不良影响。

由此可以看到，在新媒体、自媒体信息生产和传播过程中，当“非专业化”主体进入到新闻传播链条中时，严谨性不足和专业性的缺失，导致传统的新闻专业性规范面临备受冲击的窘境。

2.新闻源主体的复杂性，增加了新闻生产过程中求证和专业化的难度

在新闻行业的职业规范中，新闻记者的职责就是通过追求真实，向受众提供事实的全面论述。而在媒体融合的今天，自媒体、社交媒体已经成为记者获取新闻线索最常用的渠道和工具。面对自媒体的时效性，很多新闻报道者往往选择依靠手机做新闻，以在各社交媒体平台搜寻信息作为信息源，于是出现了忽略线下求证或是只采信单一信源等问题，再加上自媒体渠道的情绪化表达裹挟其中，致使新闻报道的真实性、客观性、全面性等专业要求受到了挑战。

2018 年 12 月 19 日，北京一家媒体报道了这样一则消息：从张家口来北京的李明（化名）乘坐北京地铁时，不小心丢失了一个人工耳蜗。根据这家媒体的报道，一个人工耳蜗的价值不菲，能达到 20 万元，而且丢了还得重新做开颅手术，希望广大市民能帮忙寻找。“开颅”和“20 万”两个关键词击中

了公众的内心，发文不到一个小时，就获得了微博上万的转发、评论。消息公布当天，一个自媒体公众号撰文点出人工耳蜗无需开颅手术和耳蜗价格不到20万两个关键信息，让舆论出现了反转。这一篇自媒体文章用词激烈，在没有提供任何依据的情况下推测这是媒体和商家合谋的大骗局。虽然自媒体文章有煽动受众情绪之嫌，但媒体在新闻采访和写作过程中也确实只选取到了一个信源，就是失主及其家人。对于新闻中的关键细节，即重新植入人工耳蜗是否要进行开颅手术、昂贵的人工耳蜗有无补贴等信息，媒体记者并没有向其他更加专业的信源求证，导致“没有准确全面地向公众传达事实，有违其严谨的媒体特质”①。

由此来看，主流媒体的报道，如果在新闻专业性的表现上出现了疏漏，就很容易造成新闻失实现象。融媒体时代，这种新闻失实会使受众长期以来对媒体的信任感大打折扣，严重时甚至会导致新闻权威性的崩塌。对于这个问题，陈力丹教授有过这样的表述：“记者与新闻源主体之间的矛盾，是新闻传播活动中的基本矛盾之一。对于记者们难以亲自观察的新闻事实，或在新闻事实本身很复杂很专业时，记者对新闻源的依赖程度很高，需要为此承担职业风险。”②

（二）媒介融合时代新闻专业性和专业精神的重塑

对于媒体和新闻工作者来说，媒体融合是一场不容回避的自我革命。传统的新闻报道方式和内容生产壁垒被打破，给媒体行业带来了冲击，新闻报道方式、报道内容乃至新闻报道者本身都面临着传播力、引导力、影响力、公信力等多方面的挑战，而越是这样，越考验媒体和新闻报道者的专业精神与专业成色。在这种现实下，构建符合融媒体时代特征的专业规范，重塑新闻报道的专业性和新闻报道者的专业精神是非常必要的。

由于自媒体已经成为专业媒体的有效延伸，且对专业媒体也有较强的推进和蓄能作用，因此除了专业媒体外，各种参与公共信息生产与传播的个体和非媒体组织，也都是重塑新闻工作专业性过程中不可或缺的重要角色。

---

① 赵思强：《“人工耳蜗丢失”事件反转背后：情绪总是比事实传播更快》，微信公众号“刺猬公社”，2018年12月21日。

② 陈力丹：《新闻记者首先要对真相负责》，《新闻战线》2011年第4期。

1.专业媒体人应重新树立起专业性标杆

融媒体时代，新闻工作依然要秉持服务大众的宗旨，遵循真实、全面、客观、公正的原则，在众声喧哗的语境中，体现了专业媒体更强的专业素养和专业伦理。

首先，新闻专业从业者要努力加强自身的新闻专业素养。融媒体时代，新闻报道者既是信息发布者，也是信息消费者和信息接收者，新闻从业者在提高媒介工具使用素养的同时，更要格外重视加强信息的筛选能力和鉴别能力，以免陷入“信息茧房”和“流量至上”的不健康价值观中。

其次，面对技术带来的新闻伦理问题和新闻价值观困境，新闻媒体和新闻报道者的“把关人”内涵和外延应当及时调整。可以加强专业从业人员在技术生产信息过程中的把关，将正确的价值取向延展到技术环节，找回“把关人”角色，通过“人＋机器”、机器帮人、不断迭代的大数据闭环，更好地体现新闻生产和传播过程中新闻伦理和专业主义的主导性和价值观。

最后，新闻专业从业者还应当与时俱进，重新树立、学习和掌握符合融媒体时代的、具有新意的新闻伦理和专业规范，使自身作为权威传播主体的传播行为有规可循。对于新闻业而言，较强的专业性职业素养和职业规范，内化可以成为新闻媒体和新闻工作者的职业信念，外化可以表现为新闻媒体和新闻工作者的职业准则或规约，专业性既是新闻媒体充分发挥社会功能的基础，也是新闻媒体在社会中立足的保障。

2.个体和非媒体组织也应具有专业性追求

万众皆媒的时代，越来越多的人和非媒体组织也参与进了信息传播的过程，可以预见，在未来的公共信息生产的过程中，社会中的个体和非媒体组织必将会占据越来越重要的地位。在公共利益和公共价值追求下，对所有人的信息传播行为进行规范和约束，已是社会发展的必然，这意味着曾经只要求职业新闻人遵循的很多内容，在这个“人人都可以成为麦克风”的时代需要普及至每一个普通公民和非媒体组织的信息传播过程中，这也意味着过去只属于新闻记者的专业精神和专业规范，如今则要上升为具有普遍性的责任意识和公共规范。

2019 年 6 月 22 日，在由中国新闻史学会媒介法规与伦理研究委员会主办的主题为“反思与重构：智能传播时代的媒介法规与伦理”的学术年会上，华中科技大学新闻与信息传播学院教授牛静发布了《自媒体用户信息传播伦理规范（建议稿）》，该建议稿中的“负责地发布内容，避免误导”“正当地采集信息，拒绝欺瞒”①等内容，正是对非专业信息传播者和组织提出的规范化的建议。从这些建议的内容中，我们也不难看出，在新闻内容生产的专业性重塑过程中，个体和非媒体组织也是不可或缺的重要环节。

进一步说，个体和非媒体组织在信息接受、专业意识、专业能力、专业规范方面的提升，也逐渐会生发出一股强劲的专业力量，给专业媒体的专业化新闻生产和传播带来新的动力和活力，从而使多方形成一种更加符合社会公共利益的技术伦理和专业规范合力，使新闻生产和信息传播过程更加健康，对社会发展真正发挥出有效的功能。简言之，如果专业媒体坚守新闻专业精神与新闻规范，面对各种流量的诱惑，保持严谨、负责的态度，理性观察和分析事件，受众的情绪就不会被轻易带偏；如果受众具备一定的专业素养，在喧嚣中能保持冷静和理性，抛开情绪的裹挟，媒体则不敢轻率糊弄，媒体的内容生产也必将更加高质化。

第二节　媒介环境的变化

媒介环境学理论认为媒介与社会有着共生互动的关系，是促进社会发展的动力之一。纵观历史，媒体的革新与发展对社会的生产生活方式产生深远的影响，而媒介环境也会随着社会环境、传播技术和受众需求的变化而发生变化，正确理解我们所处的媒介环境，对于新闻媒体和新闻报道者都具有现实意义。

一、社会环境的变化对新闻报道的影响

从国际上来说，“当今世界正经历百年未有之大变局，新一轮科技革命和产业变革深入发展，国际力量对比深刻调整，和平与发展仍然是时代主题，人类命运共同体理念深入人心，同时国际环境日趋复杂，不稳定性不确定性明显增加，新冠肺炎疫情影响广泛深远，经济全球化遭遇逆流，世界进入动荡变革期，单边主义、保护主义、霸权主义对世界和平与发展构成威胁”②。

从国内来说，“中国特色社会主义进入新时代，我国社会的主要矛盾已

① 李燕:《国内首个自媒体传播伦理规范发布:不搞标题党》，荆楚网，2019年6月22日。

② 《中共中央关于制定国民经济和社会发展第十四个五年规划和二〇三五年远景目标的建议》，新华社，2020年12月24日。

经转化为人民日益增长的美好生活需要和不平衡不充分的发展之间的矛盾”①。2021年3月11日，十三届全国人大四次会议表决通过了《关于国民经济和社会发展第十四个五年规划和2035年远景目标纲要的决议》，“开启全面建设社会主义现代化国家新征程”②。

新时代社会矛盾的变化和全面建设社会主义现代化国家新征程中经济社会发展主要目标的变化是社会发展的必然结果，它对新闻媒体和新闻工作者的传统思维方式和工作理念都提出了新的挑战。如何把握基于社会整体利益的主流价值观与社会多元利益诉求间的平衡？如何既维护多元利益表达机制下正当的公民表达权，同时又做到正确发挥舆论引导作用？这些都是当下新闻媒体和新闻报道者面临的新课题。

（一）遵循主流价值观的传播与社会多元利益诉求间的平衡

变革中的社会，不可避免会伴随着社会利益阶层的分化和多元化，代表不同利益群体的“声音”不断涌现，会使得社会发声嘈乱混杂，甚至会导致流言四起，群众不明真相，从而加剧社会矛盾和冲突。有责任的媒体和新闻报道者，一定既要敢于直面社会矛盾与冲突，又要在众声喧哗中保持清醒和理性的头脑，始终能够坚守自己的专业信念和职业操守。

首先，捍卫和宣扬社会主义核心价值观，弘扬正能量，应该成为新闻媒体、新闻工作者的责任共识和新闻报道活动遵循的价值共识。社会主义核心价值观是当今中国的主流价值观，是中国各阶层民众共同的价值观，在处于现代化转型和变革的“深水区”的当下，只有遵循共同的价值观才能实现社会各阶层民众的有效聚合。对此，新闻媒体和新闻报道者要遵循主流价值观的传播理念，以弘扬社会正能量为己任，并要善于引导，帮助公众在国家发展和社会发展的重要问题上达成基本的社会共识，引导不同的社会群体有序、理性地参与政治、经济、文化和社会生活相关的信息传播过程。

其次，媒体和新闻报道者也要直面不同群体的利益表达，重视社会多元利益群体的诉求。社会变革中，表达不同意见的公民信息意识也在增强。在这样的社会环境之下，新闻工作者更应自觉地担负起作为党和人民的喉

---

① 习近平：《决胜全面建成小康社会 夺取新时代中国特色社会主义伟大胜利——在中国共产党第十九次全国代表大会上的报告》，《求是》2017年第21期。

② 《十三届全国人大四次会议表决通过关于国民经济和社会发展第十四个五年规划和2035年远景目标纲要的决议》，央视网，2021年3月11日。

舌的责任，既要秉持新闻工作者的主流价值观，善于引导舆论，又要与时俱进，有效呈现多元化的合理表达，搭建起政府与不同利益群体和公众间沟通的桥梁。

（二）正确发挥舆论引导与维护正当公众舆论表达之间的平衡

在满足公民合理表达需求过程中实施舆论引导，实现两者之间的平衡并建立起有效的操作机制，是当前媒介化社会语境中新闻媒体和新闻报道要达到的新境界。

首先，新媒体时代，媒体依然要牢牢把握正确舆论导向，唱响主旋律，壮大正能量，做大做强主流思想舆论，有效构建适合融媒体时代特征的定位传播模式，发挥主流意识形态对公众社会生活的正向引领作用。这就要求新闻报道者要担当起舆论引导的责任，敢于直面社会冲突和矛盾，坚持深入新闻现场，及时进行第一手报道，正确地还原和呈现事实真相，只有这样才能让公众在公开透明的事实中明白事件的全貌和真相，进而取得共识，实现舆论的有效引导。

其次，我们也要意识到，舆论引导的前提是满足公众充分而合理的舆论表达。融媒体时代，畅通各种渠道，保障公众的合理表达权是媒体和新闻报道者的责任。新媒体时代，公众舆论表达呈现出表达主体多元化、表达诉求多样化、表达渠道复杂化、表达方式无序化等新特征，面对不同的声音和诉求，媒体和新闻报道也要与时俱进，要为公众的理性舆论表达提供实用的智慧和渠道，要注意维护不同群体尤其是弱势群体的利益，真实、准确地反映、表达他们的愿望和诉求，跟进调查，独立求证，借助新闻信息的采集和处理来表达“民意”。

二、传播技术的革新对新闻报道的影响

在传播科技发展历程中，新技术的应用往往给新闻行业和新闻报道领域带来深刻影响。近年来，以互联网为主体的新型媒介传播技术的革新，特别是大数据、虚拟现实、人工智能等传播手段的应用，以及无人机采访、机器人写手、虚拟现实网络传播等新技术方式在新闻报道环节的使用，都为新闻传播注入了活力，拓展了新闻传播活动的广度、深度，也给新闻生产带来革新，特别是对新闻报道领域中的信息采集方式、写作方式等带来了深刻影响。

(一)新技术带来新闻信息采集的变化

新闻信息采集是新闻报道的重要环节,媒介融合背景下,新闻信息的采集方式和传统媒体时代相比发生了巨大的变化。技术的加持为新闻报道者快速、准确、全面地进行信息采集提供了更多的可能性。

VR、无人机、3D等技术的应用革新了传统新闻采集方式。例如,无人机技术在信息采集过程中的使用,可以实现无线遥控来完成新闻采访任务。如在海难、洪灾、泥石流、地震以及台风等自然灾难性事件和战争战地采访中,新闻记者现场采访危险重重,而无人机拍摄可以突破多重险境,对新闻现场进行全面、准确、真实的记录,为新闻传播提供了高质量的新闻素材。同时,新技术操控下的无人机,可以从不同视角来展现新闻事件,使其在灾难性报道、突发性事件报道中独具优势。

Vlog、H5、Web3.0等新技术、新手段的应用,为新闻报道营造真实、立体、多元化的呈现方式提供了条件。以报纸媒体为例,过去某一报媒集团下属不同报纸分派各自记者深入同一现场进行采访报道的信息采集方式已经发生改变,融媒体时代的信息采集往往由一名记者或记者团队一次出击,对所有相关新闻素材进行全方面、全样式采集,根据不同媒介属性、特点,制作相应的新闻产品。也就是说,对于当下新闻传播,已经实现"媒介融合、一次采集、多种生成、多元发布、全天滚动"的多媒体形式。移动直播技术更是将新闻报道过程从拟态化带向了体验感更强大的"现场化",资讯视频化和直播视频两种形态成为融媒体时代新闻报道竞相发力的方向。

对于新闻媒体和新闻报道者来说,借助于新技术,可以更好地优化新闻采集过程,使之更加快速、便利和全面,在大大降低新闻信息采集成本的同时,真正帮助新闻报道实现了多种媒介资源的融合。

(二)新技术带来新闻信息创作的变化

更多新技术的发展,也改变了新闻报道活动中新闻生产和创作的方式,特别是在网络与社交媒体技术变革的形态下,新技术的推动使得新闻媒体的信息内容产业进入智能推荐和机器分发主导的时代。

随着"机器人写作"等新技术的发展,人工智能成为取代人类从事新闻报道的重要方式,在新闻传播领域扮演着越来越重要的角色。从新华社"快笔小新"机器人于2015年向全国发布新闻以来,人工智能技术在新闻传播领域的创新应用,加速推动了技术与传播的融合进程。机器人写作能够从浩繁的新闻信息中快速完成新闻的生产,也为新闻记者展开深度报道提供了技术支撑。同时,机器人写手凭借其快速编辑、整合能力,打破了传统的新闻采访和写作流程,提高了新闻写作效率,尤其是在新闻数据挖掘方面更具优势。2018 年,新华社在全国“两会”期间应用的“媒体大脑”是国内第一个媒体人工智能平台,它可以迅速浏览上亿个网页并从中收集数据,自动分析舆情和热点,还可以自行完成视频剪辑和可视化图表制作,15 秒的信息生成速度让我们看到了新闻产品在新技术的加持下再次实现了媒体端以往的不可能。

以可穿戴设备、VR 技术、全景视频等为特征的虚拟现实技术,同样对新闻生产、报道流程产生了巨大影响。在新闻创作中,虚拟现实技术可以营造三维环境,为受众提供全新的沉浸式新闻体验,特别是借助于计算机仿真技术,可以模拟真实情境,增进受众与新闻传播的互动交流。如 2019 年全国“两会”期间,央视网将 VR 全景技术贯穿于“两会”全程报道,集 VR 视频、Vlog、VR 图集、手绘图解多样态形式于一体,让网友沉浸式体验“两会”现场,全景式感受新时代中国的发展变化。其中的《街里街坊看“两会”》系列产品更是利用技术手段实现了新闻产品的多样化呈现,“以 H5 为载体,集合 VR 全景图、手绘元素、视频、图卡等网友喜爱的表达方式,进行了强交互设计”[①]。透过屏幕,网友“身临其境”地来到习近平总书记考察调研过的学校、乡村、街道,与此同时,还可倾听街里街坊的关心事。

事实上,新技术的表现是多样的,如在新闻写作领域,通过对云计算、大数据的挖掘来生产新闻,也会给新闻记者的地位带来挑战。

(三)谨防技术崇拜带来的新闻传播失范

新技术是一把“双刃剑”。新闻传播领域异军突起的新技术,一方面催生了新闻信息采集、生产、创作、传播的变革,另一方面也给新闻传播和新闻生产过程带来了失范的风险。新媒介环境下,新闻传播不再是新闻媒体的“独门生意”,新闻生产主体已经大众化,而大众化所带来的新闻生产门槛的降低,也导致了一些新的新闻信息伦理道德问题,可能会给新闻传播的权威性、规范化带来干扰。因此,通过完善新闻监督机制,加强对媒介信息的监

① 杨雯:《央视网 VR 新技术助力“两会”报道》,《中国新闻出版广电报》2019 年 3 月 20 日。

管，特别是对虚假新闻、不良新闻的打击，就显得尤为重要。

三、受众角色的变化对新闻报道的影响

（一）新媒介环境下受众角色的变化

1.从被动接受变成传受合一

融媒体时代，受众不仅可以与大众传媒进行交流，还可以主动发布信息，受众的角色由单一的被动接受型变为传受合一型。人们通过微博、微信、抖音等社交属性的媒体平台可以随时将感想、生活点滴与任何人分享、交流、互动。与传统媒体时代受众总是被动地接受大众传媒传递的信息、只能在媒体为之设置好的议程中进行有限挑选的被动地位相比，媒介融合使受众在信息传播活动中处于更主动的地位。新环境下受众的新闻信息接受的视野在扩大，更热衷于在跨越媒介、跨越地区、跨越国家界限的新媒体环境中寻求信息。这就需要媒体对受众定位准确，新闻报道者必须根据受众接受、理解能力和心理的变化，针对网络、手机媒体受众的需求，基于终端用户的使用习惯打造符合受众需求的内容。

2.由大众化受众变成个性化用户

新媒介环境下受众接受信息的方式发生变化，过去普遍化、单一化的信息接收习惯早已改变，这使人们从传统媒体时代的大众化受众中细分出来，从信息被动的接受者转变为有着众多个性化需求和个性化选择的用户和消费者。随着媒介素养的不断提高，人们对于信息的筛选要求也不断提高，他们往往会对自己感兴趣的内容创作者进行订阅、关注，个性化已成为新媒体时代受众的一大特征。

集图片、声音、视频、数据、资料等于一体的多媒体信息产物代替了单一的信息内容生产，受众成为用户和消费者，这意味着对于新闻报道内容和形式的要求更加注重和强调用户的个人体验，互动、关联、评论的传受关系成为媒介与受众沟通的主要方式。因此，在新媒介环境下，媒体和新闻报道者只有提供吸引人的交互式、体验式内容才能真正吸引受众。同时，新闻报道者在进行新闻报道时也要更多地考虑到受众的个性化需求，力争使每一条信息都能给用户提供全新的个性化体验。

（二）受众角色的变化对新闻报道的影响

新媒体时代背景下，在传播过程中越来越占据主动地位的受众表现出

前所未有的旺盛的信息需求,求新、求变之心表现得尤为强烈;加之随着社会不同类型群体的涌现,受众群体分化趋势明显,受众作为新闻报道的用户产生了越来越多的个性化需求,对新闻报道的要求越发多样与多元,这些受众角色的转变都对当下的新闻媒体和新闻报道产生了深刻的影响。

1.报道内容的碎片化

新媒体时代背景下,“极化、碎片化、浅阅读,种种网络信息传播和接受的特征,让越是简单、有力、符号化的思想片段越易于传播”①。网络上有海量的信息,导致受众的注意力只能是片刻的,与此同时,这些信息很快就又会被纷涌而来的更多的信息覆盖,所以短小精悍的“碎片化”新闻内容就成了当下信息接受主体的最爱。可以说,这种传播内容的“碎片化”是迎合受众的注意力“碎片化”而生。

这种“碎片化”信息的密集度与复杂度不断变化,也给新闻报道者带来了前所未有的挑战,因为“碎片化”的阅读习惯并不意味着受众在要求速度的同时不再需要真实和深度。近年来不断出现的虚假新闻、反转新闻,已经让受众对这种碎片化传播心生反感,也引起新闻报道者的警惕。毕竟“快速、及时”的速度追求只能是第一步,对信息的深入分析、评价与思考才是受众的真正需求。作为新闻报道者,要针对受众的需求,拿出既符合受众“碎片化”阅读习惯又同时兼具价值和深度的内容。

2.报道速度的即时性

在更快节奏的生活中,人们也更加愿意利用碎片化的时间进行信息的阅览,信息的传播速度也呈现出即时性的特征。和传统媒体相比,媒体融合的优势之一就是信息传播速度非常快,信息更新速度也非常快,信息可以做到即时传播,新闻现场即新闻。融媒体时代,新闻报道的传播时间不再局限于以往传统媒体固定的时间,而是可以在任何时间、任何地点。新闻报道进入全时传播时代,信息传播即时性变强。

在融媒体时代,一家媒体往往是各种信息传播途径并存,而移动终端的不断更新使新闻报道者能够随时随地发布信息,让新闻报道实现即时性、全时化成为可能。如“三微一端”的广泛应用极大地丰富了信息传播渠道,它们有着更快的传播速度和庞大的粉丝群体,能够实现即时性、全方位、全时段地推送信息。

---

① [英]安德鲁·查德威克:《互联网政治学:国家、公民与新传播技术》,任孟山译,华夏出版社2010年版,第38页。

3.报道方式的多样化

传播方式的改变使受众不再是单方面的信息接收者，他们也渴望互动和反馈。在技术上，受众与媒介互动不是问题，但这些互动只是增加了媒介与受众沟通的手段，并未从本质上满足受众参与和体验的需要。当下人们对于信息传播的需求多元而复杂，很多时候，受众要有口语传播的语态环境，又要有印刷传播的深度文字，还要有电子媒介的直观感受，再加上社交媒介传播的方便快捷。无论是传统媒体还是新媒体的新闻传播，都不能忽视受众上述需求。因此，融媒体时代，即使是同一家媒体针对同一个主题进行的新闻报道，也往往是各种新闻报道样式并存，表现形式多元，这已经成为当下新闻报道的常态。

4.传播形式的互动性

网络空间中，人们可以自主发表言论，对信息内容进行评论、转发，新媒体平台为大众提供了互动的空间，这突破了传统模式下时间、空间的限制，在信息发布之后，大众可以即时接收到信息并进行意见的表达，而信息的传播者也可以收到反馈，传播不再是单向的，互动性得到了显著的增强。

5.传播内容的个性化

新媒体时代，由于传受双方的不断博弈探索，使得传播内容的个性化需求不断增强。传统媒体由于定位限制，新闻报道的传播内容也会受到相对应的限制。进入新媒体时代，分众趋势不断加强，大众化的内容已经很难满足受众需求。以近年来比较火爆的 Vlog 新闻报道为例，Vlog 这种报道形式本身就具有极强的个性化特点，在这种展现形式中，“记者”不再是带有浓重集体色彩的官方符号，而是成为一个极具个人魅力和特点的“创作者”。创作者通过拍摄剪辑，向观众展示自己搜集到的信息，表达自己的观点看法。

总之，媒介环境发生了巨大的改变，也使得新闻信息的生产、报道方式发生重要改变，对新闻报道活动形成明显冲击。在新闻生产和传播的过程中，作为新闻报道者，要关注到环境、技术、受众三者的相互作用，再去判断什么是自己应该报道的新闻，以及如何去报道新闻。

第三节　守正创新，传承新闻人独特基因

融媒体时代，媒体和新闻报道虽然面临新闻生产模式、生产流程的再造，但越是在这种环境之下，新闻媒体和新闻报道者的一些基本职业守则和

价值判断越应该得到强化，传统媒体时代对新闻提出的真实、客观、深刻、全面的要求，在媒体融合时代并不是削弱了、不重要了，而是更加强烈了。只有这样，才能保证媒体和新闻工作者有能力向受众提供最有价值的信息。坚持实事求是的马克思主义新闻观，以马克思主义新闻观指导新闻报道活动；坚持正确的舆论导向，用正确的立场、观点和方法指导新闻报道实践，始终是新闻工作者应该遵循的基本原则。

一、以马克思主义新闻观指导新闻报道

在不同意识形态博弈态势日趋复杂化的新时代，在舆论引导主体越发多元化的当下，新闻报道发挥其舆论引导力的前提是导向的正确，而高举马克思主义大旗是导向正确的基本保障。

（一）实事求是原则是新闻报道的根本原则

实事求是是马克思主义新闻观的核心和灵魂，也是中国共产党新闻思想的精髓，是国家新闻工作者应该秉持的根本原则。实事求是使新闻报道尽量符合事实的本来面目，不仅是保证新闻报道真实的前提条件，也是新闻报道取得人民信任的基础，是媒体赢得受众公信力的有力武器。

新闻工作者在新闻报道活动中要坚守实事求是的原则，尊重事实，对有价值的事实要客观、真实、准确地进行采集、处理和呈现，不回避、不伪饰、不扭曲、不夸大、不炒作，尽力为受众提供正确理解社会现实的“镜子”。

无论是在正面报道、批评报道还是对外报道中都应该始终坚持实事求是的原则。新闻报道者在信息采集环节要力求客观全面，不能被其他因素影响，不能人云亦云，被牵着鼻子走；在信息处理过程中，新闻报道者对事实的判断要符合新闻传播的规律，追求新闻的真实性，能对所采集的事实进行鉴定，去粗取精、去伪存真；在新闻呈现环节，新闻报道者要追求全面、准确，表述事实必须尽可能地具体、明确，要在传播中保证不失真。

无论媒介环境怎样变化，新闻的真实性始终是新闻报道的生命，新闻报道必须坚守实事求是的根本原则，这也是对新闻媒体和新闻报道者始终不变的基本要求。

（二）正确导向原则是新闻报道的价值原则

坚持正确的舆论导向，是马克思主义新闻观的一个重要内涵，也是新闻

报道者应该遵循的价值原则。

首先,新闻媒体和新闻报道者要坚持党性原则。新闻报道者作为党和人民的喉舌,肩负着引领风尚、教育人民、服务社会、推动发展的崇高使命,体现了舆论引导的根本要求。因此,在任何时候、任何情况下,新闻报道者必须坚持正确的政治方向和舆论导向不动摇。要把体现党的政治主张与反映群众呼声统一起来,把坚持正确导向与畅通社情民意统一起来,把以正面宣传为主与搞好舆论监督统一起来,不断提高新形势下舆论引导水平,使新闻报道更好地服务人民、服务党和政府、服务经济社会发展。

其次,要注意新闻报道的深入性。融媒体时代,网络舆论的开放性、互动性,舆论主体的复杂性、分散性等特点,使得新闻舆论鱼目混珠、真假难辨,不断干扰着主流思想。一些主流新闻报道对此反应不灵敏,缺乏及时有效的正面回击和舆论引导,造成了短期内舆情的复杂混乱。新闻报道要善于透过现象看本质,不被表象甚至假象迷惑,在实践中要搞清楚是个别真实还是总体真实,通过选择事实以及选择报道事实的角度,按照事实的内在逻辑和外部联系,准确恰当地描述事实,通过“用事实说话”来表达观点,表明态度,引领导向,凝聚力量,在舆论场上发挥一锤定音的作用。

最后,坚持正确的舆论导向,必须坚持群众路线,使新闻报道更加“接地气”。在新闻实践中,一些媒体的正面、典型新闻报道报喜不报忧,简单说教、生硬灌输,“板着面孔”的成分多,鲜明生动、平等亲近的成分少,以晦涩无趣的方式及手段对受众强行进行引导,既不符合融媒体时代受众的需求,又不能给受众用户带来良好的体验,新闻舆论的引导力也就无从谈起。还有一些新闻报道,对于群众感兴趣的话题和事情没有给予高度关注,对影响社会和谐稳定的模糊认识、流言、传闻没有及时跟进权威的新闻报道予以解释、疏导和澄清,导致新闻报道脱离群众、不接地气、自说自话,传播效果不理想。融媒体时代,新闻工作和新闻报道应更加贴近实际、贴近生活、贴近群众,更好地保障人民群众的知情权、表达权、参与权、监督权,利用多种媒介,及时向社会、受众通报重要信息、重要舆情,提高群众的参与度,并通过新闻报道“讲故事”的过程,成风化人,让公众自甘被感染、被感化进而乐于被引导,从而取到良好的舆论引导效果。

二、融媒体时代新闻人的传承与业务创新

任何事物都有两面性,我们固然无法否认互联网信息泛滥和低质化传

播对整个新闻行业造成的负面影响，但也不能忽视这种丰富的、浩瀚的信息环境为新闻建设发展提供的良好契机。新闻报道者可以借助海量数据扩充自己的知识面，然后利用新闻敏感及时、准确地捕捉具有广泛价值的新闻信息，进而提升新闻作品的质量，最大程度地实现其社会价值和新闻收益。

2020 年 9 月，中共中央办公厅、国务院办公厅印发《关于加快推进媒体深度融合发展的意见》，要求打造“一专多能”的全媒体人才队伍。什么是“一专多能”？对于新闻报道者来说，发现新闻线索的时候要感觉灵敏，新闻写作的时候要角度新颖，新闻呈现的时候要形式多样，除此之外，还要在“融合媒体”的“融”上下功夫，真正实现新闻报道业务上具有融合媒体特征的创新。

（一）主题叙事上的创新

融媒体时代，新闻报道在主题叙事上有了更丰富的选择。新闻报道者可以充分利用新媒体的传播技术优势和新媒体的传播规律，用更符合时代特点的表达形态和话语方式来呈现新闻作品，使新闻报道更符合融媒体受众的需求。

融合新闻报道的主要特点之一就是采用多媒体手段进行多叙事角度的动态新闻报道，其叙事形式是融文字、图片、视频、动画、声音于一体的。新闻报道在运用这些叙事形式时需要注意不同媒体的组织特质、传播特点等因素，确定不同媒体和题材的相关性，组合出最合适的叙事形式。这就需要树立“大媒体”的观念，根据受众的互动反馈不断更新报道的每一个部分，使之成为一个完整的报道体系。

2019 年 6 月 16 日晚，广西百色市凌云县遭受特大暴雨袭击。广西日报—广西云客户端启动突发事件报道应急机制，形成了报道《直播丨百色大暴雨引发山洪，公路塌方车辆被冲走！通讯员黄文秀发回现场视频后却不幸遇难……》。与传统新闻报道围绕一个核心主题的报道方式不同，该作品在进行报道时围绕“人”和“灾”进行了两条主线、两个主题的叙事，其中“灾情”主线重在更新灾情最新进展，“人情”主线则记录下原乐业县新化镇百坭村驻村第一书记黄文秀从拍下生前最后一段视频、投稿到失联再到最后确认不幸遇难的完整过程。这两条叙事主线在表达上既利用移动直播运用图文、视频交融的瀑布流形态，完整记录并呈现第一现场状况，同时又从富含人文关怀的视角增加了新闻作品的深度。这条直播开始于暴雨灾情之初，让关心事态进展的人及时了解灾情信息，对可能产生的谣言起到遏制作用，发出了主流媒体的声音，同时也让受众第一时间看到了一名优秀共产党员在脱贫攻坚第一线倾情投入的工作场景，感受到了她奉献自我的工作精神。报道体现了主流媒体的引导力，在 2020 年第三十届中国新闻奖的评选中，该报道获得融合媒体类移动直播一等奖。

融媒体时代，移动实时采集编发技术的发展和受众多元化的信息需求在重塑新闻报道流程的同时，也在倒逼新闻报道者不断进行传播理念和主题叙事方式的革新，而事实也让我们看到，只有不断创新传播理念和主题叙事方式，新闻报道才更能主动引导舆论，体现主流媒体的担当和引导力。

（二）技术上的创新

技术的发展可以将不同的信息形式转化成相同的数字产品，这在一定程度上消解了不同媒介的概念边界，各种媒介相互交叉、相互渗透，共同促进了新闻的采集和发布朝融合趋势发展。融媒体时代的新闻报道，可以通过跨媒介合作充分挖掘各种媒介优势，实现全方位立体化的呈现。可以说，融媒体时代，新闻报道的最大优势就是可以涵盖所有媒体的报道形式，用多种传播符号和方式手段来进行呈现。

2018 年，第二十八届中国新闻奖第一次增设了“媒体融合奖项”。《中国新闻奖媒体融合奖项评选办法》中明确规定了参评作品的范围，即“于上一年度应用数字技术、移动互联网技术进行融合传播的新闻作品”①，对媒体融合作品的技术要求进行了标明。在当年参评的 100 件媒体融合作品中，获得媒体融合奖特别奖的作品是人民网法人微博发布的融媒直播作品——《“两会”进行时》。

该融媒体新闻报道在 2017 年“两会”期间进行，平台累计直播时长超过 120 小时，累计观看人数达 1.38 亿余人次，其时间之长、规模之大、成果之突出，开了传统媒体新闻网站长时段直播历史的先河。直播的节目内容丰富，有部长通道、人大闭幕式、总理答记者问等环节的同步直播，还有人民日报记者在“两会”现场进行的独家点评。前方报道与演播室访谈相互穿插，并配有会场花絮和创意微视频，形式可谓丰富多样。如何在全天候直播的过程中保障信号稳定传输？如何打造可靠的网络环境？在这场直播里，面临

① 中华全国新闻工作者协会：《中国新闻奖媒体融合奖项评选办法（试行）》，2018 年 5 月。

的最大挑战就是技术问题。基于 2016 年研发的移动直播平台这一技术储备，节目团队在极短的时间里制定了一站式移动直播解决方案，包括内容采集、实时转码、分发加速、网络优化等核心功能。在输出端口方面，建立了 PC 端、手机客户端口和微信小程序。[①]

通过对以上案例的梳理，我们不难看出，很多融媒体新闻报道成功的关键，就是利用先进的技术和设备，全方位、多层次、多角度地展现新闻事件的真实面貌，让受众能够 360 度全景式地了解新闻的过程。

以上新闻实践也让我们体会到，融合新闻强大的技术需求提高了对新闻工作者全媒体工作能力的要求：一方面，要能熟悉、运用多种信息技术；另一方面，还要具备在多媒体环境中对采集到的新闻信息进行统筹策划、传播、营销的能力。

（三）受众体验和互动上的创新

融媒体的发展赋予了受众最大程度的主动权，受众已经不再是单纯被动的内容接收者，他们可以是围观者、转发者、评论者，甚至是新闻生产或新闻事件发展进程的推动者、参与者。新闻工作者在报道内容和互动上要重视受众的主体地位，同时通过多种互动方式及时获取受众的反馈和需求，重视用户体验。

以“三微一端”为代表的新媒体具有聚合作用，以兴趣、区域、关系、利益等为纽带，不同群体容易形成“部落化”格局，信息的产生与推进呈现出圈层化特征。传统媒体时代，新闻工作者在进行新闻报道时没有明确对受众的分类、定位、喜好进行分析，而融合新闻在发展过程中必须将受众的需求放在重要位置，通过不断分析受众的需求，制定分众化发展策略，重视针对不同受众进行不同的新闻生产，并且在新闻报道的呈现方式上更加注重用户体验。

移动互联网时代，手机成为人们获取信息的首要工具，竖屏化的呈现更加符合受众的观看习惯，于是在新闻实践中很多融合媒体作品都呈现出竖屏化的观看特征，迎合了受众的观看体验。受众只要动动手指，轻轻一划，就可以轻松参与。而且除了文字稿件、图片、视频之外，还有很多是“朋友圈直播”“互动问答”“思维导图”等新鲜的呈现形式，丰富了受众的用户体验。

---

① 参见田晓凤、张伟、雷跃捷：《中国新闻奖首设的“媒体融合奖项”获奖作品评析》，《中国记者》2018 年第 11 期。

新媒体时代，受众对媒体的态度不再是仰视，而是强化了自身的主动地位，新闻传播也不再是传统意义上的“传受关系”，而是一种“对话关系”。了解受众在想些什么，受众有什么样的需求，怎样尽可能地满足受众，仍然是新闻媒体和新闻报道者关注的重点；正视新媒体时代受众心理的新变化，切实改变传统的灌输式单向传播思维和传播模式，是媒体融合时代新闻报道变革的出发点。

党的十九大报告指出，要高度重视传播手段的建设和创新，提高新闻舆论传播力、引导力、影响力、公信力。融媒体时代，新闻工作者要秉持守正创新的思想，一方面要充分认识到自己的职业责任和神圣使命，始终坚守马克思主义新闻观和党性原则，以坚持正确的舆论导向和弘扬正能量为己任；另一方面也要与时俱进，勇于创新，掌握融媒体时代新闻传播的新技能和新规律，并将其运用到新闻实践中，呈现出人民群众真正需要的、具有时代特征的好作品来。

“在融媒体时代，舆论期待的新闻报道，应具备哪些气质？优秀的新闻作品应紧扣历史和时代的脉搏，体现新闻初心和家国情怀；同时应勇于担当、敢于创新，顺应融合新趋势，满足受众真需求。要争做党的政策主张的传播者、时代风云的记录者、社会进步的推动者、公平正义的守望者。”①

① 张力、费凡：《348件中国新闻奖获奖作品分析，听见这个时代的声音》，人民网—舆情频道，2020年11月6日。

第二章　新闻报道的基本原则

新闻报道的基本原则是新闻工作者在长期的新闻实践活动和对新闻活动思考的基础上总结形成的，是新闻工作的基本理念，是新闻职业道德的重要内容，也是进一步指导新闻工作者进行新闻实践活动的准则。

在传统媒体和新媒体互振的今天，新闻报道的基本原则依然是要坚守和发扬新闻的真实性、客观性，并在此基础上追求新闻的时效性。但同时，公众对新闻的真实性、客观性、时效性提出了更高和更多元化的要求。如何在融媒体背景下坚守并重塑新闻报道的基本原则，考验着新闻人的责任意识、业务能力和技术水平。

第一节　新闻真实性原则

新闻的本源是事实，历史唯物主义的新闻本源观认为：人们传播、接受新闻正是因为它反映的是客观事实。人们只有得到真实、准确的信息，才能正确地了解客观事物，才能更好地改造世界。按照新闻界和学术界的普遍认知，新闻的真实性指的是新闻报道中的每一个具体事实必须符合客观实际。融媒体时代，真实性依然是新闻报道的生命线，新闻必须真实地反映客观事实，必须真实地反映客观环境的动态变化，坚持新闻报道的真实性，依然是新闻工作者应该遵守并发扬的最高原则。

一、融媒体时代的新闻真实性原则

融媒体时代，信息传播技术大众化，信息传播手段多样化，信息传播渠道网络化，使得新闻真实性这一问题变得更加复杂，尤其是在自媒体繁荣兴盛的背景下，人人都可发声，人人都能轻易进入公共传播领域，真真假假、虚虚实实的各种信息充斥着我们的生活。越是众声喧哗的信息环境，新闻的真实性原则对于新闻媒体和新闻报道的重要性就越应得到强调。

真实性作为新闻信息最基本的属性，其对新闻报道和受众来说都极为重要。一方面，对于受众来说，只有报道能保证新闻信息真实可靠，才能够让受众了解新闻事件的真相，并从客观的角度对信息进行理解，对社会和生活实际做出判断。一旦新闻报道失实，那么受众就会受到虚假新闻信息的误导。另一方面，对于主流媒体来说，真实性原则是维持新闻活力的基本条件，也是媒体取信于受众的根本。一旦新闻真实性原则受到冲击，新闻报道的公信力、影响力都会因此而大大下降，进而对新闻媒体乃至整个新闻行业的发展造成严重影响。

由此可见，坚持新闻报道的真实性，是融媒体时代新闻媒体和新闻工作者必须继承、坚守和发扬的基本准则。

融媒体时代，对新闻工作者遵循新闻真实性原则的要求，体现在更丰富的层面：首先，要求新闻报道中所涉及的各种事实要素必须真实。其次，要求新闻报道中所涉及的各种新闻背景、新闻资料、信息来源必须真实。最后，还要看新闻报道是否全面、客观和真实地反映了社会实际和事物本质。

新闻媒体及新闻工作者一旦在新闻报道活动中不能全面做到以上三点，就会导致各种新闻失实现象的出现。

二、融媒体时代的新闻失实

所谓新闻失实，是指新闻媒体和新闻报道者对新闻信息的报道与客观事实不完全相符，未能准确、全面反映客观事实真相和客观事物本质。

关于新闻失实，传统媒体时代，这一问题便已存在，但由于传统媒体具备较为严格和完善的审核制度，新闻失实现象出现的频率较低，表现形式较为单一，而且影响也较小。而在融媒体时代，由于互联网信息传播的去中心化特点以及社交网络传播速度快、传播范围广等特点，出现新闻失实的现象更加频繁，表现形式更加多样，而且造成的社会影响也较大。从 2001 年开始，《新闻记者》每年推出“年度十大假新闻”专稿（2013 年后改为“年度虚假新闻研究报告”），对上一年具有代表性、影响广泛的上百篇新闻失实案例进行筛选、梳理，最终选取最具典型性的案例剖析其成因与趋势。而在权威评选之外，分布于新闻传播活动中大大小小的新闻失实案例更是纷繁多样，也为新闻媒体和新闻报道者如何在实践中认知、辨识新闻失实提供了镜鉴。

综观近年来具有代表性的新闻失实现象，我们可以看出，与传统的媒介环境相比，融媒体时代的新闻失实也呈现出不一样的特征和发展趋势。虚假新闻泛滥、新闻反转屡见不鲜、新闻“后真相”导致主观情绪性表达突出，种种现象都折射出融媒体时代一定的新闻失实特质。

（一）虚假新闻

在新闻实践中，虚假新闻一般指的是新闻报道中涉及新闻事实的要素出现了不真实、不准确乃至造假的问题，使得对新闻信息的报道不符合客观新闻信息，从而造成新闻失实。

融媒体时代，出现了个别自媒体为了博眼球或出于其他目的，编造、虚构一些虚假信息进行传播的情况。还有一些公共媒体为了追求点击量和浏览量，一味图快图新，缺乏实事求是的精神，不深入现场，不加以核实，而是满足于道听途说或摘编引用。他们未对这些虚假信息进行验证就将其引入公共传播领域，造成虚假新闻层出不穷。《新闻记者》发布的2020年十大假新闻中，《南昌赣江大堤管涌，15名党员率先跳水封堵》《私家车数月无人认领　路人询问得知车主抗疫后去世》《有辱家门：林则徐后裔林东涉嫌严重违纪违法被查》等新闻，都是典型的涉及新闻事实的要素不真实导致的虚假新闻。

再如，2018年5月，一篇题为《保研大学生利用专业知识破解彩票漏洞获刑》的“新闻”，被网易等多家网站抓取后成为网络热点。文中描述了品学兼优的保研学生张某，利用自己的专业知识破解了彩票的计算公式，并利用此漏洞非法获利380万元。文章后半部分详细介绍了张某如何计算出博彩网站的漏洞，并晒出了张某与昵称为“注册网址”的博彩网站管理员的聊天页面。这篇“新闻”发布后，在各类内容平台上热传，然而很快有网友发现，这篇“新闻”涉嫌造假。更匪夷所思的是，在疑似虚假新闻的图片中留下了“暗号”，竟然指向了一家非法赌博网站。

随后，《北京青年报》记者发现，这篇文章中，没有事发的具体时间、地点、人名以及单位名称。文中配发的多张照片，有注明“张某出席庭审”的照片，还有“张某班主任和母亲的照片”等，都是其他新闻事件的照片。此外，“北青报记者以文中‘破解彩票获刑’‘大学生彩票’‘破解彩票’等关键词，在裁判文书网上检索，也未发现相关案件”①。

以上案例让我们看到，每一篇事实要素不真实、信息来源不确切、不经过核实验证的“三不”报道的广泛流传，都会给社会造成极大的危害。融媒体时代，新闻媒体和新闻报道一旦缺失了对新闻真实性原则的坚守，势必会造成虚假新闻的泛滥，也必然会直接破坏新闻信息传播的健康环境。

（二）新闻反转

新闻反转，一般指在新闻报道的动态进行中，对同一事件的报道出现一次或多次显著变化甚至出现反向变化的现象。比如一些社会热点新闻在后续跟进、跟踪报道中，随着事件细节和真相的不断发掘，剧情突然发生多次变化，导致舆论的态度也随新闻“剧情”的变化而出现区别较大的转向。

新闻反转大致有两种情况：一种是随着对新闻事件调查的深入，出现了新的内容，影响了事件的走向；第二种则是一开始在重要事实要素不能得到验证、核实的情况下，便做出了主观描述或论断，当事实得到验证后，发现当时的主观描述和论断是错误的。虽然在某种程度上，“反转新闻实际上是一种新闻纠错机制，是新闻发挥出自净功能的反应，表明了新闻真实的实现是一个复杂的过程”②，但总体来说，新闻反转仍属于媒体在报道新闻过程中出现失实和偏差的表现。

比如，发生在 2018 年 10 月 28 日的重庆公交车坠江事件便属于第二种新闻反转现象。2018 年 10 月 28 日 10 时，重庆万州一辆 22 路公交车在万州长江二桥突然失控，与一辆轿车相撞后坠入江中，事故造成 13 人遇难，两人失联。事发之后此事迅速发酵成重大舆情。微博上，重庆公交坠江事件、重庆大巴车坠江、坠江事故女司机等多个话题持续占据热搜榜首位。

在事件未明之前，很多媒体捕风捉影，人云亦云地把怀疑的目光盯向了事发时和坠江公交车相撞的一辆小轿车，而驾驶小轿车的女司机更是成为众矢之的，甚至在没有任何明确证据的情况下，把公交车坠江的原因暗暗指向了女司机。仅从以下新闻报道的标题中也可见一斑：《重庆万州 22 路公交车坠江，疑因一女司机驾驶私家车导致》《重庆公交车坠江已致 2 死，事发前轿车女车主逆行》《轿车女司机被控制！重庆一公交车与逆行轿车相撞坠江，水上搜救正在进行中》等。从很多媒体的相关新闻报道内容上也可以看

---

① 张雅、张月朦：《网络热文疑造假“暗号”引向赌博网》，《北京青年报》2018 年 5 月 23 日。

② 雷跃捷、司丽：《“反转新闻”视角下新闻真实性再探》，《青年记者》2019 年第 15 期。

出这种指向性。

正当人们从此类报道中获得了“涉事女司机和这场悲剧之间有关联”这一重要信息，愤愤不平且展开了对女司机的强烈谴责时，重庆万州区公安局交巡警支队的通报给事件带来反转。通报称：“经初步事故现场调查，系公交车在行驶过程中突然越过中心实线，撞击对向正常行驶的小轿车后冲上路沿，撞断护栏，坠入江中。”后又有事发目击者发布现场视频，证实了警方的说法，女司机驾驶小轿车是处在正常行驶状态，并未逆行，女司机不是害人者，而是受害者。此后官方公布公交车失控原因，据车内黑匣子显示，系乘客与司机激烈争执互殴致车辆失控。由此更加证明，此前媒体在新闻标题和新闻报道中带有的暗示性表达不是事实真相，而是带有偏见性的主观论断。

与事实要素失真的虚假新闻相比，新闻反转造成的新闻失实表现往往并不直接，但在新闻反转的过程中，事实真相处在不断变化中，媒体的态度摇摆不定，导致公众对新闻事实的认知扑朔迷离，这同样造成了对新闻真实性的侵害、对媒体公信力的消耗。特别是一些反转新闻本身存在一定的虚假成分，事实曝光后会让公众产生“受骗”心理，认为发布信息的媒体具有“虚假性”，也会间接损害媒体的公信力和社会信任机制。

（三）新闻“后真相”

对于“后真相”(Post-truth)概念，英国《牛津词典》意指：“相比于客观事实，情绪和个人信仰更能够影响舆论。”一般来说，新闻“后真相”指的是：与新闻事实相比，个人的情绪和主观的表达对舆论有着更重要的影响，导致新闻报道受到干扰，出现新闻偏差与失真。

在后真相时代，当具备新闻属性的信息通过多种自媒体传播渠道进行传播之后，受众的情感占据了舆论的主流，这使新闻事件被加上了各种主观认知重新被阐述。随着信息的不断传播，有关事实真相的描述也会逐渐扭曲，受众的主观情感对新闻报道者的影响就会逐渐放大，从而对新闻报道产生一定的干扰。很多媒体和新闻报道者往往出于对受众兴趣、习好的满足与迎合而出现了夸大性的情绪化表达，也正是公众对新闻真相的疏忽，导致一些媒体有机可乘，制造失实新闻。

比如 2016 年出现的“回农村过年，上海女子逃离江西男友家”事件，就是典型的新闻“后真相”现象。2016 年 2 月，一位自称上海女孩的网友发帖

《有点想分手了……》，称春节前去男朋友家乡江西农村过年，被第一顿饭的粗糙、简陋“吓一跳”而逃离，从而掀起网友关于城乡贫富差别、婚嫁观念等话题的争议，其中还有多个网络大V的观点交锋。紧接着很多主流媒体也相继跟进，展开相关话题的讨论。但最后证实该事件从头至尾均为虚假的。发帖者不是上海人，而是某省一位已婚女士，根本没去过江西，其后发帖回应的“江西男友”只是话题的碰瓷者，二人素不相识。

尽管最后已澄清为新闻炒作，但是群众对此事的热议却没有因此停止，甚至很多网友表示，虽然新闻为假，但话题所反映的社会现实和其中所蕴含的民众情绪却是真实存在的。简单地说，在新闻“后真相”事件中，新闻的真实性似乎已经没有那么重要，重要的是公众在信息流转过程中获取了表达情感和陈述观点的机会。

“后真相”时代的失实新闻最初往往源自社交媒体平台，如论坛网帖、微信朋友圈及微博等。一般情况下，社交媒体平台上某一事件刚刚成为热点后，受众发泄主观情绪的需求远高于对事实的需求。虽然此时的转发或报道是媒体和新闻报道得到高点击率的黄金时期，但对于媒体和新闻报道者来说，若只是不分青红皂白地转发或跟进，或是片面地追求时效而忽视对事实的核实，往往就会在筛选事件事实过程中出现主观化、以偏概全等问题，很容易催发和产生失实新闻。

三、融媒体时代对新闻真实性的坚守

徐宝璜在为“新闻”下定义时说：“新闻须为事实，此理极明，无待解释，故凡凭空杜撰闭门捏造之消息，均非新闻。”[①]无论是传统媒体时代还是融媒体时代，新闻报道都是以事实的存在为前提的，事实是新闻的本源，是新闻存在的理由，也是新闻报道的根本价值所在。

融媒体时代，是每个人都能利用社交媒体平台主动发声的时代，在这样的背景下，新闻媒体和新闻报道者要善于对信息的来源进行多方求证，不被表象甚至假象所迷惑；要善于透过现象看本质，通过选择事实以及选择报道事实的角度，准确恰当地描述事实；要善于对获取的每个事实要素进行真实度核验，从而真正做到“用事实说话”。

---

① 徐宝璜：《新闻学》，中国传媒大学出版社2016年版，第8页。

(一)准确报道事实

新闻报道的主要任务就是把由各种事实要素构成的事件本身的客观状态准确地描述出来,尽可能地还原事件原本的面貌,让受众在了解事实的基础上进行价值判断。进入融媒体时代后,新闻被赋予更多的社会导向、协调和监督功能,这也对媒体准确报道事实提出了更高的要求。

而新闻实践中众多的新闻失实事件让我们看到,在新闻报道中做到准确报道事实并非易事。由于客观事物本身具有多面性和复杂性,由于记者自身认知能力的局限性,新闻报道作为对客观事实的反映往往会在采访、写作、编辑等各个工作环节中发生变形。如一些突发公共新闻事件,事件本身在动态进行中,新闻报道是不断求证事实的过程,细节与真相只能是不断浮现,在这种情况下,新闻反转和新闻"后真相"似乎很难避免。

面对新形势,媒体和新闻报道者必须尊重新闻的报道规律,清醒地认识到:事实是新闻采访的唯一目标,是新闻写作能够使用的唯一素材。只有准确地报道事实,实现对真实细节和整体真相的还原,才能把新闻带回应有的位置,承担起相应的社会责任。

新闻媒体和新闻工作者要在这个过程中做到透过现象看本质,不被表象甚至假象迷惑,在实践中要搞清楚是个别真实还是总体真实,通过从选择事实以及选择报道事实的角度,按照事实的内在逻辑和外部联系,准确恰当地描述事实。

(二)明确信息来源

在新闻实践中,明确新闻来源是新闻报道应遵循的写作规则,也是新闻报道遵守了"用事实说话"的外在证明,对于维护新闻的真实性有着重要意义。

一方面,在新闻报道中明确信息来源,构成新闻报道客观性叙事的必要环节,满足了受众的知情权。新闻报道中,只有指明了信息的来源,才能使受众根据信息来源的权威性去自行判断新闻的可信和真实程度,才能较为客观地评价新闻事实的意义。

另一方面,在新闻报道中明确消息来源的过程,对于新闻报道者来说,也是自身审视、核验信息的把关过程。新闻报道者在进行新闻素材的采集时,有可能会限于主客观条件,出现对新闻事实的判断不够全面或不够清楚的现象，但是通过对信息来源的明确与梳理，新闻报道者可以对涉及新闻事实的各个要素进行再次分析、判断和审视，从而降低新闻报道失实的概率。

在新闻实践中，明确信息来源，需要注意以下几个方面：

一是新闻报道者在明确信息来源时，应优先选用高质量消息来源。新闻报道中涉及的信息来源，有权威程度和质量高低的区分，信息来源越权威、越可靠，信息源的质量越高，构成的新闻要素也就越有可信度。

二是新闻报道者在明确信息来源时，应使用多消息来源进行互证。新闻报道者在面对信息来源时，要冷静客观，不能偏听偏信，采用多信息源的互相印证是避免虚假新闻传播，保证新闻报道真实性的重要手段。

三是在新闻报道中，要对使用匿名消息来源采取较为慎重的态度。在新闻实践中，我们常常可以看到一些报道中出现了“据知情人士透露”“据权威人士透露”“一位不愿署名的市民说”等模糊的消息来源表述，这些表述中，有一些确实是涉及隐私或出于对个人意愿的尊重而采用的合理性匿名化处理。但匿名信息源往往带有不确定的特性，过多过滥的匿名化使用也会弱化新闻要素的真实性，甚至会让受众质疑整个新闻的真实性。因此，在新闻报道中，对于匿名信息来源，可以在报道中尽可能以“多采用直接引语”等技巧来处理。

（三）注重核实验证

在新闻报道中，新闻报道者要通过多种验证与核实的方法，对报道中涉及的各个信息来源、事实要素、新闻背景等进行真实性考查和分析，从而将一篇完整的报道打造成毫无疑点的真实信息的整合体，保证向公众传递的是具有专业可信度的新闻信息。

核实验证是新闻报道过程中不可或缺的一部分，新闻报道者通过各种方法和手段对自己获取到的相关信息的真实度进行考查，这个过程虽然耗时耗力，却是保证新闻真实的一个重要技术环节。融媒体时代，新媒体技术的发展让新闻“时新性”的属性得到了前所未有的强化，实现了新闻“零时差”的时效追求。然而，为了抢发新闻，争夺眼球，很多媒体和从业人员出现了捕风捉影、主观判断等问题，在未经对新闻事实进行核实验证的情况下就完成新闻报道的例子屡见不鲜。片面追求报道速度而忽略核实验证，极易威胁到新闻的真实性。

在具体的新闻实践中，新闻报道者始终要有一种意识：不论线索是来自网络、官方、目击者、现场人员还是当事人，都是需要验证的，没有经过核实过的信息，只能被称为“传闻”，只有经过新闻报道者认真核查证实过的信息，才具备成为新闻的可能。2018 年 10 月的重庆公交车坠江事件中，针对部分媒体未经对事实的核实验证就将责任推向女司机的现象，人民日报就在官方微博中发表“人民微评”，专门发声：“当探讨舆论场中的变形乃至变异传播是如何形成的，更当深记：越是众声喧嚣，越需善于求证。”①

从本质上来说，媒体的主要责任就是报道事实，只有不忽略对新闻事实的核实验证，新闻报道者才能真正做到不断寻求事实真相，坚持实事求是，维护新闻的真实性和媒体的可信度。

第二节　新闻客观性原则

新闻报道是新闻报道者主观意识对客观事物的反映，因而要尽可能排除个人的主观成见，客观描述事实及事物之间的联系，而不是凭主观意愿去臆断、拔高、夸大或贬低、隐瞒客观事实。

新闻客观性原则是新闻业的核心理念，也是新闻实践的基本准则。客观性原则要求新闻报道必须尽其所能地提供客观事实，并尽量摒弃主观性的论断，这关系着新闻工作专业立场的形成，影响着媒体专业形象的塑造。

融媒体时代，受众对新闻价值“新鲜性”的追求进一步提升，使得媒体和新闻报道本身就有的先天性逐新功能进一步强化，趋向话题性、情绪性。而在对一些热点新闻进行“跟风”报道中，部分媒体的这种特性被放大，甚至出现了“攻其一点，不计其余”的报道失度现象，新闻报道本身应该具有的客观公正性面临挑战。

一、融媒体时代新闻报道中有失客观公正的常见表现

融媒体时代是信息爆炸的时代，媒体数量激增，竞争也愈发激烈，一时间，众多媒体都渴望生产出吸引流量和关注度的“爆款报道”。在这个过程中，部分媒体的报道在个别信息呈现和信息表达上难免出现疏漏，从而导致新闻报道出现非客观性倾向，也有极少部分媒体是出于一味追求流量的选择，主动减弱甚至逐渐丧失客观公正生产新闻的能力。

---

① 《人民微评：欠涉事女司机一个道歉》，人民日报官方微博，2018 年 10 月 29 日。

(一)片面的、不完整的信息呈现导致非客观性倾向

媒体报道本应还原事实真相,尊重事件的客观性,但是许多媒体在进行新闻报道时追求报道效果的“热度”,在报道中使用了一些具有片段性或是带有情绪化的视频、图片和文字,对新闻热点事件进行片面、主观性的解读,甚至发展为偏颇性的热点炒作。这种对社会“热点”不加验证的渲染,很容易误导受众,造成社会舆论。

2020年12月4日13时许,安徽省望江县公安局“110”报警服务台接到报警:望江县城吉水桥边有一女子欲投河自尽。出警后,在民警安抚劝导过程中,女子突然扑入深水区。处警民警展开施救失败,后将该女子打捞上岸,经抢救无效死亡。有部分媒体在对这一事件进行报道时,仅仅采用了根据网上流传的“民警注视女孩溺亡”这一视频画面,并无对处警民警及相关部门的采访,也无现场的调查采访。这一没有前因后果的报道呈现,使得很多受众在情绪的驱使下纷纷将矛头对准当事民警,阴谋论、见死不救论、警民矛盾论甚嚣尘上。不少媒体跟风而来,在没有充分调查且没有将应急救援应考虑的现场环境、救援人员水平、救援设施条件等因素考虑进去的情况下轻率定性,将责任武断归咎于民警的处置,给当地警方和涉事民警造成了强大的社会压力。然而,事后相关部门调查表明:女孩所站立的位置是一个漏斗型斜坡水库,这和普通救援区别很大,盲目下水徒增牺牲,当事民警不通水性,并非见死不救。

该案例让我们注意到:片面的、不完整的信息呈现会导致新闻报道产生非客观性倾向,也会使受众对新闻事实产生非客观性理解,这既为新闻报道的失实和偏颇提供了温床,也是造成媒体暴力的推手之一。

新闻报道的客观公正原则,要求新闻报道者在新闻采访过程中要克服偏见,保持独立,做到利益规避,平衡呈现各方观点。在报道过程中,语言要平实,叙述要客观公正,不能偏听偏信,避免有主观倾向。融媒体时代,作为社会公器的媒体,不能滥用民众信任,在追求“速度”与“爆点”的路上忽视坚守客观公正的专业素养。

(二)虚构性的、情绪化的信息表达引发非客观认知

新闻实践中,也有个别媒体特别是自媒体在传播信息的时候,表现出过度追求“爆款”和“流量”的倾向,在新闻报道中出现细节失真、炒作渲染乃至

编造情节的现象，来获取话题的热度，博取关注和吸引流量。这种情绪引导性或是虚构性的信息表达，容易对受众和公众舆论造成误导，给新闻报道的失范推波助澜。

2019年1月29日，咪蒙旗下微信公众号“才华有限青年”发布的一篇题为《一个出身寒门的状元之死》的文章在微信朋友圈刷屏。这篇文章以一名20岁出头的年轻女孩的口吻，讲述了她的一名“寒门状元”同学努力奋斗、为改变生活挣扎，最终却不幸罹患癌症去世的故事。该文章除了触发公众对人生命运的唏嘘外，更因为涉及“高考状元”“寒门”等社会敏感话题而挑起了公众的情绪，文章中出现的其他人：不给抄袭就群殴的富二代、逼迫正直会计做假账的黑心老板、对年轻姑娘不怀好意的投资人、只会吹牛皮对男主去世麻木不仁的高中同学……可以说，每个矛盾节点的选择都精准契合了当代都市青年的情绪痛点，对年轻人的种种困扰与焦虑都拿捏得恰到好处，因此激发了广泛的“共鸣”，很快就收获了“10万+”甚至“100万+”的阅读量。很多人转发文章时的转发语是：“看哭了！社会底层的我们用力地活着，却又这么难……”“寒门真的再难出贵子！这个社会……”“好人为什么都不长命？真希望这个故事是假的……”

但是很快有受众和媒体反应过来，虽然该文末尾言之凿凿强调内容是真实的，文章情节却又如此戏剧化，里面刻意设置的矛盾和冲突如此明显，怎么看都更像是小说描写，而不是常规意义上具有新闻报道特质的“纪实性调查”或“非虚构性写作”，这引起了读者对报道真实性的广泛质疑。即使如此，该文的创作团队在回应时声称：文章不是新闻报道，这是一篇非虚构写作，故事背景、核心事件绝对真实。但在事后的查证过程中，有媒体根据文章中提及的主人公当年的高考分数和录取学校，经过分析核验，并无符合的人物原型。而对于文中提到的主人公“大学毕业两年就成为阿里巴巴P7级的员工”，阿里巴巴公关部在接受《新京报》采访时也回应称：情况不属实。也就是说，该文并不像其自身声称的那般“故事背景、核心事件绝对真实”。

融媒体时代，一部分所谓的“爆款”文章呈现出的传播图景，让我们看到个别媒体特别是自媒体的信息传播内容看起来具有“新闻报道”的外表，但在本质上并未具备新闻报道客观、公正、真实的内核。这类所谓的“报道”中，充斥的可能是失真的细节、虚构的情节和个人情绪化的表达，这种对信息不规范的呈现，无疑会对整个社会中信息传播的客观性、真实性造成伤害，误导受众的认知和情绪反应。《人民日报》官方微博就曾针对这种所谓

“爆款”文章进行评价：“热衷精神传销，操纵大众情绪，尤为可鄙。”①

融媒体时代，多元价值共生导致信息的认知分裂日益加剧，达成共识的难度不断升级。很多自媒体平台、社交媒体平台的信息传播在为受众提供对话缺口和情绪疏解路径的同时，也因其较弱的专业性规范，问题信息和问题报道层出不穷，并且将这种负面影响扩大到了所有公共媒体的传播领域。

针对这种情景，主流媒体和新闻工作者应时刻意识到自身的社会责任，保持清醒的认知，对于这种靠制造不安、贩卖焦虑打造“爆款”的不正之风要坚决抵制。要在新闻报道的过程中，始终保持客观公正，做到不片面解读、不炒作、不渲染、不煽动，让新闻报道“回归事实”，让新闻报道靠其自身客观、真实的价值来影响和引导受众，这才是维护新闻媒体和新闻报道公信力、影响力的有力武器。

二、融媒体背景下，坚守新闻报道的客观公正

新闻报道的客观公正性，是一种不受新闻人主观意志而改变的，对实际发生的新闻事件与涉及的人物进行综合、全面、客观的分析与报道的特质。

新闻报道客观性的具体内涵体现在两方面：一是对新闻事实的报道要尽量客观，即新闻工作者作为新闻素材的收集者，在报道新闻时，要尽量全面地搜集新闻事实并且将新闻事实的实际面目反映出来；二是新闻报道的操作规范要尽量做到客观，即新闻工作者作为新闻报道的撰写者，要在报道新闻时，剥离自己的主观认知，尽量规范、平衡地进行新闻事实的传播和发布。

新闻报道的客观公正，意味着新闻报道应全面而不是片面地反映客观事物和客观世界，意味着新闻报道应公平、公正地而不是偏颇地对待新闻事件的新闻当事人以及涉事各方。坚守新闻报道的客观公正，存在于新闻素材的收集、新闻报道的撰写以及新闻信息的传播或发布等各个环节。

融媒体时代的新闻报道中，坚守新闻客观性需要多个层面的共同努力。

从媒体层面来看，在媒体内部需要推动编营独立运行，尽量减少记者、编辑受商业的干扰以及其他利益方面的影响。

从政府层面来看，政府需要创造客观公正的新闻信息传播的环境，保持信息渠道的自由畅通，保护新闻报道者的采访权利，促使新闻信息的公开

---

① 《人民微评：自媒体不能搞成精神传销》，人民日报官方微博，2019 年 2 月 1 日。

透明。

从受众层面来看，受众需要提高辨别新闻事实的能力，有选择地阅读新闻。

从传播者来看，坚守新闻报道的客观公正，则需要新闻报道者在新闻采访和写作时要更加全面地收集资料，站在第三人的角度看待和展现事情的发展经过，全面展示和正视各种问题，全面、真实地报道实际状况。

在新闻报道的实践中，坚守客观公正，要求新闻报道者做到新闻报道的内容必须是客观存在的事实，不能虚构、夸张、编造、想象。新闻报道不受新闻报道者个人观点的影响和左右，报道者的主观认知应该与新闻报道进行剥离。

三、尊重融媒体背景下报道的新闻传播规律

在融媒体的时代背景下，新闻报道者必须在一个新的高度上去理解新闻报道的客观性原则：要通过更为广泛深入的采访调查、分析研究，接近新闻事件的更深层真实，以揭示新闻的本质与意义。但"有闻必录式"的"纯客观"报道，往往不能真实地反映客观环境的变动状态。

新媒体时代，"主观臆想式"的报道和"有闻必录式"的报道都是不全面的新闻报道。这就对媒体融合背景下的新闻报道提出了更高的要求：新闻报道者应该遵循新时代的新闻传播规律，在遵循新闻真实性的前提下，在一定程度上打破对报道事实真相主观与客观的限制。也就是说，在新闻实践中新闻报道者还必须承担这样的责任：在提供新闻事实要素的同时，也要重视网络社群的反应，通过描述新闻产生的环境、解释新闻发生的缘由、说明新闻对公众的影响、发掘新闻蕴含的意义等方式推动新闻事件的进展，并向公众提供一定的引导。

（一）融媒体时代新闻报道中要重视网络社群的意见

在媒体融合的时代背景下，社交媒体平台的网络社群在信息的公共传播领域发挥了重要作用，公众越来越喜欢借助各种各样的社交媒体将自身对社会事务的意见和看法发表出来。被大多数人认可的意见通过不同的网络社群汇集成网络舆论，这便是公众对社会实现民主监督的一种全新方式。在很多情况下，公众舆论通过网络社群传播能对新闻事实不断地补充、筛选乃至校正，与主流媒体的新闻报道实现内容上的互补以及传播上的良性互

动，有利于推动新闻报道向更客观、更公正的方向发展。

2019年9月9日凌晨，昆明理工大学大二学生李心草的母亲收到警方消息：李心草在和朋友聚餐喝酒后意外坠江身亡。事后的一个月内该事件并没有引起较大风波。直至10月12日，网名为“李心草妈妈”的账号在微博上发表《一个母亲的血泪控诉：谁能告诉我一个真相?》一文，质疑公安针对其女儿李心草坠江身亡事件的判定，希望查出事情真相，并附上了相关视频。随后该事件热度迅速攀升，大部分网友选择站在“李心草妈妈”一方，要求警方给出回应。

10月12日14时左右，昆明市公安局盘龙分局发布通告称，会立即展开核查，但并没有给出具体行动和解释，进一步引起了公众的不满，质疑声越来越大。随后，央视、《新京报》等权威媒体对该事件进行报道，人民日报官方微博写道：“揭开李心草之死谜团，可抚慰一名屡遭苦难裹挟的母亲，还可体现对生命的敬畏。法治社会，公众有理由相信正义不被溺亡，真相终会水落石出。”[①]权威媒体的跟进，进一步推动舆论进入更高峰值。10月14日，昆明警方发布公告，称李心草溺亡事件由昆明市公安局审理，市级检察机关介入，监督审理过程。

从李心草事件中，我们可以看到，新媒体环境中，权威媒体和网络社群两个舆论场的意见领袖发挥着互补的作用。舆论发酵始于“李心草妈妈”在微博的含泪控诉，这篇长达三千字的声明是李心草妈妈站在个人情感叙述层面对所知事实进行的阐述，寻求帮助、要求真相的强烈愿望更能使受众产生情感共鸣。从李心草母亲在微博发文到案件重新审理的过程中，公众舆论发挥了极其重要的作用。而《人民日报》、央视等权威媒体对该事件的跟进报道，合理引导了舆论方向，在一定程度上推动了事件真相的完整呈现。

李心草事件明显印证，网络社群和权威媒体的良性互动，可以推进事实真相的更全面呈现。在这个过程中，网络社群中的新媒体意见领袖起到了提供原始信息的作用，扮演了信息源的角色。而权威媒体对该新闻的跟踪报道，对事实进行核实验证，将信息传播给更多的受众，并依靠其长期建立的权威、专业形象让受众对其报道信服，从而在保证客观公正的基础上扩大了新闻报道的影响范围，提高了公众的参与程度和参与质量。

---

① 《人民微评：呵护一株“小草”的尊严》，人民日报官方微博，2019年10月13日。

（二）融媒体时代新闻报道要对民间舆论场加以有效引导

融合媒体背景下，新媒体特别是自媒体的发展使得信息的传播更加便捷化、私人化、平民化，传统媒体时代单向传播模式已经不复存在，多元主体同时生产信息，使受众进入信息碎片化、真假难辨、信息爆炸的时代。公共空间充斥着渲染情绪、博取眼球为目的的信息，使得公众越来越被情感左右。在此环境中，公众渐渐疲于寻找真相，客观公正、含金量高的新闻报道和言论也越来越稀缺。

面对民间舆论场这种极大的随意性，新闻媒体在进行新闻报道时的一个重要职责，就是不能削弱客观公正生产新闻的能力，而是要全面把握各方传播态势，并且能够站在新闻专业主义的立场对民间舆论场进行引导，使其向着更健康、更合理的信息传播方向靠拢，逐步达到民间舆论与官方舆论的融合与统一。

2021 年春节过后，一条几十秒钟的短视频——“卖 3 元一碗的拉面，坚持 15 年不涨价，只为让大家都能吃得上”在互联网上迅速传播。由此，山东“拉面哥”走红。此后，全国各地的自媒体源源不断地聚集过来，加入这场“狂欢”。在流量和经济收益的驱动下，有不少自媒体屡屡踩着“红线”博眼球，出现了以低俗、恶俗方式“蹭流量”的乱象。为了抢占“C 位”，众多的自媒体主播在集市上围堵“拉面哥”的拉面摊，也有的自媒体主播早上四五点就来到“拉面哥”家门前，一直到晚上十一二点依然有自媒体还在直播拍摄，最终导致“拉面哥”不敢再出现在集市上，甚至不敢在家居住，不得不躲到亲戚朋友家避风头，其正常的生活遭遇前所未有的困扰。

从新闻价值上判断，“‘拉面哥’3 元一碗拉面，15 元不涨价，让乡亲都能吃得起”的朴素愿景，具备较强的民间认同基础，容易引起民间舆论场的关注，但自媒体这种狂轰滥炸式的报道节奏和方式，使得原本朴实、单纯的新闻事实变得混乱不堪，过度的渲染已经使得信息自身的新闻价值失去本色，造成了非合理性的收割流量乱象。在此情境下，主流媒体的新闻报道者不应盲目跟风追随流量，而是应该时刻保持清醒的头脑，在不削弱客观公正生产新闻的能力基础上对社会舆论进行健康引导。

第三节　新媒介环境中的新闻时效性

新闻传播活动中，时效性作为衡量新闻价值的一个重要标尺，一直是新闻工作者应该遵循的重要守则。融媒体时代，媒体竞争的焦点和新闻报道的手段都发生了变化，但新闻时效性特有的地位和意义不会随着时代的变迁而减弱或失去。

新闻时效性包含“时”和“效”两个层面的内涵，“时”指的是“及时”，侧重对新闻采访和报道速度上的要求；“效”侧重表达传播时间与传播效果的关系，其中还要考虑传播环境等外在因素。从理论上来说，时效性指事实发生与作为新闻事实发生之间的时间差，以及新闻面世以后激起的社会效果的相关量，即新闻产生应有社会效果的时距限度。

在新闻采访和写作环节，历来就有“抢新闻”的说法，这是传统媒体时代追求新闻时效性的表现。但在传统媒体时代，纸媒、广播、电视等受制于技术、自身媒介特点、线性化的生产流程等，其所做的新闻报道很难做到“随时随地”的高时效性。而融媒体时代数字化信息技术的发展，一方面为新闻的“随时随地”传播提供了技术支持，另一方面也强化了受众“随时随地”获取新闻信息的需求。这使得新媒介环境中的新闻有了“高时效性”的呈现方式和特质。

一、融媒体时代的新闻时效性要求

融媒体时代，融合新闻的出现打破了传统新闻的采编流程，利用不同的媒体形态采集、发布新闻，将以数字化为基础的信息技术融入新闻制作的各个环节，大大提升了传统媒体和新媒体生产新闻的效率和信息传播效果。而数字技术的发展也可使受众随时随地点开直播链接，对众多的信息进行随时随地的接收，并快速参与新闻的发展过程，对新闻的内涵价值做出自我判断和认知。

由此，我们也可以看出，融媒体时代对新闻时效性有了更高层次的要求，这既是新闻时效性在融媒体时代的进一步发展和强化，也是新闻报道者应时而生、顺势而为的实践要求，是媒体融合的必然发展趋势。

融媒体时代的新闻采访报道中，更高的时效性要求具体表现在两个方面：第一，在技术的加持下，新闻报道者对于新闻信息获取、采访、写作等环节都可以达到“第一时间”进行，这就要求媒体要做到新闻报道的“即时性”。第二，受众不再“坐等”，而是能在第一时间参与新闻并对新闻内容较快地认知和反应，这就要求新闻报道在做到“即时性”的基础上，还要尽量做到“全时性”。

二、融媒体时代新闻时效性的特质

(一)新闻的即时性

融媒体时代,新闻报道最大的改变就是传播速度惊人,以至于不受任何时间和空间的限制。如果想要一条新闻信息迅速传播到某个地域、某个层面,只需一部手机便可分分钟、秒秒钟实现。此外,新媒体平台所具有的实时更新能力,使其可在发生重大新闻事件时,能够根据事态进展情况,进行连续性跟踪报道,更可以做到新闻现场同步直播,使得新闻报道达到"零时差",实现真正意义上的第一时间、第一现场,也就是新闻报道的"即时性"。

在即时性新闻报道的场景中,"在现场"的即时性特征,打破了时间的限制,使受众可以即时参与新闻现场,并可以通过官方开通的留言板块进行参与评论互动,通过点赞、发言表明个人态度,大大缩短甚至消除了受众和新闻之间的时间隔阂、空间隔阂乃至情感隔阂。

在前面提到的案例中,广西日报—广西云客户端的直播报道《直播丨百色大暴雨引发山洪,公路塌方车辆被冲走!通讯员黄文秀发回现场视频后却不幸遇难……》就是典型的即时性报道案例。该直播报道第一时间记录下了黄文秀同志从拍下生前最后一段视频、投稿,到失联,最后确认不幸遇难的完整过程,新闻现场的实时情景通过直播的方式不加延迟地传递到受众,使受众第一时间获得信息和了解真相的同时,也通过新闻事实的实时展现加深了受众对于新闻内涵的理解,增加了新闻报道的感染力,引发了受众情感上的共鸣,很好地发挥了新闻报道的舆论引导力。

在融媒体时代的新闻时效性上,即时性的特征使新闻报道更加强调新闻事件发生后新闻媒体第一时间做出的反应。在展示新闻事件发展的同时,媒体还能够通过对新闻情感、价值、意义、内涵的快速呈现引起公众和社会的关注,使新闻的传播力和引导力得以发挥。

(二)新闻报道的全时性

2019年,中共中央政治局就全媒体时代和媒体融合发展举行第十二次集体学习时,习近平总书记强调:"全媒体不断发展,出现了全程媒体、全息媒体、全员媒体、全效媒体,信息无处不在、无所不及、无人不用,导致舆论生态、媒体格局、传播方式发生深刻变化，新闻舆论工作面临新的挑战。”[①]这一重要论述，深刻揭示了融媒体时代新闻报道发展的本质内涵。而其中的全程媒体，指的是媒体在播报一个事件消息时，从事件的开端到最终的结果，媒体都对其进行跟进，使事件每一步进展的消息都能即时对公众发布。这无疑是对新闻报道“全时性”特质的最佳解读。

2020 年初，新冠肺炎疫情肆虐武汉。2020 年 1 月 23 日，武汉市政府决定参照 17 年前非典疫情时期北京小汤山医院模式，建立火神山、雷神山两家医院。随着两家医院相继开建，对医院建设的即时性、全时性报道也随即开始。1 月 25 日，火神山医院建设现场 5G 网络正式开通。1 月 26 日，火神山医院施工现场的首个直播信号上线，施工现场网络直播在中央广播电视总台“央视频”平台开通。“直播上线后，4 路慢直播镜头每天 24 小时不间断，实时、全方位呈现建设现场画面，在线人数迅速突破千万级别。”[②]3 天后，该页面的累计访问量已经超过两亿人次。2 月 2 日，央视频又增加两个机位，其中包括一个 VR 全景直播机位，更加直观全面地展现施工现场。工地上，工人们争分夺秒，鏖战正酣；工地外，众多网友通过观看网络直播密切关注医院建设进度。这些通过网络关注火神山医院建设情况的网友，也被戏称为“云监工”。

在全时性新闻报道的场景中，新闻报道实现了全天候的实时连接，新闻的演进过程随时随地得以呈现，受众参与的“沉浸式”和“在场式”观看体验突破了时间、空间的维度，模糊了现实和虚拟的界限，让媒介的新闻报道与人和环境融合为一，新闻变得更加真实可感。

融媒体时代的全时性直播由于是实时记录事件全过程，内容冲突感不强，受众个人的注意力同时可以转移到互动和自我表达上，这使实时性直播的内容除了符合新闻较强的时效性外，还能拉近受众和新闻之间感情上的距离。如以上提到的中央广播电视总台“央视频”直播平台对火神山、雷神山医院建设施工现场每天 24 小时不间断的实时、全方位呈现，在当时由于疫情的发展，需要全民隔离，现实社交减少的社会背景下进行的。而这种临场交互下受众在慢直播的场域内形成的共享式、参与式体验，让“云监工”也成为 2020 年的一个集体记忆。

---

① 《习近平主持中共中央政治局第十二次集体学习并发表重要讲话》，新华社，2019 年 1 月 25 日。

② 左翰嫡：《武汉火神山医院和雷神山医院建设现场吸引网友关注　三日内超两亿人次观看施工直播》，中央纪委国家监委网站，2020 年 1 月 30 日。

三、防止过度追求时效性

融媒体时代，速度是新闻报道的血液，没有时效性，新闻报道就没有竞争力。因此，很多媒体都认识到：在最短的时间内把新闻事件传递给受众，可以成为媒体在激烈的竞争中取胜的“法宝”。但也正是基于此种认识，有些新闻报道出现了过分追求时效性导致的新闻失真现象。如为了“抢时间”而忽略对新闻的实地采访和多方采访，为“节省时间”不对信息进行核实等，这些情况都会导致新闻事实的呈现失真，造成虚假新闻。

因此，在追求时效性的同时，新闻媒体和新闻报道者也应该对自己肩负的责任有清醒的认识，应该意识到为过度追求时效性而导致的失实新闻报道给社会带来的危害远远大于滞后的新闻报道，如果新闻报道过分追求时效性而丧失了真实性，其结果必然是其权威性的降低，从而失去受众的信任。

为确保新闻媒体的权威性，维护其公信力，融媒体时代的新闻媒体在追求新闻报道时效性的过程中依然要把真实性放在首位，在保证新闻事件真实的前提下提升其时效性。

近年来，各类低质新闻泛滥，新闻失真现象层出不穷，在社会上造成了恶劣的影响，究其根本原因，主要是新闻媒体和新闻报道者没有很好地遵循新闻报道的基本原则，或者是没有辨别新闻信息的真伪就发布消息，或者是被信息表象迷惑失去了报道的客观公正，或者是一味追求时效性而忽略了新闻的真实性。融媒体时代的新闻报道者必须坚守新闻报道的基本原则，发挥较强的专业能力，将真实、客观、新鲜的信息及时、准确、恰当地展现给社会大众，从本质上杜绝种种新闻不良现象发生，提高媒体公信力。

第三章　新闻采访

新闻采访是新闻工作的重要组成部分，无论是平面媒体还是电子媒体，其最终呈现的新闻产品都是从新闻采访开始的。任何想办好媒体的新闻工作者，都需要从加强新闻采访着手。由此可见，新闻采访在新闻产品的生产、制作过程中发挥着十分重要的作用。

第一节　辨析新闻采访与写作的关系

新闻采访与新闻写作，到底哪一个在新闻生产活动中起决定作用？哪一个的作用更重要一些？要想了解这些问题，首先需要知道到底什么是新闻采访，什么是新闻写作，新闻采访与新闻写作在新闻产品的生产、制作过程中分别呈现出什么样的特点。

一、关于新闻采访

（一）新闻采访的含义

新闻采访是新闻工作者为了获得客观事物的真相，对一定对象进行的观察、访问、倾听、思索和记录等活动，是一项特殊的调查研究活动。

所谓调查，指的是新闻工作者获得、占有大量与新闻事件相关的材料的过程，事件发生的背景、当事人、造成的影响、旁观者对事件的看法及态度等都是新闻工作者需要调查的内容。所谓研究，即在占有大量材料后，新闻工作者由表及里地对材料进行去粗取精、去伪存真，排除不相关、不重要的内容，保留相关、重要的内容，由感性认识阶段上升到理性认识阶段。

新闻采访活动是一边调查、一边研究的过程，调查与研究往往结合在一起，在调查的同时需要对获取的资料进行思考，在研究的同时也需要根据存在的不足进行更深入的调查。如此反复，直到揭示新闻事件最真实、最本质的特征为止。

（二）新闻采访的特点

新闻采访活动是一种调查活动，但与普通的调查又有一定的区别。新闻记者的采访活动呈现以下特点。

1.真实性

对于“新闻”的定义，不同的新闻界人士给出了不同的解释。“新闻是新近发生的事实的报道。”这是中共中央原宣传部部长、国务院副总理陆定一对“新闻”概念的界定，也是目前新闻学界普遍采用的新闻定义。新中国新闻事业的开拓者、著名记者范长江认为，新闻就是广大群众欲知、应知而未知的重要的事实。中国新闻教育家、新闻学者甘惜分认为，新闻是报道或评述最新的重要事实以影响舆论的特殊手段。

尽管对新闻的定义有不同的解释，但都强调了“事实”在新闻报道中的重要地位。获得真实信息的第一要求，就是记者应该尽可能地将采访地点“搬”到新闻现场，一切从实际出发，获取最真实、最客观的新闻素材。

2.时效性

中国新闻理论的开拓者、奠基人邵飘萍指出：“新闻者，最近时间内所发生的，认识一切关系社会人生的兴味实益之事物之现象也。”在这里，新闻发生的时间界限是“最近时间内”，所以要报道“最近时间内”的现象，这就要求新闻工作者必须快速到达新闻现场，迅速展开采访，快速完成新闻报道。

在“大众麦克风”时代，大众传媒不再是受众获取新闻信息的唯一渠道，人人都可以是信息的传播者。信息传播主体范围的扩大，使记者面临更大的新闻报道压力，如何更快速地对新近发生或正在发生的新闻进行采访成为一种考验。

3.显著性

美国《太阳报》前编辑室主任约翰·博加特(John Bogart)将新闻解释为：“狗咬人不是新闻，人咬狗才是新闻。”之所以“人咬狗”才是新闻，正是因为这一事件的独特性、显著性。当然，新闻报道对象的知名度越高、发生的地点越有代表性，新闻的价值也就越大。对于采访同样如此。

采访中，在确保获取尽可能全面的新闻素材的基础上，记者在采访对象的选择上一般会根据“显著性”的特点进行安排。毕竟,选择一些影响力较大的知名人士达到的效果往往要远高于普通市民。

4.广泛性

新闻采访的广泛性是由受众群体的广泛性决定的。所以记者在采访中要获得尽可能多的信息,制作更多的新闻产品,满足大多数受众的要求。

5.公开性

记者采访到的内容,除了极少数以“内参”形式保留下来外,大部分会以新闻报道的形式转变成新闻产品,并通过各种传播渠道传递给受众。

二、关于新闻写作

新闻写作是将新闻采访获取的资料按照需要加工制作成不同体裁的新闻产品的过程。从根本上说,新闻写作是描述事实真相的过程。

“事实”是新闻报道的基石,既是新闻采访活动不懈追求的最终目的,也是新闻写作活动遵循的最根本的宗旨。与新闻相关的一切活动,都是以“事实”的存在为基础的。

恩格斯说:“使读者确立无可争辩的信念,只有明显的、无可争辩的事实才能做到这一点,特别是在一个被无穷的‘祖先智慧’迫使人们持怀疑论的世纪里,仅凭空洞的说教,哪怕是很高明的权威的说教,都不能使人产生这种信念。”[①]

事实是新闻报道的基础,也是新闻工作者在新闻写作中需要面对的唯一对象。在这一环节,记者要做的就是如实地报道新闻事实。

三、新闻采访与新闻写作的关系

从一条简单的新闻线索,到最终以文字、音频、视频等形式呈现在受众面前,新闻产品无不经过采访、写作(录音、拍摄)、编辑(剪辑)、审核、发行等过程。综观整个流程,采访的基础性、决定性作用不容忽视。新闻采访是连接新闻线索与新闻产品的重要环节,是新闻记者必须掌握的基本技能。但新闻采访与新闻写作的地位又是不完全平等的,用一句话来概括,就是新闻采访是新闻写作的基础,新闻采访决定新闻写作。

① 《马克思恩格斯全集》第42卷,人民出版社1979年版,第227页。

(一)新闻采访是新闻写作的基础

1.从活动的内在联系上看

新闻采访决定新闻写作是由辩证唯物主义决定的。辩证唯物主义认为,先有物质后有意识,物质决定意识,意识对物质有一定的反作用。从唯物主义的角度出发,新闻报道的事实即物质,新闻产品是精神产品,即意识,故先有事实,后有新闻产品。新闻采访是将事实与新闻产品联系在一起的纽带。

记者要想写出精彩的新闻报道,既要深入新闻现场进行细致的采访,收集充分的事实资料,又要对收集的资料进行精准的分析,认识事物发展的客观规律。只有在新闻采访阶段掌握更多翔实的新闻素材,记者在后期的新闻写作中才能更加得心应手,新闻报道才会更有说服力和感染力。

新闻采访对新闻写作的决定作用,还表现在新闻采访的深度和广度决定了新闻写作的深度和广度。俗话说,巧妇难为无米之炊。记者要想写出一篇有深度、有影响力的新闻报道,没有深入的采访,仅仅依靠自己的写作功底是不可能实现的。采访的成败直接决定了写作的成败,这是被无数新闻工作者的实践经验证明的。

2.从活动开展的顺序上看

从新闻报道的产生顺序上看,先有新闻采访,后有新闻写作,继而形成新闻产品,完成新闻报道,这个顺序是不可改变的。一篇新闻报道的产生,大致经过了以下步骤:发现新闻线索、核实线索真实性、确定采访主题、开展采访活动、选择加工材料、提炼报道主题、完成新闻写作。

在这几个步骤中,新闻线索的发现与核实均属于新闻采访阶段的重点工作,对新闻报道主题的提炼也是在新闻记者采访过程中明确的。不难看出,新闻采访是新闻工作的主要组成部分。新闻采访扎实与否,将直接决定新闻报道的精彩与否。

综观历史长河,国内外的许多优秀记者对新闻采访工作都十分重视。邵飘萍认为,报纸有三项业务——采访、编辑、经营,而以采访最为重要。他在采访上也最肯下功夫,“每遇内政外交之大事,感觉最早,而采访必工”。邹韬奋深刻地感觉到“做新闻记者最应该有的是活动力”。他赞扬埃德加·斯诺(Edgar Snow)时说:“你如果看到他所著的几本名著,看到他在赴陕北途中吃苦的趣事,也就能足够地看出他的活动能力。”也正是在这种“活动力”的推动下，斯诺深入“红区”进行了长时间的采访，最终写出了轰动一时的《红星照耀中国》。

(二)新闻写作是新闻采访的呈现和升华

新闻采访的成败决定了新闻写作的成败，但并不是说新闻写作不重要。如果没有新闻写作，新闻采访获得的所有素材就失去了存在的意义，仅依靠新闻采访，新闻报道无法形成，新闻记者也就失去了存在的价值。

1.新闻写作是对新闻采访的总结与升华

新闻采访强调记者围绕报道主题收集尽可能多的新闻素材，而这些素材多是一些感性材料。新闻写作的任务就是根据需要对收集到的新闻素材进行去粗取精、去伪存真、由表及里的加工，使感性认识上升为理性认知，最终形成不同体裁、针对不同受众群体的新闻报道。这个过程，既是对新闻采访活动进行总结的过程，更是对新闻素材进一步升华的过程。

2.新闻写作对新闻采访具有反作用

实践证明，拥有多年从业经验的记者，凭借丰富的经验，在开始正式的新闻采访前，大多能够清晰地知道如何围绕报道主题进行采访，如何进行采访素材的甄选。这些经验都是记者通过多年“实战”所得，可以帮助记者少走弯路，更快地实现报道目的。

新闻写作对新闻采访的反作用还体现在报道文体对新闻采访重点的影响上。新闻写作的体裁对记者采访活动的侧重点有一定的指导作用。如果是以消息的形式进行报道，记者在采访中需要重点获取与事件的六要素(5W1H)相关的信息，即 When(何时)、Who(何人)、Where(何地)、Why(何因)、What(什么)和 How(如何)。如果是人物通讯，就需要重点采访人物的经历、特点等。事件通讯则需要重点了解新闻事件的起因、经过与结果。

总之，新闻采访为新闻写作提供更多与主题相关的新闻素材，新闻写作将素材从感性认识上升为理性认知，两个环节相辅相成，密不可分。只会采访却毫无写作功底的记者写不出好的新闻报道。同样，不深入新闻现场采访、只会闭门写稿的记者也绝不可能写出合格的稿件。

在处理新闻采访与新闻写作的关系上，合格的新闻工作者必须坚持辩证唯物主义，正确地看待两者的关系，确立新闻采访是新闻写作基础的观念。同时，还要不断提升新闻写作技能，深入新闻现场，只有一切从实际出发，才能不断创作出更高水平的新闻作品。

第二节　采访前的构思与准备

“工欲善其事，必先利其器。”采访前的充分准备，直接决定了新闻采访活动的成功。采访前的准备工作包括多个方面：既包括与新闻采访活动直接相关的新闻线索、采访工具等的准备，也包括了体力、脑力、心理等方面的准备。

一、采访前的准备

新闻的真实性不仅是对具体报道环节的要求，更是对新闻报道的整体要求。这就要求记者从获取新闻线索开始，确保各个环节的真实、可靠。

（一）新闻线索的获取与核实

记者的新闻采访活动多是从获取新闻线索开始的。获取与核实新闻线索是新闻工作者在真与假之间不断探索的过程。所谓新闻线索，是指新近发生的事实的简要的信息或信号。新闻线索不等于新闻。

1.新闻线索的特点

与新闻报道相比，新闻线索的特点主要体现在：

（1）内容简单，完整性差。与新闻报道相比，新闻线索多是一些碎片化的信息。可能是人际传播过程中的一句话、一个名词、一个数字，也可能是一件物品、一种行为。这些素材具有一定的隐匿性，需要经过记者抽丝剥茧的梳理才能够得以呈现。

（2）稍纵即逝，稳定性差。新闻线索具有一定的时效性，稍纵即逝，需要记者特别留意才能发现。这对记者的新闻敏感提出了更高的要求。

（3）来源多样，真伪难辨。多媒体时代，除了传统渠道外，新闻记者还可以通过公众号、短视频等渠道获得新闻线索。渠道的增加在为新闻记者提供了更多线索来源的同时，也增加了核实新闻线索真伪的难度。

（4）感性现象为主。新闻线索多是感性层面的认知，是对事物现象的描述。记者要采写出更高水平的新闻稿件，必须对现象进行分析，并与采访过程中获得的其他信息结合，透过现象看本质，挖掘事件的本质内容。

2.获取新闻线索的渠道

在日常工作中，经常会出现这样的情况：有的记者每天都有写不完的稿件，有的记者却无稿件可写。有的记者，即便是非常普通的线索，也能够发现其中值得探索的地方，最终形成一篇高质量的新闻稿件。但有的记者，即便面对的是鲜活的新闻内容，依然无法完成一篇像样的新闻报道。归根结底，是记者的新闻敏感性不同。

新闻记者要想源源不断地生产出新闻产品，了解新闻线索的来源非常有必要。所有新闻线索都有迹可循，记者可以通过以下几种渠道获取新闻线索：

(1)党和政府的决策、文件。宣传党的路线、方针、政策等是新闻工作者的重要工作内容，也是新闻媒体的职责所在。党和政府发布的一些重要决策、文件中提到的一段时间内的工作重点、任务、要求等，往往也隐藏着新闻线索。

(2)会议。会议本身就是新闻。会议是与会各方进行信息交流、讨论的场所，是一个观点的“公开市场”。记者在参加会议后，除了进行常规的会议新闻报道外，还应该“跳”出会议，积极寻找会议召开过程中存在的有价值的新闻线索，写出有影响力的稿件。

(3)“跑口”。为了保证信息交流通畅，媒体一般会安排专门的记者与相关部门进行沟通，并进行相关领域的新闻报道，这些记者就是我们所说的“跑口记者”。实行“跑口记者”制度，在帮助媒体实现内部资源整合之余，也为记者提供了相关行业的新闻线索。所谓“口”，就是记者负责的采访业务部门，如交通口、公检法口、工商口等。要求记者“跑口”并从中获取新闻线索，是大多数媒体给初入职场的年轻记者上的一堂“社会实践课”。“跑口”获得新闻线索的途径有两种：一种是通过业务部门通讯员发送的新闻通稿获得线索；另一种是通过与通讯员、部门工作人员的交流获得线索。

(4)受众“爆料”。普通市民不仅是记者采访活动的采访对象，而且也是新闻事件的发现者、新闻线索的提供者。任何一位记者都不可能对现实生活中发生的所有事件“面面俱到”，所以各家媒体都会通过设置“报料热线”、报料 QQ 群、微信等方式拓宽信息来源的渠道，更好地发挥媒体“环境监控”的功能。对记者而言，与尽可能多的人交朋友，让采访对象成为自己的“爆料人”是非常重要的。2021 年 4 月，一度登上微博热搜榜单的“三亚海胆事件”，便是游客投诉“海胆蒸蛋中只有蛋没有海胆”后“遭到威胁”，引起社会的关注和热议。央视《主播说联播》《红星新闻》《北京日报》等多家媒体都针对这一事件进行了报道。

(5)浏览新闻报道。浏览已经发布的新闻报道,是记者获取新闻线索的一个重要渠道。在信息传播多元化、快捷化的数字时代,为了追求新闻报道的时效性,大多数主流媒体会通过官方微博、微信公众号、短视频公众号等平台发布第一条报道,然后再根据新闻价值决定是否开展后续报道。而这些官方媒体发布的"第一条新闻",就有可能成为其他媒体的新闻线索。

(6)多媒体平台。新媒体时代,社会大众作为"受众"的身份发生转变,开始积极参与各类新闻传播活动,成为信息的"传播者"。鉴于此,新闻记者除了沿袭传统的获取新闻线索的方式外,还可以通过个人微博、自媒体公众号、短视频 App 等多种平台获得新闻线索。但是这一类新闻线索在新闻的真实性方面存在很大的差异,需要记者进行进一步的核实,避免产生虚假新闻。

3.核实线索真伪的方法

新闻线索真伪的核实工作通常是新闻采访准备阶段的重要内容之一,也是新闻真实性的重要保证之一。需要强调的是,验证新闻线索真伪的渠道一定要区别于线索的来源渠道。记者可以通过以下几种方法对新闻线索的真实性进行核实:

(1)新闻要素分析法。新闻要素分析法是通过核实新闻线索的各要素内容进行真伪验证的方法。这种方法更适用于那些来自市民爆料的线索。在接到热线爆料后,记者可以按照新闻的六要素(5W1H)进行核实:事件是什么时候发生的?发生的地点在哪里?是什么原因导致了这起事件?最终造成了什么样的影响?如果爆料人对这些问题含糊其词,那么这条线索的真实性就有待商榷了。当然,即便爆料人能够快速地回答上面的几个问题,也不代表这条线索就一定是真实的,还需要记者通过其他途径进行进一步的核实。比如记者可以通过与其他爆料人提供的同一信息进行交叉核实,交叉印证。

(2)常理推断分析法。除了新闻要素分析法外,记者也可以借助生活中的常识进行推理判断。与生活常识相悖的新闻线索,大多属于虚假线索。一个新闻事件的发生一定会对周围的环境或相关群体带来影响,记者通过仔细观察,借助常识推理判断,就可以初步判断新闻线索的真伪。如果某地发生了重大交通事故,那么一定会造成该路段交通拥堵,交警部门通常情况下也会接到报警电话并出警现场维持秩序。并非所有的线索都需要记者亲历新闻现场进行检验。如果出现上述情况中的新闻线索,记者又无法快速联系到新闻爆料人,可以通过联系交警部门了解是否接到报案,对是否对该地区进行交通管制等进行核实,初步判断线索的真伪。

(3)图片反查法。2010年5月,英国著名杂志《经济学人》的封面选用了这样一张照片:墨西哥湾石油泄漏后,奥巴马独自走在路易斯安娜海湾,远处是海上开采油气的井架。事实上,在原图片中奥巴马的右侧分别站着拉福什县县长和美国海岸警卫队司令。显然,图片被编辑刻意修改过了。编辑用Photoshop处理掉了奥巴马右侧的两个人。当记者获得的新闻线索中,有一部分是以图片的形式出现时,如何核实图片线索的真伪呢?记者可以通过图片反查法进行核实。TinEye是一款反向图片搜索引擎,记者可以将需要核实的图片上传至搜索引擎,或者通过提供图像或包含图像的网页URL,TinEye就会在网上查找该图片以及基于图片的修改版本。它可以识别JPEG、GIF或PNG格式的图片,帮助记者核实图片是原创还是经过加工的。除了TinEye之外,应用程序Fake Image Detector与Google反向图片搜索都可以进行图片真伪的核实。

(4)现场采访分析法。记者亲历新闻现场开展实地采访活动,对核实线索的真伪也非常有效。如果根据新闻要素分析法、常识推断分析法等方法都无法验证新闻线索的真假,记者可以根据提供的新闻线索到达新闻现场进行采访,届时新闻线索的真伪乃至新闻价值的大小即可一目了然。现场采访检验法是所有检验方法中最费时、费力的,但也是最直接的,所有的虚假线索在新闻采访中都将无所遁形。

(二)背景材料的准备

待线索的真伪得到验证后,记者就可以根据需要准备与线索相关的新闻背景了。所有的新闻事件都是在一定的历史条件和环境条件下发生的,这些历史条件和环境条件便是新闻事件的背景。在采访准备阶段搜集背景材料,可以对新闻事件起到补充、说明、解释的作用。

背景材料涵盖的范围比较广泛,既包括新闻事件发生的原因、条件等,也包括与新闻当事人或采访对象相关的所有材料。要想更深入地报道新闻事件,势必要介绍其产生的原因、经过、结果以及它与社会环境的联系等。以上几个方面都属于背景材料的范畴。

1.背景材料的类型

背景材料的分类方法有很多,从内容上,可以分为政治背景、经济背景、文化背景、历史背景等;从表现形式上,可以分为直接背景和间接背景,显性背景和隐性背景等。这里,我们按照事件发生的时间和空间两个维度对背景材料进行分类。

(1)时间维度的背景材料。主要指新闻事件发生的历史条件或是与之有纵向关系的事实。通过时间维度的背景材料,受众可以明确地了解新闻事实发生的历史背景、时代背景,了解新闻事件的由来。另外,在历史上发生的与新闻事件相关的事实,也属于时间维度背景材料的范畴。新媒体时代,网络媒体在对某些重大事件进行报道时,除了开展正常的新闻报道外,还会根据需要适当增加相应的时间维度的背景资料,帮助受众了解新闻事件在不同阶段、不同时期的发展情况。

(2)空间维度的背景材料。这主要指与新闻事实横向有关的背景材料,强调的是与新闻事件或人物产生横向的直接或间接联系的事实。这种背景材料最大的作用就是与新闻事实形成对比,说明事物的性质、特点或产生的影响。比如要想采访山东在《国务院办公厅关于限制生产销售使用塑料购物袋的通知》(以下简称《通知》)发布后的举动,可以通过查阅资料、网络引擎搜索等方法了解其他地方对《通知》的执行情况,便于与山东的执行情况进行对比,突出取得的成绩或存在的问题。

2.背景材料的重要性

提前了解采访对象,掌握尽可能丰富的背景材料,对于记者进行充分、全面的采访是非常有利的。我国老一辈新闻工作者都非常重视背景资料。吴晗说:“没有资料就写不出内容充实的文章来。”只有掌握了丰富翔实的资料,写出来的报道才会有分量,才会厚实,这也成为新闻界的一个共识。即使可以通过采访对象获得相关的信息,但是在采访前获取尽可能多的背景材料的意识不能放松。

2009 年 3 月,全国政协十一届二次会议举行首场新闻发布会时,《中国妇女》(英文月刊)的记者对大会发言人赵启正进行了现场提问,具体内容如下:

记者:请问赵主任,这次 2235 名委员中,女委员的数量有多少?她们现在所提的提案数量有多少?主要集中在哪些领域?

赵启正:我事先用了一点功,但是没有注意到这个比例,但我知道,本届比上届妇女委员比例高。刚才你提问时有些朋友笑了,其实这个笑我倒有点感想,说明我们有一个误区,妇女的事业不只妇女去做,男人也要参加。只有男士和女士一起做,妇女的事业才能做得更好,因为观察角度不同,男士提出来可能更尖锐、更准确。

记者的提问涉及了女委员的数量问题。其实,关于不同性别的委员人数、提案的数量等问题,记者只要通过查阅资料再进行简单的统计,就可以得出结论。但是,显然这位记者在采访前并没有做足功课,将一些通过查阅资料就可以解答的问题作为现场的提问,浪费了宝贵的采访机会,最终导致了采访活动的失败。

（三）其他准备

在开展正式的采访活动前,记者除了需要核实新闻线索的真伪、搜集背景材料外,还需要从物质、心理以及体能等方面做好准备工作。

1.物质准备

一般情况下,记者在采访中应该轻装上阵,但是一些必需品还是需要提前准备好的。新闻采访中所谓的物质准备,主要包括两类:一类是采访记录本、笔、记者的身份证明(如单位介绍信、工作证件等)、智能手机,这些是所有类型的新闻采访活动都应该提前准备的物品。记录本和笔主要用于与采访对象交流时进行现场记录,单位介绍信、工作证件等主要用来取信于初次见面的采访对象,智能手机的主要作用是在没有专业照相机的情况下进行拍照,或是作为录音设备。

还有一类物资需要根据采访的需要进行准备,主要是指电子录音笔、摄像机、照相机等仪器设备。如果采访条件允许,记者还应该随身携带笔记本电脑,方便随时进行信息的录入、整理、加工。在出发前,记者一定要确保各类仪器设备的电量是充足的,并尽可能在出发前将所有的设备调至最佳状态,以便在现场快速开始采访活动。

2.体能准备

民国初年,著名记者黄远生在其作品《忏悔录》中总结了成为记者的四个条件:脑筋能想,腿脚能奔走,耳能听,手能写。何谓“腿脚能奔走”?“交游肆应,能深知各方面势力之所存,以时访接,是为能奔走。”由此看来,作为一名合格的记者,除了能够发现新闻,用脑筋思考问题,用耳朵倾听八方声音,用手中的笔写出各种体裁的新闻作品外,具备良好的体能也十分重要。

记者不仅是脑力劳动者,也是高强度的体力劳动者,加上记者的生活节奏经常会被各种高强度的采访活动打乱,因此拥有强健的体魄是开展所有新闻活动的基础。

3.心理准备

充分的心理准备可以帮助记者充满自信，更有底气地开展采访活动，即便发生意料之外的情况，记者也能够随机应变，确保采访活动正常、顺利地开展下去。记者的心理准备主要包括两方面：一是做好面对各种类型的采访对象的心理准备；二是做好采访过程中有可能遇到突发状况的准备。

任何人都有可能成为记者的采访对象，做好面对不同采访对象的心理准备，要求记者保持平和的心态，不能因为采访对象是领导人过分紧张，也不能因为是体力劳动者而过度轻视。只有与采访对象建立平等的关系，才能够顺利地开展采访工作。

另外，采访过程中随时都可能发生意想不到的事情，面对纷繁复杂的采访现场，记者绝对不能失了分寸，要能够结合报道主题，快速调整采访问题，并对采访对象进行积极地引导，让采访活动尽快回归正轨。

二、采访前的构思

记者在做好采访前的准备工作之余，还应根据采访需要进行采访前的构思活动。采访前的构思主要指明确报道主题后，根据报道的需要明确采访计划、拟定采访提纲以及合理统筹采访提问等。做好新闻采访前的构思活动，对围绕主题搜集材料、进一步明确报道主题与报道思路具有十分重要的作用。

（一）明确采访计划

采访计划，是记者为了确保采访活动顺利开展，将采访的所有要素环节进行预先排序，是对具体采访活动的综合规划。要想制定一份切实可行的采访计划，记者需要了解采访对象的基本情况、明确新闻报道的主题、预测采访过程中可能出现的问题。一份完整周密的采访计划通常包括以下几个方面：

1.采访目的

也就是开展本次采访活动的背景以及通过采访要达到的最终目标。采访目的要具体、详细。

2.采访时间

指记者与采访对象约定的开展采访活动的时间。在突发事件的采访中，采访时间一般是随机的，记者在新闻现场根据需要进行采访即可，而有一些新闻则需要记者提前与采访对象约定采访时间。

3.采访地点

新闻采访的地点一般分为两种：一是新闻事件的发生现场。在新闻现场开展的新闻采访活动，采访对象以“目击者”为主，所以这种情况的采访地点就是新闻事件的发生现场。二是记者可以根据需要与采访对象另行约定地点。如果记者需要对同一人进行多次采访，则需要对不同的采访时间、采访地点进行特别的标注。

4.采访对象

为了更好地完成采访任务，采访对象的覆盖范围应尽量广泛，做到应采尽采。在采访计划中除了要备注好采访对象的姓名、年龄、性别、联系方式等信息外，还应该标注采访对象的兴趣爱好、性格特点等内容，以便更有效地交流。

5.采访方式

并不是所有的采访对象都需要进行面访。在明确采访计划时，记者需要根据实际情况确定具体的采访方式。

6.活动人员安排

包括所有跟随记者一起到采访现场的人员安排。记者应该根据需要做好人员分工。

7.交通工具

记者采访期间的出行方式，是步行、单车、公交、地铁，还是单位派车？

8.其他物品准备

在记者的采访计划中，需要明确列出摄像机、照相机、电子采访笔、笔记本电脑等设备的准备情况。

9.采访提纲

采访提纲是新闻采访活动的基础，主要包括提问要点和采访流程两部分内容。需要注意的是，如果记者进行的是多人采访，在采访提纲中要对不同采访对象的采访问题进行区分，并标注好采访顺序。

（二）拟定采访提纲

采访提纲最主要的内容是提问要点。在提问要点的设计方面，记者需要根据采访报道的主题以及采访对象的特点仔细地推敲。

1.确定采访对象

采访对象是新闻素材的重要提供者，是新闻写作题材的源泉。采访对象的选择是否合理、采访范围是否恰当，从某种程度上决定了记者的采访工作是否能够圆满完成，也决定了后期的新闻写作工作是否能够顺利开展。

一般情况下，根据采访对象与新闻事件的关系，我们把采访对象分为两种：一种是新闻事件的利益相关者，即新闻事件的发生有可能已经对采访对象造成了直接的影响。另一种是新闻事件的利益无关者。这些采访对象可能是新闻事件的见证者，也可能是在某个研究领域有影响力的人物、某项政策法规的执行者。举例来说，如果报道的内容是一起车祸，那么这起车祸的肇事者、受害者是利益相关者，交通警察、保险公司的工作人员等属于利益无关者；如果报道主题是“超市限制免费塑料袋的使用”，那么超市的工作人员、消费者属于采访群体中的利益相关者，而环境保护方面的专家、学者则属于利益无关者。

利益相关者与利益无关者的身份因为报道主题的不同，有可能反转。比如上文提到的“限塑令”的问题，如果接受采访的专家或学者也是记者所调查超市的消费者，那么他们的身份就变成了利益相关者。

2.确定提问要点

通常情况下，将记者针对采访对象提出的问题称为提问要点。采访提纲中的提问要点可以是一个完整的问题，也可以是问题要点的关键词、关键字。记者的采访提纲并不是一成不变的，即便采访活动已经开始，记者依然可以根据采访过程中发现的新线索、新内容临时调整自己的提问要点。在这种情况下，由于受到时间的限制，记者无法在采访本上记录下完整的采访问题，就可以通过关键字、关键词的方式进行标记。

记者除了要考虑报道的主题外，还需要根据采访对象的特点设计采访问题。

(1)针对新闻当事人的问题设计。并不是所有的新闻事件发生后，记者都能在第一时间赶到现场，完成对新闻当事人的采访。所以在针对新闻当事人设计采访问题时，尽量通过采访技巧还原新闻现场，获得更有现场感的新闻素材。比如，2008年《新闻调查》记者对广州“许霆案”的当事人许霆在二审结束后进行了采访：

记者：当庭宣判那一瞬间说“五年”的时候，你什么反应？

许霆：当时，当时就是泪流满面，老天给了我一个机会，没有一棒把我打死，五年真的是可以承受得了的。[①]

这段采访是在二审结束后进行的，为了让新闻当事人更好地回忆当时的场景，记者选择了“当庭宣判那一瞬间”这样一个关键场景，情境再现式地启发许霆回忆那时那刻的心情，达到了很好的采访效果。

(2)针对专业人士的问题设计。在采访专业人士时，记者需要将关注的重点放在采访对象及其专业方向上，与专业人士谈专业、谈作品，从专业的角度设计问题、进行提问，更能引起采访对象的共鸣，顺利开展采访活动。

记者：这幅画面中的景色真是太美了，像仙境一样，这个镜头是在傍晚拍摄的吧？

采访对象：是啊，就是在傍晚时分拍摄的，只有在特定的时间才能等到这么美的画面。[②]

一个关于画面拍摄时间的专业问题，帮记者打开了受访者的话匣，顺利采访到了原本拒绝的采访对象。

(3)针对路人的问题设计。在采访活动中，尤其是一些调查类的采访活动中，为了了解尽可能多的人对某个话题或某个事件的看法，获得更全面的信息，记者会在采访过程中随机采访部分路人。在设计问题时，记者需要考虑如何快速引起采访对象的同感，达到共情状态，否则很容易出现类似2012年中央电视台“走基层国庆假日调查——你幸福吗?”街头采访中出现的一幕：

记者：你幸福吗？

受访市民：我不姓福，我姓曾。

(三)统筹采访提问

1.把握好提问的侧重点

如果新闻报道的主题是“事”，记者设计问题时就需要借助采访对象之口，介绍清楚事件发生的起因、经过、结果及其影响。在这一类的新闻采访中，新闻当事人的身份是事件的参与者、经历者和陈述者。

如果报道的主题是“人”，记者可以结合报道主题，围绕采访对象的个人

---

① 《许霆的罪与罚》，《新闻调查》，CCTV新闻频道，2008年9月13日。

② 朱洁：《新闻采访100例》，四川大学出版社2013年版，第151页。

经历、性格特点、趣闻轶事、观点主张等方面展开采访。记者在选择新闻素材时要重点留意那些能反映人物特点的事件，通过对具体事件的报道突出人物。

2.设计好问题类型

采访中，记者需要根据采访对象的特点、采访的主题和目的等设计采访问题。问题的类型主要有两种：开放式问题和封闭式问题。

开放式问题没有标准答案，更像是让采访对象做论述题，采访内容与报道主题相关即可。一般在问及采访对象对某件事情的观点、态度、看法，或是个人的某些经历时，可以选择开放式问题。

开放式提问的优势比较明显：第一，通过开放式提问，记者能够更全面地了解采访对象的态度，获得更多的信息，为新闻写作提供更多素材，起到深化报道主题的作用；第二，在开放式提问的过程中，通过与采访对象的交流，记者有可能发现新的新闻线索，找到新的报道思路。

例如：

> 在今年的“两会”上，委员们都提出了哪些建议解决大学生就业的问题？
>
> 据我所知，您和您的团队对美食都不感兴趣，拿到选题后，你们是如何熟悉题材，并最后做到“影像美食家”的？
>
> 您如何看待一边点赞，一边禁止进口该国大米、鱼类等产品的行为？

如果说开放式问题是论述题，那么封闭式问题则属于单项选择题。这类问题的指向性非常明确、具体，采访对象在回答记者的提问时非此即彼。这一类型的提问更适合记者了解新闻事件的详细信息。当遇到不善言谈的采访对象时，记者也可以通过封闭式的问题进行引导，获得想要的素材。

例如：

> 这是不是您在有意识地躲避呢？
>
> 求证一下，您说过，房地产就应该是暴利？
>
> 您罚款的理由，是超载还是灯光不全？

在这些提问中，采访对象要么回答“是”“超载”，要么回答“不是”“灯光不全”，只能是二者选其一，没有第三个选项。封闭式的问题看似尖锐，但更容易帮助记者掌控采访的进度和方向。

3.准备好第一个问题

在采访过程中，能否设计好“第一个问题”是采访活动成败的关键。尤其在记者与采访对象不是特别熟悉的情况下，设计一个好的问题，用第一问题打开采访对象的心扉，快速进入采访主题是非常有必要的。

如果提问一些年龄较长的人，可以通过往事回忆式的问题导入采访；如果采访对象是专业人士，可以考虑从其研究的专业方向制定第一个问题；如果采访对象是政府或企业的领导，那么不妨从温情的角度出发，问问他们：“在您最辛苦的时候，有没有想过放弃?”个人感情的自然流露，可以让记者与采访对象的关系快速升温，顺利开展采访活动。

《重庆新闻联播》记者对受邀参加“中华红歌会”的美国前国务卿基辛格采访时，并没有以“您能说说在现场参加红歌会的感受吗?”或是“您对哪首歌曲印象最深刻?”类似的问题开场，而是设计了一个“回忆式问题”，以此打开基辛格的话匣子。

记者：距离您上次来重庆，时间已经过去了 15 年，今天当您坐在车上，再次动态地看这座城市时，您的感受是怎样的?

基辛格：(重庆的变化)难以置信。在 1996 年，这里没有什么突出的建筑，我不记得有什么高楼大厦，道路也不多。现在重庆给我的印象是一个有活力有创造力的城市……①

除了以上几方面的注意事项外，记者还应该根据问题的重要程度，尤其是与报道主题的相关度，采用“倒金字塔”的形式进行提问，避免出现因为采访时间紧张重要问题未进行采访的情况。

第三节　新闻采访技巧

新闻采访是记者为了获得客观事实真相，对采访对象进行的访问、观察、倾听、记录等一系列特殊的调查研究活动。记者的采访活动不仅仅是为了满足记者与采访对象之间人际沟通的需要，更是为了实现信息在更大范围内的大众传播。了解不同采访类型的特点、掌握娴熟的提问技巧、灵活运用记录方法，才能顺利开展新闻采访活动，达到采访目的。

---

① 朱洁:《新闻采访 100 例》，四川大学出版社 2013 年版，第 30 页。

一、采访的类型

(一)访问

1.面访

面访,即面对面采访,是指记者直接面对采访对象,通过“一问一答”的方式了解客观情况、搜集新闻素材的采访。面访是最早出现的采访方式,也是目前最常用的采访方式之一。

(1)面访的优势。与其他采访方式相比,面访的优势主要体现在以下两个方面:

一方面,有利于建立互信,获取信息。为确保新闻报道的真实性,记者应尽量到达新闻现场进行采访。与电话采访相比,记者与采访对象之间的面对面交流更容易获得对方的信任,打消采访顾虑,获得更多与新闻主题相关的事实。另外,在采访中,记者除了能够通过语言交流获取信息外,还可以通过观察采访对象的面部表情、肢体动作等非语言符号获得隐藏信息,了解采访对象的真实想法。

另一方面,有利于建立联系,进一步合作。一次成功的面对面采访,除了能够帮助记者获取信息外,还可以帮助记者与采访对象建立联系,方便日后的进一步合作。北京电视台《向前一步》栏目第三期《八米阳光》录制时,为了更好地解决违章建筑的拆除问题,记者多次走访违建带头人张海力,倾听他提出的关于拆违的问题,并结合问题多方走访。经过记者的努力,张海力终于在节目录制现场与街道办主任解除误会。节目播出后,张海力不仅主动带头拆除自家违建,成为街道的义务宣传员,还成为《向前一步》栏目的嘉宾,在节目中现身说法,帮助更多当事人走出困境。这也许就是面对面采访的独特魅力。

(2)面访的形式。面对面采访最常见的形式包括个人采访和集体采访两种。

个人采访就是记者对单独的个体开展的新闻采访活动,也被称为个别采访。个人采访具有较强的目的性,多数情况下记者需要与采访对象提前预约,经过充分准备的个人采访通常能够达到较好的采访效果。当然,在某些时候也会出现预期之外的临时采访。如记者在参加某些发布会、座谈会等活动时,针对参会的某个嘉宾进行临时性的采访。

集体采访,可以分为两种情况:一种是记者围绕某一个报道主题,对多位采访对象开展采访活动，如座谈会、圆桌论坛等。这种一对多的采访可以帮助记者在较短的时间内快速了解多个人的观点、看法，为采访对象提供了畅所欲言的交流平台。另一种是多位记者在某个公共的场合对相同的采访对象开展的采访活动，比如外交部例行记者会、新闻发布会等。每周一至周五下午3时举行的外交部例行记者会是集体采访的一个代表。在记者会上，外交部新闻司向与会记者发布我国重要的外交活动信息，阐述我国的对外政策等。

2.电话采访

新闻事件发生后，记者有时会因为各种突发状况无法亲自到新闻现场进行采访，或是期盼在短时间内能够采访到尽可能多的对象。这个时候，电话采访就成为记者的首选。

电话采访是指记者借助电话等通信设备与采访对象进行交流的访问方式。移动电话的普及使记者的电话采访不再受时间和空间的限制。微信、QQ等即时通信软件、应用程序的应用，将记者的电话采访工作又向前推进一步，某种程度上实现了“面对面”采访。

电话采访的优势主要体现在以下几个方面：

(1)快捷、省时。这是电话采访最大的优势。正是因为这一特点，有人将电话采访形象地比喻为“快餐式采访”。日益激烈的新闻竞争对新闻的时效性提出了更高的要求，而电话采访则成为快速收集信息最有效的手段之一。另外，当有突发事件需要快速报道，但因种种原因记者无法在第一时间赶赴现场时，电话采访也是不错的选择。

(2)高效、省力。在时间紧、采访任务重的情况下，电话采访可以为记者节省更多的时间、提高采访效率，在最短的时间内收获尽可能多的信息反馈。对于一些常规型的新闻采访，或是一些较浅层次问题的采访，记者都可以通过电话完成。另外，当记者希望了解政府官员或是学界人士对新闻事件的看法但又很难进行面访时，电话采访也是一种非常好的方式。

(3)低耗、省钱。与面对面采访相比，电话采访只需要一部手机，为记者节省了大量时间和交通费、差旅费等开支。对于广播而言，电话(手机)也可以是录音机，记录记者与采访对象之间的谈话，后期根据需要进行剪辑即可在广播媒体上直接使用。对于平面媒体而言，电话(手机)也可以是照相机，将手机截屏或拍摄的图片作为新闻配图，可以增强文字报道的说服力。对于网络媒体而言，电话(手机)也可以是摄像机，以录制视频的形式完整地保存音视频材料，最终以短视频的形式呈现给受众。

电话采访是一把“双刃剑”，在给记者带来诸多便利的同时，也会有很多的不利影响，例如不容易取信对方、在采访中可能产生交流障碍、对网络信号的要求较高等，所以电话采访对于记者的采访技巧要求也是相当高的。掌握电话采访技巧，可以帮助记者达到更好的采访效果。

(1)自我介绍，取信对方。由于电话采访无法面对面确认彼此身份，双方不容易建立信任关系。因此，一般情况下记者在正式开始采访前，需要自报家门，并提供能够证明自己身份的有效证据，获取对方的信任。比如记者可以通过视频电话向对方展示记者证、工作证，说出至少一位双方都熟悉的朋友的名字等。采访结束后，如果记者认为采访活动不够充分，或是需要进行更多的类似采访，也可以向采访对象寻求帮助，请其提供一些对采访有帮的人，以便进一步采访。

(2)做足工作，明确目的。不管电话另一端采访对象是什么人，记者在拨通电话开始正式采访前，都要开展必要的访前调查工作。采访能否顺利进行，通常由电话刚刚接通的几秒钟决定。如果采访对象是随机选择的普通市民，那么记者要确保采访内容能够吸引采访对象的注意；如果是针对知名人士的采访，那么除了要充分把握采访的目的外，记者还需要对采访对象及其专业领域有充分的了解。

(3)做好录音，整理信息。在电话采访中，记者可以采取“录音＋关键词”的方式进行采访记录。在录音设备的选择上，记者可以直接选择手机录音，也可以借助录音笔录音。关键字、关键词的记录可以帮助记者理顺采访对象的谈话内容，避免遗漏；录音则是为了给记者的稿件写作提供更丰富的素材。如果条件允许，记者应尽量以电话视频的方式进行采访，以增加采访的现场感。

(4)重视语境，反映本意。采访中由于各种原因，采访对象可能出现表达不清、表述存在歧义的情况。一旦出现这些问题，记者需要在第一时间向采访对象核实，确保如实反映采访对象的本意。例如，“老张收藏的画很珍贵”这一句话，强调重点不同，就可能出现多种不同的结果。如果重读“老张”两个字，那么强调的是人物；如果重读“画”，那么强调的则是“事物”。

3.网络采访

网络采访是基于互联网或移动互联网技术的使用而进行的一项新闻采访活动，是比较受年轻一代欢迎的一种采访方式。随着媒介技术的日益进步，网络采访的优势也逐渐凸显。在这里，我们说的网络采访主要指邮件采访、微信采访和QQ采访。

(1)网络采访的优势。同电话采访、面对面采访相比，网络采访的优势主要体现在以下几个方面：

跨越空间进行采访。只要有网络，记者就可以通过发送邮件、给对方留言等方式进行采访。当然，如果使用的是语音通话或视频通话，只要对方在线，记者就可以实现与采访对象之间的即时采访。不管是哪种方式，都大大缩短了记者与采访对象之间的空间距离。

可反复查看采访内容。这个优势主要指的是通过发送邮件、文字或语音聊天的形式进行的网络采访，一旦将文字或语音内容送达对方，采访的具体内容就会保存在双方的邮箱或聊天记录中。新闻写作过程中，记者可以根据需要随时查看双方的交流内容。

信息传送多样化。采访过程中，记者可以借助互联网或移动互联网实现与采访对象之间的文字、图片、音频、视频等多种形式的采访内容的传送，不受信息容量的限制。

(2)网络采访的类型。新闻记者经常用到的网络采访方式主要包括以下几种类型：

邮件采访。这是比较传统的一种网络采访方式，记者将想要采访的问题以邮件的形式发送给采访对象，并通过邮件获取采访对象的反馈。邮件采访的优势主要体现在：一是能够在最短的时间内获得尽可能多的采访数据，增强采访内容的说服性。只要知道采访对象的邮箱，即便是在对方不认识自己的情况下，记者也可以就采访主题与其展开讨论。二是更容易获得真实的、有针对性的反馈信息。鉴于邮件采访的隐匿性特点，采访对象会提供比较真实的反馈意见。另外，邮件采访为采访对象预留了回复时间，所以回复的内容也更有针对性。不过邮件采访也存在一定的局限性，比如采访对象回复邮件的时间难以保证。对于时效性要求较高的新闻报道，应尽量避免使用邮件采访。

社交媒体采访。社交媒体采访是指记者利用腾讯QQ或微信等开展的采访活动。随着技术的发展，微信、QQ等即时通信工具的功能得到进一步提升，记者不仅可以利用这些工具进行文字采访，也可以通过语音通话、视频通话等方式进行“面对面”的交流。当然，利用社交媒体进行采访也存在一定的局限性。例如记者首先需要与采访对象成为好友，然后才可以与之对话。另外,通过 QQ、微信进行采访,对硬件设备和网络条件的要求比较高。在某些信号覆盖较差的区域,网络采访会受到较大的影响。

4.智媒体时代的采访

随着 5G 技术的发展和应用、智能手机的普及,时间、空间对采访活动的限制逐渐减弱,记者与采访对象间的“面对面”交流不再是唯一形式,双方的“屏对屏”交流成为一种可能。即便相隔千里,记者也能够实现与采访对象的无障碍交流。2020 年全国“两会”期间,5G 技术、人工智能、全息影像技术等为媒体进行云采访、云访谈提供了重要的技术支撑。云采访将逐渐成为新闻采访的一种常规采访方式。

智媒体时代,记者比较常用的采访类型包括:

(1)AR 智能眼镜采访。2019 年“两会”报道期间,新华社新媒体中心已经开始运用智能 AR 直播眼镜进行采访。记者佩戴上 AR 智能眼镜后,只要用手势或语音提醒即可指挥摄影机拍摄所需画面,确保了拍摄画面与使用者眼中之景的一致性。

AR 智能眼镜从使用者的视觉角度出发,升级现场新闻报道的形态,为受众形象地还原了第一新闻报道场景。一位记者、一部智能手机、一副智能眼镜,就可以实现全息新闻场景再现。在降低新闻采访成本的同时,也更好地还原了新闻现场。

(2)5G 全息投影云访谈。2020 年“两会”期间,新华社等媒体利用高科技手段创新采访形式,主动打破演播室、采访区的空间限制,推出了“5G 全息异地同屏访谈”,让身处异地的记者与代表跨越时空来“相见”,实现无障碍“面对面”交流。

“全息”即“全部信息”,是指用投影的方法记录并且再现被拍物体的全部信息。5G 高速度、泛在网、低时延的特点让“隔屏采访”更快捷。在 5G 技术下,全息成像画面无需提前录制,能够快速呈现采访对象的语言、表情、动作等,让“云握手”“云合影”等行为显得更加自然、真实。

“云采访”是传统采访模式的延展,媒体通过云采访连线采访对象,拓宽了演播室的空间,打破了空间限制,形成了一个覆盖范围更广的“云采访空间”。智媒体时代的采访对于记者而言,既是提升采访技能、拓宽采访手段的机遇,同时也对记者提出了更高的要求。

(1)关于采访对象。与传统的面对面采访相比,云采访对记者与采访对象的预约方面提出了更高的要求。单纯的“等、靠、要”已经无法满足采访需要，记者必须主动出击，多渠道、多途径了解采访对象，预约采访时间。此外，掌握更多有关采访对象的背景资料，可以帮助记者在采访中更好地与采访对象沟通，获得尽可能全面的新闻素材。

(2)关于媒体合作。移动互联网时代，独家垄断信息对记者而言是“无法实现的梦想”，所以在必要的时候多家媒体实现信息共享，才能达到“共赢”。同时参与云采访的记者可以通过提前交流采访提纲、梳理采访问题等形式避免采访问题重复，节省采访时间，提高采访效率，提升采访质量。

(二)现场观察

所谓现场观察，就是记者在采访现场以眼睛为主，同时调动多种感官进行的观察，是一种重要的采访方式，也是对访问采访的有效补充。通过眼睛采访，记者可以搜集到更多由非语言符号所传递的信息。记者在新闻现场观察什么？观察都有哪些技巧、方法和注意事项呢？

1.现场观察的内容

现场观察主要是观察现场环境、观察采访对象和观察新闻事件三个方面。

(1)观察现场环境。在新闻现场，记者需要观察的现场环境不仅包括新闻事件发生的自然环境，还包括社会环境。社会环境主要指报道的时代背景、报道对象与他人的联系等。通过现场环境的呈现，深化新闻的报道主题。

第二十六届中国新闻奖二等奖获奖作品《在这里，找到患者信任的理由》中，记者将现场观察到的新闻事实在报道中以文字的形式呈现，通过大量的细节描写传递了医护工作者舍己为人、自我牺牲的奉献精神。

> 10 月 23 日晚 9 点过后，长征医院 6 号楼整整占据两个楼层的血透中心病房，被灯光照得敞亮，护士们正在近 100 张病床边的一台台血液透析机旁忙碌着——连接透析液、冲洗管路、准备穿刺包……
>
> 晚上 10 点，病人们陆续来了。“小妹，侬好呀。”在 3 楼的一间血透室，有的病人一边铺床，一边和护士热络地聊开了。
>
> ……
>
> 于是，记者就看到了这样一幕：有的病人是拎着公文包“入住”的——做完通宵血透后在病床上多躺 1 个小时，次日就直接去上班了。而年纪大一点的病人，像 65 号床的阿姨，做好血透第 2 天直奔小菜

场……梅长林说，随着血透技术的发展，医护工作者不仅要帮助更多病人活下去，而且还要让他们活得有尊严，重新实现自己的价值。①

24小时的血液透析服务，占用的是医护人员的休息时间，但是守护的却是尿毒症患者的生命线。“100张病床”“热络的聊天”、做完透析直奔小菜场、工作单位的奔波的患者，这些都是记者实地观察到的。这些工作场景的刻画，更凸显了医务工作者的辛苦与奉献。

(2)观察采访对象。在现场观察中，记者不仅要认真听取采访对象语言符号传递出的信息，还要认真观察采访对象的样貌、服饰、表情、动作等非语言符号传递的信息。有时非语言信息传递出的信息更能展现采访对象的人物形象、性格特征。

2019年5月，习近平总书记对张富清同志的先进事迹作出重要指示，赞扬他一辈子坚守初心、不改本色，在部队保家卫国，到地方为民造福，用自己的朴实纯粹、淡泊名利，书写了精彩人生。《解放军报》结合对张富清同志的采访，推出了系列通讯报道。下面是《英雄底色》中部分内容的节选。

这个家面积不大，80多平方米，黄色的油漆墙，斑驳褪色，但窗明几净，井井有条。阳台上的一盆盆花，整齐得像一列士兵。

坐在旧沙发上的张富清老人，面色红润，衣着整洁，一条空空的裤管，用橡皮筋扎着。裤子的颜色，是上世纪七八十年代，大江南北常见的那种蓝。

交谈时，老人思路清晰，手势有力，看不出已95岁高龄。他的左手，常握住那截短短的裤管，也许是支撑身体，也许是88岁时因病失去这条左腿，至今仍未适应。

他爱笑。一笑，光洁的脸庞瞬间挂满孩童般的烂漫，如清澈的湖水泛起涟漪。不笑时，目光里依然透着军人的凛然。②

斑驳的油漆墙、旧旧的沙发，摆放整体的花、整洁的衣着，有力的手势、挂满孩童般烂漫的笑脸、透着军人的凛然的目光，这些都是记者通过与张富清老人面对面的观察所得。不管是对环境还是动作、表情的描写，无一不体现出老人“深藏功与名，甘守清与苦”的高贵品格。

---

① 马美菱、樊丽萍：《在这里，找到患者信任的理由》，《文汇报》2016年12月8日。

② 杜献洲、邵薇、安普忠、柴华：《英雄底色——湖北省来凤县离休干部张富清纪事之一》，《解放军报》2019年5月25日。

(3)观察新闻事件。在新闻现场观察新闻事件的进展情况是记者现场观察的重要内容之一。随着互联网和移动互联网的发展,记者获取的新闻线索有可能是正在发生的新闻事实,这时候就需要记者快速到达新闻现场,在开展正常的采访活动之余,通过现场观察了解新闻事件的最新进展情况。

2.现场观察的技巧和方法

记者的现场观察能力并不是天生的,而是在采访过程中逐渐培养起来的。掌握现场观察的技巧与方法,往往可以收到事半功倍的效果。

(1)重视现场,选好角度。现场观察的第一要义是进入现场。“我不在新闻现场,就在去往新闻现场的路上。”这句新闻人耳熟能详的话,揭示了记者前往新闻现场进行采访的重要性。记者在现场采访到的、观察到的素材,才更有现场感、说服力。

当然,就如同摄影记者需要选择一个好的拍摄角度一样,记者的现场观察也需要有一个好的观察角度作为支撑。比如在观看演出时,可以选择正对舞台比较靠前的位置,这样能够更清晰地看到演员的动作乃至面部的表情、神态。

(2)明确主题,粗细结合。所有的现场观察必须都是围绕报道主题展开的,不是无的放矢式的随意观察。有些观察只需要观察事物的全貌,进行鸟瞰式的观察即可;有些观察则需要对观察对象的一举一动、与之相关的一草一木进行细致观察,不放过任何细枝末节。

2019年5月,新华社记者对老英雄张富清进行采访时,专门对老英雄使用的搪瓷缸进行了细致的观察和描写。一位“淡泊名利、珍惜荣誉”的老英雄形象跃然纸上。

> 他是如此爱惜这只搪瓷缸。每到一个地方,他都把搪瓷缸摆在触手可及之处。孙玉兰至今记得,有一次搪瓷缸被谁不小心碰着摔到了地上,脾气温和的张富清当场就提醒:“你注意点呢!”
>
> 时间久了,搪瓷缸被磨破,张富清拿牙膏皮补好后继续用。补了又补,实在没法再用,他就拿来装牙膏。如今,搪瓷缸被他小心收藏了起来。
>
> “他说只有不要命的人才能得到这个缸子……”相濡以沫数十年,孙玉兰十分理解丈夫的心情。
>
> ……
>
> 这只打满补丁的搪瓷缸,一面印着天安门、和平鸽的图案,一面印

着“献给英勇的中国人民解放军”“保卫祖国　保卫和平”“全国人民慰问人民解放军代表团赠”等几行字。多次修补，一些字已缺失，但每个字张富清都记得清清楚楚。斑驳的颜色，见证了英雄离开战场，归于平凡的岁月。[①]

(3)善用联想，做好对比。观察中的“联想”，并不是让记者围绕新闻事实展开联想，而是围绕报道主题观察所得，同时思考还有哪些内容需要观察，哪些内容可以进一步突出主题。这种联想可以是纵向的联想，联想观察对象的过去、现在和未来，思考观察对象发生了哪些变化，也可以是横向的联想，所有与报道主题相关的、类型相同的事物都可以是记者横向联想的对象。比如记者采访山东某些超市对限塑令的执行情况时联想到其他省份，就属于记者进行的横向联想。

在联想之余，记者也可以将所联想的对象放在一起进行对比。单纯的观察很难发现事物的特点，有效的方法是将之与其他事物或是这一事物的不同发展阶段进行对比，凸显该事物的特点。

（三）座谈会

正如前文提到的，座谈会是一种常见的集体采访形式，是指记者邀请一部分采访对象在同一场所围绕同一主题集中开展的采访活动。对于一些错综复杂、各方持不同见解的问题，通过召开座谈会的方法能够快速理清事实真相，更好地把握全局。

1.座谈会的优势

同其他类型的采访相比，座谈会的优势主要体现在以下几个方面：

(1)节省成本，获取更多信息。记者要想在短期内尽可能多地了解不同采访对象对某一新闻事件的看法，最好的方法就是召开座谈会，邀请不同的群体参与，听取不同的意见。以座谈会的形式进行采访，不仅为记者节省了时间成本，而且也节省了大量的人力、财力。一间屋子、一张桌子、几张椅子即可举行一场小型的座谈会。例如，要想了解某个地区的经济发展状况，最直接的办法是一个部门、一个部门的走访，采访相关负责人了解情况。但是这种办法耗时太长，而且收集到的信息真伪难辨。如果是举行座谈会，记者可以邀请工商部门、商家代表、市民等不同的群体共同参加座谈会。这样就

① 谭元斌、张汩汩：《搪瓷缸——张富清的英雄人生之三》，新华社，2019 年 5 月 27 日。

可以在最短的时间内,收集尽可能多的关于该地区经济发展情况的资料和信息了。

(2)听取不同声音,理清事情真相。在采访中记者难免会遇到这种情况:受到采访对象数量的局限,记者所获得的采访数据往往带有明显的感情色彩。如果遇到有争议的问题,记者开展的个人采访活动更有可能出现"公说公有理,婆说婆有理"的情况。这时,将争议双方邀请到座谈会现场,"当面锣,对面鼓"地将争议提出来,能够更好地确保新闻报道的客观公正。另外,在座谈会采访中,记者也可以借助座谈会人多力量大的特点,对新闻事件的细节部分进行梳理,由参加座谈会的人员共同补齐材料中缺失的部分,还原新闻事件的原貌,弄清事实真相。

召开座谈会有很多的优点,但也存在一定的局限性。比如,并不是所有的问题都适合召开座谈会进行讨论。受到讨论时间的限制,部分采访对象无法更深入地表达自己的观点。所以,如何开好座谈会,更好地发挥这种集体采访的优势是记者需要考虑的问题。

2.主持座谈会的技巧

要想将座谈会的作用发挥到最大,记者在主持技巧方面需要尤其注意以下几点:

(1)慎重选择与会代表。一般情况下,小型座谈会三五人即可,稍大规模的七八个人也就够了。与会人数太少,无法获得多方的信息反馈,达不到召开座谈会的目的;与会人数太多,有可能会拉长座谈会的时间,或者使部分问题无法得到更充分地讨论。

受到与会人数的限制,记者在主持座谈会时需要充分考虑与会嘉宾的人选问题。首先,邀请人员要有代表性。如果要了解一个地区的经济发展,税务部门可以通过提供税收情况反馈问题,市民代表可以告诉记者地区内都有哪些特色产业,商家代表则可以通过自己的经营状况侧面反映经济发展状况。其次,如果讨论的话题具有争议性,那么存在争议的双方都应该被邀请到座谈会现场,以确保收集到更全面的信息。最后,要尽可能选择健谈的代表参加座谈会。

(2)做好会前准备。会前准备不仅包括座谈会讨论主题的确定、人员的邀请,更重要的是将讨论的具体内容告知与会代表。如果记者针对座谈会的报道主题进行了相关调查,那么把调查得到的材料发送给与会代表也非常有必要。这些材料可以帮助与会代表做好参会准备,在座谈会期间更有针对性地展开讨论,节省时间。

(3)保持中立,做好引导。在讨论中,尤其是面对一些有争议的问题,争议双方有可能会发生争执。记者需要保持中立,不可在讨论中表明自己的立场,也不可对其中一方发表的意见表现出赞同或否定的态度,否则很容易影响与会者的讨论。另外,当讨论过于激烈或过于沉默时,记者需要有临场应变的机智,及时对讨论加以引导,让座谈会继续下去。

(4)整理信息,确保素材真实。座谈会结束后,记者要及时整理收到的信息,为接下来的新闻写作做好准备。如果座谈会中的某些内容讨论得不够深入,或者对记录的内容存在歧义,记者需要与参会代表进一步沟通,确保新闻素材的真实有效。

二、提问的技巧与注意事项

人际沟通能力是记者需要具备的重要职业能力之一。记者对采访对象的提问过程,正是双方进行人际沟通的过程。采访对象是新闻细节的提供者、新闻故事的讲述者。为了更好地与采访对象进行沟通,记者需要掌握一定的采访方法,具备良好的提问技巧。

(一)提问的方法

一般来说,提问方法主要有三种:正问法、侧问法和激问法。三种提问方法的优势各不相同,究竟选择哪一种,需要记者根据采访对象的个人特点和采访问题的特点决定。

1.正问法

正问法即正面提问,是记者直截了当地表明采访目的,开门见山地提出问题的方法,是记者采访过程中使用频率最高的一种方法。这种提问方法直接明了,无需拐弯抹角,能够让采访对象快速了解记者的问题是什么,帮助记者快速获得想要的新闻素材。正问法一般适用于比较健谈的采访对象,如学者、知识分子或政府官员等;当采访对象年龄较小时,如幼儿园小朋友或小学生,记者也可以使用正问法。另外,在某些特定的场合,如演播室、新闻直播现场等,记者也可以通过正问法向采访对象发问。

正问法并不是横冲直撞式地提问,需要记者掌握一定的方法和技巧。当谈话内容偏离采访主题时,记者需要通过话题的引导将问题拉回报道主题上。另外,对于一些敏感问题的采访,记者需要进行提问前的铺垫。如果只是非常生硬地提问，不仅无法达到采访的目的，还有可能因为提问不当引起采访对象的反感，导致采访无法顺利进行。

2008 年“汶川 5 · 12 特大地震灾害”发生后，在国家地震局举行的新闻发布会上，《成都商报》记者提出了这样的问题：

> 地震预测在世界上都是一个难题，我们也能够理解。但是我们也知道中国地震局的一个很重要的职责，就是预测地震。昨天我在中国地震局也看到了，我们有一个非常严密的地震监测网，我就想问一下，具体到这次地震，我们是否在地震监测网发现一些迹象？地下水异动，动物异常，或者一些指标异常，如果指标没有达到预警的标准的话，我想问一下标准是多少？另外，我想问一下有没有发生大的余震的可能？①

地震的震前监测问题，可以说是一个比较敏感的问题。《成都商报》的记者在这里通过正问法对新闻发言人进行直接提问，但是并没有一句话把被访者逼入死角，而是在正式提问前做了一定的情感铺设，然后又问了一个关于余震发生的概率问题，使问题显得不那么尖锐，便于新闻发言人回答。

2.侧问法

侧问法，又叫作迂回法，指记者不直接提出问题，而是从侧面入手，或者围绕与问题相关的问题绕弯子。从表面看，记者提的是与内容无关的问题，实际上却能够引导采访对象讲出真实情况。对于不善于表达或对记者所提问题有顾虑的采访对象，记者就可以转换提问角度，从侧面了解采访对象的真实想法。

在采用侧问法时，记者应该注意两方面的问题：首先，记者从侧面提出的问题应当是采访对象比较熟悉或者感兴趣的，能够激发采访对象进一步深入交谈的欲望；其次，记者要把握好提问的角度。应当明确的是，记者的旁敲侧击只是一种手段，而不是最终的采访目的。

比如，在调查当代大学生对“课前上交手机”的看法时，如果记者的提问是“你对于上课收手机的现象有什么看法？”受访学生可能会为了避免来自多方的压力而回避这一问题或敷衍了事。但是如果换个提问角度，将问题改为“你的同学在上课前是否会自愿上交手机？如果不想上交，会采取哪些应对措施呢？”这样一来，就可以了解到学生的真实想法，同时也是对采访对

---

① 《国务院新闻办 2008 年 5 月 13 日记者招待会答记者问》，国新办网，2008 年 5 月 13 日。

象的一种心理维护。

3.激问法

激问法是指记者从相反方面提出问题，或者故意做出错误的回答、误解对方的意思、刺激采访对象的情绪等，引导采访对象从“要我说”变成“我要说”的一种采访方法。这种方法多适用于那些虽然健谈但是出于种种原因不愿意接受采访的采访对象。

激问法虽好，但是在提问中不宜频繁使用，在使用时需要经过深思熟虑。记者既要考虑提问的角度是否得当、问题的刺激性是否适中，同时也要考虑采访的氛围如何。通过激将式提问，既要达到刺激采访对象的目的，同时又要迫使采访对象不得不提供记者希望获得的信息。

在激问法中最常见的激将问题主要有两种：第一种是通过敏感问题激将，第二是用错误事实激将。面对记者提出的错误或敏感问题，多数采访对象会进行解释或反驳，而这些反驳、解释恰好是记者采访的最终目的。不管采用哪一种激将问题，记者都需要立足于对采访对象的充分了解。

奥里亚娜·法拉奇(Oriana Fallaci)在激问式提问方面就很值得我们学习。在采访邓小平时，她直接提问：“据说，毛主席经常抱怨你不大听他的话，不喜欢你，这是不是真的?”面对基辛格的闪烁言辞，她用同样的方法：“很多人认为您和尼克松接受那个协议实际上是对河内的投降，对此您也不愿意谈吗?”逼迫对方进行正面的解释和回答。

(二)提问的技巧

1.提好第一个问题

关于提问，伏尔泰说过：“我们判断某人的为人，往往是通过他提出的问题，而不是提供的答案。”记者在进行采访之前，往往也面临这样的困境：如何通过一个好的问题打开与采访对象之间的交流通道？一位优秀的记者，能够在采访对象尚未意识到的情况下，将交谈内容从轻松愉快的闲聊中转移到严肃的正式采访上。为了更好地实现两者之间的转换，记者需要对正式提出的第一个问题进行巧妙设计。

其实，记者的第一个问题应该是什么样的并没有准确的行业标准，可以是比较专业的问题，也可以是随意的交流，甚至可以像奥里亚娜·法拉奇一样，提出一个比较刁钻的问题引起采访对象的注意。假如采访对象是一位运动员，记者可以从他的职业生涯开始聊起；如果是一位严谨的学者，那么太过诙谐幽默的提问方式就显得不那么合乎时宜了,从专业的角度快速切入主题是不错的选择;如果采访对象是一个小朋友,那么建议你先从对这个小朋友的称赞开始。总的来说,不管是哪种类型的问题,记者都需要综合考虑采访对象的性格特征、职业特点等。

2.学会追问

在采访过程中,采访对象的回答往往无法一次性满足记者探究事件真相的需要,要想使采访活动更加的深入,记者需要学会追问。所谓追问,就是记者以报道主题为主线,循着某种逻辑、某种思路,一环扣一环,接连发问,不给采访对象留下逃避的空间。在追问的过程中,既要弄清楚事物之间的内在联系,同时又要搞清楚重点,深入挖掘,达到应有的深度。当发现谈话中出现疑点、前后矛盾,或者发现有价值的新线索时,记者可以通过"是吗?""具体说说看""能举一个例子吗?"等问题进行追问,进一步挖掘有价值的内容。

追问的目的是更深入地了解事件真相,所以记者在进行追问时要注意谈话的语气,牢记追问不是"审问",态度要有亲和力,注意营造融洽的气氛,使采访对象在心理上愿意接受追问。

(三)提问的注意事项

1.速度:切入需快速,时效性要高

面对激烈的媒体竞争,如何快速地将新闻线索转变成新闻报道进行发布,成为媒体孜孜不倦的追求。对于记者而言,快速到达现场,找准问题切入点,快速进行提问是追求时效的有效手段。

不同的人对问题的理解能力各不相同,加之有些问题的表述本身就存在歧义或难以理解,所以最终记者得到的回复也各不相同。甚至有可能因为采访问题不具体引起采访对象的反感,导致其不愿意继续接受采访。所以在简明扼要地提出问题后,如有必要,记者应针对问题进行适当的解释,尽量避免使用有歧义的词句或难以理解的问题。

2012年中秋、国庆双节期间,中央电视台推出《走基层·百姓心声》特别调查节目"幸福是什么?"。节目策划的本意是了解普通人对于自己所处的政治、经济、自然环境等方方面面的感受和体会,引发大家对幸福的思考。但是在基层记者走访调查的过程中,部分记者缺乏提问技巧,逢人便问:"你幸福吗?"有的受访者能够给出比较符合调查主题的回复,但部分采访对象的回答却令人捧腹，甚至有市民回复记者："我不姓福，我姓曾。"

幸福的定义很模糊，每个人对幸福的理解也不一样。同样一个人在不同的时间对自己幸福与否的认知也是不同的。如果记者将"你幸福吗?"这个问题替换成这样一个问题："在你的人生经历中，哪件事情让你感觉很幸福？为什么?"相信就不会得到类似"我不姓福，我姓曾"这样的答案了。

2.深度：问题需深刻，逻辑性要强

在采访中，设定了一个主题后，如何通过不同的问题达到预期的目的，也是非常有技巧的。要想使最终呈现出来的新闻报道主题深刻、内容丰富，记者在提问的过程中需要从多种角度、层层递进地深入，就既定的主题充分挖掘信息。

中国女排在2003年重获世界冠军，《面对面》栏目记者在采访主教练陈忠和的时候，有一个主题是关于"上任伊始，如何组建新队伍?"的，采访片段如下：

记：你把所有的人差不多都换掉了。

陈：基本都换掉了。

记：为什么呢?

陈：为的就是2004年奥运会或者是更长远的一些比赛。

记：我相信上一届的队员，上一届教练他们挑选队员的时候也是很高的标准，他们选出来的队员也应该是优秀的选手。

陈：各个教练不一样……

记：你放弃了?

陈：我放弃了。……作为我呢，可能就是会更超前一点……我当时组队第一思想观念就是说，我不能走弯路，挑选队员不能走弯路。为什么我这样讲，我第一年用了这些球员，第二年再用这些球员，第三年我不用了，这就是走弯路。

记：但是这样做的风险很大，等于说从头再来，长期做打算。

陈：对，这样风险大，但是风险大，收获也大，没有风险就没有收获。

记：有没有自己个人的原因，个人的心理因素。

陈：没有。

记：怕老队员，自恃功高，尾大不掉，我压不住。

陈：这倒是没有。

记：你想组建一个什么样的中国女子排球队，总体构想。

陈：总体构想当然是技术要好，全面、快速、多变、以多打少，这个指导思想，球员也是，首先你就要全面。第二要敬业，这种目标，就是你自己打球很拼。像我们现在有的球员虽然条件不是很好，但是她特别要强，这种球员我也特别喜欢，作为一个教练，他喜欢的运动员就是说，在困难时候你敢于冲出来，敢于拼，训练当中你敢于拼。①

一般的记者在确定采访主题“上任伊始，如何组建新队伍?”后，比较常见的采访思路是直接通过正问法了解教练选择队员的标准、选拔方法等。但是在这位记者的提问中，通过侧问法提出“前任教练挑选队员的标准”，通过反问法询问替换全部队员“有没有自己个人的原因，个人的心理因素”，通过一环扣一环的提问，进一步挖掘有价值的信息。

3.温度：做有温度的新闻，体现人文关怀

新闻采访关注的不仅仅是新闻事件，更多的是与之打交道的人。新闻采访的艺术，就是与人交流的艺术，南方日报社前社长范以锦对记者的要求便是“做一个有温度有情怀的记者”。记者的“温度”，首先就体现在设计有温度的问题、做有温度的采访。

尊重被采访者，是进行有温度的提问最基本的要求。提问时的措辞、手势、表情等都能传达记者对采访对象的态度和看法，也会影响到采访对象的回答。2017 年的《开学第一课》以“中华骄傲”为主题，在采访过程中，担任主持人的董卿为了照顾轮椅上 96 岁高龄的许渊冲老先生，选择了跪地采访。她的这一举动获得了许多人的称赞，并称其“跪出了最美的中华骄傲”。

相反，有的记者在面对残障人士的采访时，处处体现出一种优越感。

记者：你坐在轮椅上，一定觉得自己是个悲剧吧？

运动员：你作为一个记者，一定觉得自己是一个悲剧吧？

记者：……

在提问的时候，记者并没有把采访对象放在平等的位置上，而是用健康人的“优越感”看待采访对象，最终得到的只能是“满满的尴尬”。

其实在采访中，记者很难做到完全的客观、公正，难免会将一些个人的情绪带到采访中。面对英雄人物，会肃然起敬；面对犯罪嫌疑人，可能会心存厌恶。但是记者不是审判官，媒介审判更是要不得，记者能做的就是尽量

① 《面对面》，中央电视台新闻频道，2004 年 8 月 29 日。

保持一颗平常心，用不偏不倚的态度进行提问，用交谈中的事实来回答提出的问题。

三、学会倾听与记录

记者首先是新闻信息的倾听者和记录者，然后才是新闻报道的生产者、新闻内容的传播者。学会倾听，掌握倾听技巧，往往会有意想不到的收获。

(一)学会倾听

有的学者认为，在采访对象面前并不是所有的记者都是平等的，总有一些记者会在采访的过程中获得比其他人更多的信息。这并不是因为记者的提问技巧有多么高超，恰恰相反，是因为他们花费更多的时间用来倾听而不是提问。所以，学会倾听非常有必要。

1.倾听的技巧

(1)学会重复重要内容。当记者提出第一个问题时，甚至当双方见面后，倾听就已经开始了。在采访时，经常会遇到这样一类采访对象：他们擅长说话，接收到记者提出的某个问题后，总是发表长篇大论。面对这种活泼健谈型的采访对象，记者就需要多费些功夫在听上了。

在交流过程中，记者需要仔细倾听才能够辨别其中的重要信息。为了核实获取到的信息，记者可以将谈话内容中的重要部分进行重复。一方面，必要的重复可以向对方表明自己听懂了他所要表达的意思；另一方面，重复容易引起歧义部分的内容，是进行信息核实的有效手段。倾听过程中的重复是重要的倾听技巧之一。

(2)学会“进攻性倾听”。在交流中，并不是所有的采访对象都能结合提问侃侃而谈，或者对记者的提问给予精准的回答，更多的只是在聊天。所以面对这一类型的受访者，记者除了要能够从海量的信息中筛选出必需的素材外，还应结合需要主动出击，适当地对受访者进行鼓励和引导。

倾听不应该是被动的信息接收过程，而应是一种积极主动出击的行为，所以也可以把它称为“进攻性倾听”。掌握进攻性倾听最好的方法就是能够用语言符号及非语言符号鼓励对方，为对方接下来的回答指明方向。采取进攻性的倾听，意味着记者在甄别接收到的信息的同时，有意识地引导受访者围绕报道主题进行交流。记者可以通过这样的话语进行引导。“好的，您的意思我明白了，那关于……您是如何看待的呢？”“关于社会上存在的这种现象,你反对的具体原因是什么呢?”

2.倾听的内容

在听到的众多信息中,什么是你想要的?做好信息的甄别工作固然重要,有目的、有选择地听也尤为重要。

(1)听重点、要点。在一般的报告、讲座或演讲中,为了让受众听懂自己想要表达的意思,主讲人一般会通过标志性的话语进行强调,比如“下面我要说的是……”“针对这个问题,我个人的观点是……”在采访活动中,记者同样要仔细倾听采访对象所要表达的重点内容。

记者要想更好地把握住谈话的重点、要点,首先要了解报道主题,有针对性地设计采访提纲,提前预测需要重点倾听的内容。面对海量的信息,记者需要学会取舍。舍弃那些无关痛痒的、与主题无关的内容,保留受众有可能感兴趣的或者与主题相关的内容。当然,在采访的过程中,记者也需要灵活应对谈话过程中出现的问题,适时地对采访对象进行话题引导。

(2)倾听支撑事实。记者在采访时需要避免陷入这样一种怪圈:自己预设采访对象的观点,然后根据谈话内容来印证初始假设。这种形式的采访最终得到的必将是记者的观点,而非采访对象的。正确的做法应该是洞察谈话对象的观点,并在交谈中寻找足够支撑这一观点的事实材料。

(3)倾听非语言符号传递的事实。西奥多·赖克(Theodor Reik)在1952年出版的《用第三只耳朵来倾听》一书中阐述道:人们的交流方式是多种多样的,除了语言符号之外,还会伴随其他的非语言符号来传达一定的意义。

在书中作者列举了这样一个例子:当一位妇女被问及有关她的未来的问题时,她会脸红微笑,微微扬起眉毛。如果你是这位记者,面对采访对象的这种反应,你会如何处理呢?面对这种难以理解的面部表情,有经验的记者通常会追问一句:“我发现在我提问的时候您笑了,请问这是为什么呢?”通过一句追问,记者就有可能获得想要的素材。

如此看来,记者“倾听”的过程中其实是多种器官:听觉、视觉、嗅觉、触觉共同发挥作用的过程,除了要听采访对象语言符号传递的意义,还要了解面部表情、手势、服饰等非语言符号传递的意义。只有听得懂、听得深、听得透,才有可能写出优秀的新闻作品。

(二)学会记录

做好采访记录,是记者采访过程中不可缺少的一环。采访记录不同于平时学生的课堂笔记,记录的过程并不是“有闻必录”,而是有一定的技巧。随着科技的发展,除了常规的用笔记录和用脑记录两种方法外,记者还可以借助录音机、采访笔、摄像机等仪器设备进行采访记录。在这里将重点介绍经常用的两种方法:用笔记录和借助录音设备记录。

1.用笔记录

用笔记录是记者经常用的一种记录方法,也是非常考验记者采访功底的一种方法。这种记录方法的优势主要体现在:记者可以根据报道主题有选择性地进行记录,避免因采访对象过度紧张而漏掉重要问题。当然,这种记录方法也给记者带来了很大的挑战,比如在大多数情况下,记者的采访活动属于非正式谈话,采访对象往往无法将自己的语言组织成正规语言,这就增加了采访记录的难度。基于此,掌握记录技巧、明确记录内容尤为重要。

(1)记录关键词。用笔记录,并非“有闻必录”,而是要做到“应记必记”。关键的人名、地名、数字等都属于“应记”的范畴。此外,对报道主题或访谈对象的主要观点起支撑作用的论据也应该以关键词的形式出现在记者的记录本上。至于其他与关键词相关的内容,记者可以在采访结束后,借助短期记忆进行有效的补充。

在《呼伦贝尔草原上的白灾人家》这篇报道中,记者通过记录数字,详细报道了陈巴尔虎旗的受灾情况:“全旗共有1736户,被风雪围困的受灾牲畜,已达43万头。”[①]如果没有采访时的记录,记者是无法在报道中列举出如此详细的数字的。

(2)记录“直接引语”。在这里,直接引语不只是采访对象的原话,在交谈过程中出现的一些关键细节、主要观点等记者也需要尽量做到“原汁原味”地记录,使采访对象的原意得到最真实的表达。

(3)记录观察所得。在文学作品中,作者通常会通过非常细致的肖像、动作描写等刻画人物形象。在《福楼拜家的星期天》中,莫泊桑对左拉的肖像进行了这样的描述:“中等身材,微微发胖,一副朴实但很固执的面庞。他的头像古时意大利版画中人物的头颅一样,虽然不漂亮,但表现出他的聪慧和坚强性格。……这张肥胖但很坚毅的脸的下半部都覆盖着修得很短的胡须,黑色的眼睛虽然近视,但透着十分尖锐的探求的目光。”寥寥几笔,入木三分地刻画出左拉温和、坚毅、聪慧的性格特点。

---

① 刘畅:《呼伦贝尔草原上的白灾人家》,《中国青年报》2002年1月27日。

记者的采访同样如此。在面对面采访过程中，采访对象说话的音调高低、语速快慢、动作表情、服装配饰等，与语言符号一样，都会向记者传递某种信息。而这些记者通过观察所得到的信息，在刻画采访对象的形象、深化报道主题方面也起着十分重要的作用。这些无法通过录音机、电子录音笔等录音设备记录下来的内容，就需要记者借助手中的笔和采访本进行记录。

(4)学会速记。对于很多年轻记者而言，在确保采访谈话顺利进行的同时还要进行有效内容的记录确实有一定的难度。针对这种情况，记者可以学习速记，或者探索自己的速记方法。所谓速记，就是记者在确保能够看懂所记录内容的基础上，采用各种手段提高记录的速度和准确度。除了学习专业的汉语速记法外，记者也可以根据个人的情况自创一套专属的记录方法。

缩字符号是汉语记录中最常用的一种速记方法。例如，记者可以用“有理想^4”或“4U”代替“有理想、有道德、有文化、有纪律”，用“人大”代替“人民代表大会”。当然，记者也可以根据个人的记录习惯，用拼音、简笔画等符号代替汉字符号进行记录，如用 K-S-S 代表“抗生素”，用 XXCB 代表“信息传播”。

2.借助录音设备记录

除了传统的用笔记录外，录音笔、录像机等设备也可以帮助记者完成新闻采访的记录工作。不同的记者对使用录音设备进行记录的方法存在不同的看法。赞同使用录音设备记录主要基于三个方面的原因：第一，录音设备记录属于“有闻必录”式的记录，可以无限次回放，必要时记者可以借助录音对采访对象的谈话进行逐字逐句地记录和引用；第二，对于采访经验不足的记者来说，录音设备可以减轻记者的记录负担，将更多的精力放在倾听上，更好地把握采访对象的谈话重点；第三，在产生法律纠纷时，录音设备的记录内容能够更好地保护记者。

持反对意见的记者认为录音设备存在以下几方面的不足：第一，使用录音设备容易引起采访对象的紧张情绪，不利于采访活动的顺利开展；第二，整理录音内容需要耗费记者大量的时间，对于一些在时效性方面有较高要求的稿件而言，录音设备发挥不了太大的作用；第三，录音设备容易出现故障，给记者的采访活动带来一定的风险。

基于正反两方面的原因，记者在使用录音设备进行采访记录的同时，在采访本上记录要点内容、关键内容还是非常有必要的。

第四章　消息写作的基本要求

第一节　消息体裁的定义与特点

一、什么是消息

据专家考证，“消息”一词最早见于《易经》：“日中则昃，月盈则食，天地盈虚与时消息。”意思是说，太阳到了中午就要西斜，月亮圆了就要逐渐亏缺，天地间的事物，或盈或虚，都随着时间的推移而时有消长。近代，“消息”一词指事物变化的信息，在新闻学中，也用来指一种固定的新闻体裁，有时又叫新闻。一般来说，我们在狭义的意义上使用“新闻”这个词的时候，指的就是消息。消息作为一种文体，指的是报道事情的概貌而不讲述详细的经过和细节，以简要的语言文字迅速传播新近事实的新闻体裁，也是最广泛、最经常采用的新闻体裁。

消息作为一种文体，具有鲜明的特征，主要反映在以下几个方面：

第一，用事实说话。消息一般要求对事物最近、最新的变化加以报道，用事实说话。通讯、特稿等新闻体裁，都可以有一些记者个人的直接的感情抒发或者分析，但消息不同，要求的是客观、冷静的报道，尽量不用记者个人的观点或感情去影响报道，强调的是对事物的准确描述和最新消息的传递。有人说，消息写作就是回答何时、何地、何人、何事、何故以及如何的问题，不涉及其他分析或议论。这六个要素包括引用的背景材料、数字都要真实、准确，绝不允许虚构和添枝加叶。有时候根据实际情况可省去个别要素，最短的消息可以一句话将以上要素交代清楚。

第二，短小精悍，概括性强。消息要求在最短篇幅内用尽量精练的语言，传播尽量多的新信息。因此，消息的采写要求叙事直截了当，语言简洁明快。从整体看，消息篇幅较为短小，简明扼要，很多新闻史上著名的消息，只有寥寥两三百字，和通讯等新闻体裁比较起来，消息长于做动态报道，报道信息最新、最快。因此，消息一般只选取最重要的事实加以报道，对细节不是很重视，短小精练，在语言上也要求干净利落、用词准确。

消息对于新闻事实的某些细节、某些过程、某些情趣可能不会过于关注，特别关注的是展示新闻的主要内容和本质意义。

第三，时效性最强。消息在新闻诸体裁中时效性是最强的，要求争分抢秒，迅速完稿，“立马可待”，可以说，时效是消息的生命。为了将消息写短，消息在具体写作中应注意一事一报，必要时可以选取代表人物或标志性事件加以报道，以便窥一斑而知全豹。对于某些重大事件或复杂事件，不妨化整为零，或者先简后详进行连续报道。

第四，具有固定的结构方式。消息由于对时效性要求较高，所以在写作上形成了一套固定的程式，这种固定的程式是消息体裁在外在形式上最为明显的特征，一般是将最重要、最吸引人的新闻事实放在最前面进行报道，这种结构形式在一些对事件做动态报道的消息中表现得最为突出。“先重后轻”的倒金字塔结构的本质是：将最重要的新闻事实最先告诉读者、观众、听众和网民。

第五，大多数消息有电头或本报讯作为外在标志。大家在报纸上看到的消息，开头部分往往冠以“本报讯”或“×社×地×月×日电”的字样，这就是“消息头”。消息头是消息的外在标志。其中，“×社×地×月×日电”一般被称为电头，表明电讯稿发出的单位、时间和地点，加上括号或者用显著字体标出，置于稿件正文的开头。“本报讯”指消息是由本报记者或者通讯员采写的，如果是在外采写的稿件，一般也要注明发稿时间和地点，这时候消息头的主要作用是：表明新闻来源，以利读者判断。

消息头是消息的文体特征，是与其他文体区分的基本特征之一。但是目前，新闻界对于消息头的使用已经有所变化，有的报纸如《环球时报》就全部取消了消息头。在消息头的使用上，各报也不一致，如对于本报记者采写的本地新闻，大多数报纸还是用“本报讯”，但是也有报社直接将报社名称用上，如《晶报》的消息头就是“晶报讯”，《东方今报》的消息头是“今报讯”。

二、消息的特点

消息与通讯具有不同的文体特点。消息简明扼要，基本都是关于事实的报道，没有抒情和描写，直接报道事情的最新发展、最主要的事实，靠的是时效性和信息的重要性取胜；通讯则是对事件的较详细报道，有描写，其中笔法也可以看出记者比较多的个人感情色彩和语言风格，在记录事实之外，叙事也要引人入胜。

一般来讲，在新闻实践中，由于消息时效性强，能够及时回答群众关心的问题，所以多半由消息打头阵，随后通讯在对事件做进一步详细报道，包括事件的来龙去脉、背景分析等，起到对事件进一步释疑解惑的作用，让关注事件的群众能够得到更为详尽的资讯。

在新闻报道中，不是所有事件都可以写成通讯，只有能够引起受众较大兴趣或者比较复杂的事件才能写成通讯，但所有新闻事件都可以写成消息。可以说，消息是新闻报道中最重要的体裁，短小、快捷，报道事实灵活直接，这些让它成为报道事件的首选体裁。

三、消息的构成

消息的构成要素比较固定，分为标题、消息头、导语、主体、结尾，并在文中穿插背景。

标题：指消息的题目。

消息头：正文开头部分往往冠以“本报讯”或×社×地×月×日电”的字样，表明消息来源。现在也有不用消息头的，但大多数消息仍然有消息头。

导语：导语是消息这一体裁特有的，是消息的开头部分，一般是对事件或事件中心的概述。消息最重要、最吸引人的内容都放在导语部分。多数消息的导语就是消息的第一个自然段，但也有少量消息的导语是两个自然段。

主体：主体指在导语之后的部分，作用是承接导语，对导语概括的事实做比较具体的叙述。

结尾：指消息的结束部分，或交代新闻事件结果，或指出事情发展方向等。结尾可有可无，视具体情况而定，可以是一句话，也可以是一个段落，一般和主体不可分开。在不少消息中，不讲究结尾，将信息报道完毕就自然结束了，但在某些情况下，结尾还是具有一定的点明主题、深化报道的作用。

背景：指与报道的新闻人物、事件有关的信息材料，能对新闻事实起到说明、补充、衬托作用，有利于读者了解新闻发生发展的来龙去脉，加深对新闻的认识和理解，深化新的主题，并有丰富内容、增加知识性和趣味性的作用。新闻背景在消息写作中一般穿插使用。

第二节　标题的制作

标题是消息的眼，消息的标题必须简明、准确地概括消息内容，帮助读者理解报道的事实。标题写得好，可以吸引读者；标题写得差，一篇好消息也会被埋没。可见，标题有着推荐阅读、吸引眼球的作用。

一、标题的结构

消息的标题具有一定的格式，主要有三行题、两行题、单行题之分。

（一）三行题

请看以下标题：

第一位在奥运会上破举重世界纪录的中国选手
唐灵生堪称举坛金刚
力举170公斤"忘情"地挺立10秒钟

在这个标题中，第一行题叫引题（又称眉题、肩题），第二行题是主题，第三行题叫副题。其中，引题一般用来交代背景、说明原因、烘托气氛，没有实际的新闻内容。主题用来传递消息最主要的内容或者记者对消息内容的评价，最为重要，一般在版面编辑中字体最大，占据的位置最重要。副题一般用来补充、注释和说明主题，同样具有新闻价值。

我们可以看出，在上面的新闻标题中，引题"第一位在奥运会上破举重世界纪录的中国选手"交代的是选手的国籍、破纪录的意义等背景材料，没有实际的新闻内容。主题"唐灵生堪称举坛金刚"是对举重运动员唐灵生打破纪录的评价，这也是记者要传达给读者的最重要的信息。副题"力举170公斤忘情地挺立10秒钟"则是对主题表达的新闻内容的详细补充，对主题进一步提供信息支持。在三行题之外，还有一类四行题，其实就是三行题的变种，一般是在副题部分再加行标题，有的地方叫尾题。例如：

展现城市生活美好前景开启人类文明新篇——引题

上海世界博览会圆满闭幕——主题

温家宝出席闭幕式并宣布闭幕——副题

国际展览局主席蓝峰和来自世界各地的领导人和贵宾出席闭幕式——尾题

我们可以看到，尾题是对副题的进一步补充。实际写作中，可以将这里的尾题和副题看作一样的性质，但在编辑版面的时候，一般尾题的字号要比副题小一号。

（二）两行题

两行题有两种组合形式，一是“主题＋副题”，二是“引题＋主题”。

先看“主题＋副题”的形式：

美“挑战者”号航天飞机升空后爆炸——主题

七名宇航员全部遇难　里根总统表示哀悼——副题

这里的主题交代的是最主要的新闻事实，副题是对主题的进一步说明和补充，同样具有新闻内容。

再看“引题＋主题”形式：

出生率过低困扰俄罗斯——引题

“世纪婴儿”将获赠小轿车——主题

引题“出生率过低困扰俄罗斯”用来交代新闻的背景，没有实际的新闻内容。主题点出新闻的主要内容。

（三）单行题

单行题又称“正题”，只有一行文字，表示消息最主要的内容。例如：

人民解放军百万大军横渡长江

日本投降了

虽只有一行标题，但非常醒目。一般来讲，新闻本身越重要，新闻事实越突出，新闻意义一望即知，新闻标题多采用单行题，可以突出最主要的新闻事实。

此外，一些新闻事实是比较简单明确的消息，也适合用单行题。例如下面一则标题：

曼谷金融街开周末市场

新闻事实简单集中，用单行题，简洁明快。

（四）网络标题

网络新闻标题和报刊新闻标题的不同之处在于它有二级标题。在网络新闻页面上标题是一级标题，点出最主要的新闻事实。例如下列六个标题：

你黑我也黑，美国挥“单边大棒”力推帝国秩序
NBA：达摩克利斯剑下的摇摆人
阜阳：患儿仍服伪劣奶粉　工作人员高跷二郎腿
拼老命助选做两手准备　李登辉“挺绿”目的何在
中法海军今日联合演练
规模最大　内容最丰富　中法海军黄海联合军演

这些标题一般是单行题，也是实题，我们称其为一级标题，起着吸引读者打开页面进一步阅读新闻的作用。当读者打开页面后，看到的是更复杂的标题，我们称其为二级标题，一般是对一级标题的进一步补充。

下面一组标题，前面的是一级标题，后面的是二级标题。我们可以看到，一级标题由于版面有限，一般更短，信息更简要；二级标题具有更多细节，更长，信息量更大。

①马加爵押到昆明
马加爵今天凌晨被押解回到昆明　下机时紧低脑袋
②马加爵致信亲友
马加爵看守所内写信给亲友自称已“不可救药”
③马加爵父亲：“白养了这个儿子”
马加爵父亲：“我们很难过，我白养了这个儿子”

二、虚标题和实标题

按内容区别，消息标题可以分为实标题和虚标题两类。实标题重在叙事，着重具体表现新闻事实中的人物、事件、地点等要素，一般要求和新闻内容直接相关。虚标题重在说理和抒情，着重揭示新闻事实蕴含的道理、思

想、意义等。在大多数情况下，引题以虚标题居多，副题以实标题居多，主题可虚可实。

（一）三行题中的虚与实

其一，三行都是实标题：

最强烈抗议北约轰炸我驻南斯拉夫使馆——引题（实）

我国政府发表严正声明——主题（实）

以美国为首的北约必须对此承担全部责任　中国政府保留采取进一步措施的权利——副题（实）

其二，有两行是实标题：

知否？知否？应是贱“肥”贵“瘦”——引题（虚）

爱吃瘦肉者，请您多付钱——主题（实）

本省十几个县市调整猪肉各品种之间的差价——副题（实）

该标题中，主题和副题是实标题，引题是虚标题。引题用来引发读者阅读趣味。主题是对消息最主要信息的提炼，即瘦肉涨价了。副题是对主题内容的补充，进一步说明猪肉各品种差价调整这一信息。

其三，只有一行实标题：

卅载冷暖岁月　当代冰霜爱情——引题（虚）

少帅赵四正式结婚　红粉知己白首缔盟——主题（实）

夜雨秋灯梨花海棠相伴老　小楼东风往事不堪回首了——副题（虚）

这则标题以意境取胜，主要通过引题和副题营造两人的爱情氛围，主题则点明新闻事实。

（二）两行题中的虚与实

两行题在新闻写作中运用最广，不管是“主题＋副题”形式，还是“引题＋主题”形式，至少都需要有一行是实题，实题可以是主题、引题、副题中的任一种。

其一，主题是实题：

展现城市生活美好前景　开启人类文明崭新篇章——引题（虚）

上海世界博览会圆满闭幕——主题(实)

其二,副题是实题:

连画连心两岸情——主题(虚)
《新富春山居图》在人民大会堂首次"亮相"——副题(实)

其三,引题是实题:

文化站里坝坝舞——引题(实)
舞出坝上人家精气神——主题(虚题)

当然,两行题也可以都是实题:

5000米载人深潜首试成功——主题(实)
中国"蛟龙"下潜深度4027米——副题(实)

总之,三行题和两行题必须有一个是实标题,其他的虚实都可以。单行题则必须是实标题。

三、标题写作的原则和要求

(一)题文一致,一语破的

需要做到看标题就知道内容大概。标题所揭示的事实要与新闻内容一致,标题不得虚构事实或者歪曲事实,以偏概全。

以下标题均存在题文不一致的问题:

努力提高中华民族的科学文化素质
我校4000余名新生入学(主题)

新闻事实是4000余名新生入学,但记者为了提高新闻的意义,有意给消息盖了一个帽子,题不符实。

中国柔道队员再试身手
主队愈战愈勇三胜一平(主题)

这则新闻标题可能给人造成误解,以为这场中日柔道比赛获胜者是中国队。但实际情况是中国队三胜一平四负,以一分之差负于日本队。

天雨路滑九车相撞(主题)
本市昨晚发生一罕见事故

这则标题中的信息容易让读者误认为车祸是天雨路滑导致的，忽略了司机的原因，这样的标题就不太恰当。

此外，还有一些标题，为了追求吸引人，用没有得到大众公认的词语作为专用名词，不符合语言规范，也容易造成误解。

(二)简洁明确，具有高度的概括性

在标题中要标出主要的新闻要素，将最具有新闻价值和社会意义、最吸引读者的事实写在标题之中。具体来说，就是要按照新闻价值的规律办事，突出最新、最重要的内容(即在社会上已经产生重大影响的内容，事态正在发展将产生广泛和深远影响的内容，最权威的内容，最有趣味的内容，新异的内容，与广大读者关系密切的内容，与广大读者地理上、心理上接近的内容等)。

如在 1955 年，毛泽东亲自编《中国农村的社会主义高潮》，对一些冗长、累赘，让人看了头痛的标题，亲自进行了修改。其中，有一篇材料原题为：

天津市东郊区詹庄子乡民主、民强农业生产合作社如何发动妇女参加田间管理

毛泽东挥笔改为：

妇女走上了劳动战线

如此改动，简明扼要，突出了消息中最重要的事实。

另一篇材料原题为：

大泉山怎样由荒凉的土山成为绿树成荫、花果满山

毛泽东将之改为：

看！大泉山变了样子

如此改动，突出了新闻的主要事实，放弃了花哨的形容词，但新闻主要的信息更为突出和明确。

同一新闻，由于记者的理解不同，对新闻事实中最重要、最吸引人的信息的认识不同，提炼出来的新闻标题也不同。

1989 年 7 月 6 日，时任中共中央总书记江泽民同志接见了印度国大党总书记阿扎德。这是新任总书记的首次外事活动，次日首都几家报纸各自于一版的显要位置发了消息。以下是几家报纸的标题：

①江泽民会见阿扎德时强调中国大政方针不变(主题)

②江泽民总书记会见印度客人时指出中国不会改变自己的政策(主题)

③中共中央总书记江泽民会见印度贵宾(主题)

可以看到,三个标题都传递了新闻信息,但传递的信息不一样。第一条、第二条标题重点突出的是政策不变,回答的是 1989 年春夏之交政治风波之后国内外对我国政策是否会发生变化这一大家关心的问题,是整个新闻事实中最具有新闻价值的事实。第三条标题仅仅着眼于突出外交关系的一个侧面,相对来说,新闻性和对读者的吸引力就不如前面两条标题。再如下面两条标题:

①近千张奥运会门票公开发售

②雅典奥运会门票昨日抵京

一样的新闻事实,前者强调的是接近性,强调门票抵京对老百姓的影响。后者则仅仅是报道新闻事实,没有点出新闻事实对老百姓生活的意义,相对而言,没有前者吸引人。

会议和基层领导的活动不是新闻关注的重点,但其中出台的重要举措和领导强调的工作导向有不少是新闻,标题中将这些新闻要点提炼出来,才能吸引读者。例如,新华网 2016 年 10 月 11 日发布的中共中央政治局第三十六次集体学习的新闻,其标题为"顺势、应时、识变——习近平部署建设网络强国"。该标题就是从总书记的讲话中提炼出来的最具有新闻价值的新闻。

(三)具有正确的思想感情

在标题中注意把握好对新闻事件的态度。标题的态度大致可分为三类:肯定的态度(如歌颂、赞扬、支持、同情),否定的态度(如斥责、揭露、嘲笑、讥讽),客观中立的态度。在具体写作中,记者应该根据形势的需要和报社的立场,在新闻标题中传达正确的态度。

例如,肯定态度的标题:

28 万元重奖 72 名科技兴工士官

否定态度的标题:

通货膨胀使语言和美元一道贬了值

有些新闻是突发事件，事物的性质尚不清楚，事态的发展亦不明朗；有些新闻复杂微妙；有些新闻涉及他国或者国际事务；有些新闻纯属专业领域的争论，标题均不宜表示明确的态度。此外还，有一些新闻如自然环境等方面的新闻，本身就不涉及态度。

尽管消息的标题不排斥表达明确的态度，但不当的态度流露则反映出记者专业水平欠佳，以及思想境界不高，会损害记者、编辑乃至媒体的公信力。下面三则标题，是对同一新闻的报道，但标题处理不同。

①"杨翁忘年恋"全球瞩目

②82 岁的首位华人诺贝尔奖得主宣布与 28 岁的广外才女翁帆订婚

杨振宁：她是上帝恩赐的最后礼物（主题）

③82 岁的杨振宁与 28 岁的广外女硕士电话订婚　婚礼预计于下月举行

给我的老灵魂一个青春欢喜（主题）

其中，第一条标题平铺直叙，点出主要新闻事实。第二条、第三条标题都是用杨对这段感情所发的议论来做主题，但选取的话不同，境界的高下就看出来了。

再如下面两条标题：

①"孤寒鬼"将一生的大部分积蓄 28 万元捐赠灾民

新闻讲述一个普通的独身老人平时很节俭，将钱节省下来给灾民，这本该持褒扬的态度，记者使用"孤寒鬼"这一贬义词称呼主人公，很不恰当。

②亡命 12 年逃犯练成全国名厨

记者流露出赞赏之情以及猎奇之心，也不合适。同样，下面三条标题也有问题。

①昨晨 2 点火烧齐秦（主题）

据称是拔火罐技师不慎洒落酒精引发深二度烧伤　背部面部躯干伤情严重

②一位普通工人竟然写出电影剧本

③WBA拳王卫冕战将在中国举行

霍利菲尔要来揍人(主题)

第一条标题态度冷漠,一味追求吸引眼球,缺少人文关怀。第二条标题含有贬低和轻视普通工人的色彩。第三条标题用词粗鲁,同样不适合作为标题。可见,作者不正确的思想感情和态度会影响到新闻标题的写作。

第三节 信息过载时代的导语写作

一、什么是导语

导语是消息的开头部分,紧跟在消息头后面,具有非常重要的地位。一般来说,消息中提示新闻要旨、吸引受众的第一段或第一句话就是导语。但也有复合导语,即两个或两个以上自然段落合成的导语的变种。

一般来说,标题和导语往往占用记者整个消息写作时间的一半,甚至更长的时间。从某种程度上说,导语的写作关系到整个消息写作的成败,也关系到消息采取哪一种结构。历来新闻工作者都非常重视导语的写作,美国新闻学者赫伯特·黑德(Herbert Head)说:"导语是新闻的生命所在。"美国《底特律新闻》社论作家杰克·海登(Jack Hayden)说:"导语需要你付出最大的力量,它是促使读者读下去的诱因。"美国哥伦比亚新闻学院教授麦尔文·门彻(Melvin Mencher)说:"新闻写作过程中的第一步也是最重要的一步,就是写作导语。写好导语相当于写好消息。"

导语之所以重要,不只是因为它位于新闻的开端,更重要的是它在消息写作中所起的作用。

(一)揭露新闻的实质内容

导语高度概括新闻事件的面貌,集中表现新闻的核心内容,快速传递新闻事件的最新动态,它所反映的是最具有新闻价值的要素。在社会生活节奏日益加快的环境中,导语使用一种快速高效的信息组合方式将生活环境中最新的变动状况告诉人们。导语的这一功能在现代社会的主流媒体特别是以高科技手段支持的新闻媒体如网络媒体、电视媒体和广播媒体中表现得就更为突出。

(二)吸引读者

导语不仅是一篇新闻的提要,而且是一篇新闻的导读。受众是否愿意继续把新闻读下去、看下去、听下去,往往要看导语对他们是否具有吸引力。可以说,导语是引导读者向新闻的深层信息进入的航标。

有的新闻学者认为,从心理学角度分析,受众接触新闻媒体一般情况下处于"无意注意"的状态,也就是没有明确的意图去寻找特定的新闻,他们仅仅是浏览。在这种情况下,如果新闻的导语提起了他们的兴趣,引起了他们的好奇,吸引了他们的关注,他们就会进一步索取新闻的深层内容。此时,他们的"无意注意"就开始变为"有意注意",新闻传播的深层影响力就能够得以释放。美国新闻学者有这样的说法:"导语的首要目的是吸引读者。"我们不要挑剔他的话是否过于偏颇,有一点是无疑的,那就是导语如果不能吸引读者关注新闻中更多的内容,它就是在怠懈职责。

(三)构建新闻展开的逻辑顺序与结构关系

一个好的导语,实际上已经建造了展开新闻报道的逻辑顺序与基本构架。因为在导语写作的过程中,你会对全部的新闻事实进行审视、思考、判断,然后确定你想最先告诉读者的内容,同时确定你讲述这些内容的文字方式。在这个过程中,你对新闻事件要素轻重的认识、对新闻事件涉及的各方关系的认知、对描述新闻事件的方式与方法的选择都已经完成。你写就的导语已经包含你讲述整个新闻的思路与技法。

二、导语的演变

导语形成今天这样一个固定的、特殊的风格,经历了一个从无到有的发展过程。从技术方面来说,19 世纪 50 年代,电报的发明使新闻事业在技术上有了一个飞跃,记者可以借助电子技术快速地传递新闻。但是,早期的电讯技术不太完善,电报时常会出现故障,往往是电讯稿发到一半或者只剩几句话甚至几个字时便难以传递。为了把重要的、受众关心的信息迅速及时地报道出去,记者便将受众最关心、最新、最重要的事实写在新闻的第一段,即使是发生电讯故障,受众也能够了解到最新鲜、最重要、最精彩的内容。从此以后,这种方法便成为一种固定的风格和格式。

从新闻传播规律来说,这样一种结构形式暗合新闻传播规律。从人们的接受心理来说，受众接受新闻信息主要是为了获悉新近发生的、最重要的、他们最关心的和最想知悉的信息，如果新闻不能在开头就将受众最想了解的信息告诉受众，那么受众就会失去兴趣，不愿意继续往下阅读。

导语产生之后经历了第一代导语、第二代导语，现在是第三代导语。

(一)第一代导语

新闻五要素或六要素齐全的导语称为第一代导语，又叫全要素导语。

如前所述，从技术方面来说，当时的电讯技术不完善，常常在收发稿件时突然出现电中断的情况。为了让报社编辑部即使只收到电讯稿的第一段，也能作为一条完整的新闻及时地传递出去，记者便将新闻事实的时间、地点、人物、事件的主要内容、原因、结果等在第一段里交代完全。

美联社记者约翰·唐宁(John Downing)于 1889 年发的一条新闻，其导语被西方新闻学著作奉为第一代导语的楷模。

> 萨莫亚·阿庇亚 3 月 30 日电　南太平洋沿岸有史以来最猛烈、破坏性最大的风暴于 3 月 16 日、17 日横扫萨莫亚群岛，结果有 6 条战舰和 10 条其他船只要么被掀到港口附近的珊瑚礁上摔得粉身碎骨，要么被掀到阿庇亚小城的海滩上搁浅。与此同时，美国和德国的 143 名海军官兵有的葬身珊瑚礁上，有的则在远离家乡万里之外的无名墓地上，为自己找到了永远安息的场所。

时任美联社总编辑、总经理的威尔·E.斯通(Will E. Stone)将这条新闻导语树为写作典范。此后，第一代导语风靡世界各国，直至 20 世纪 20 年代得到广泛应用。这种导语被称为“晒衣绳式导语”，意思是指将所有新闻要素不分主次地一个个都挂在一条“晒衣绳”——导语上。

第一代导语的优点是具体、完整、信息量大。但不足之处也很明显：冗长、重点不突出、主次不分、受众难以快速地接受实质性信息。

(二)第二代导语

侧重交代部分要素的导语称为第二代导语，又称部分要素导语或微型导语。

如上所述，新闻五要素或六要素俱全的第一代导语虽然详细、完整，但是内容太庞杂、主次不分、重点不突出，难以给受众留下深刻的印象。第二次世界大战后，这种导语越来越显示出其弊端。

时代在向前发展，社会生活节奏日益加快，受众对新闻信息及其传递形式有了新的要求，受众希望更简洁、更快速地知悉信息。同时，广播电视新闻对报纸新闻发起了挑战，报纸新闻的导语写得简明扼要，新闻传递的速度会更快，既方便受众快捷地接受信息，又能够和广播电视展开竞争。而且，科学技术的巨大进步也使报纸新闻快捷地传递信息成为可能。随着电子技术的发展，电讯中断的问题已经不复存在，记者不必在第一段将新闻的所有要素和所有重要信息披露无遗。

从 20 世纪 30 年代开始，一些新闻工作者提出，新闻导语不必包含五要素或六要素，可以根据每条新闻的特点，从六要素中选取一两个最能吸引受众兴趣的要素写入导语，其余的要素可以放在新闻主体中。这样，可以突出重点，达到先声夺人的效果。第二次世界大战以来，这种“部分要素”的导语形式，开始在大小报刊上风行。

> 今晚大约 9 时半，在福特剧场，当总统夫妇、哈里斯夫人和罗斯本少校同在私人包厢中看戏的时候，有个凶手突然闯进包厢，向总统开了一枪。(《纽约先驱报》1865 年 4 月 15 日)

这并不是典型的第一代导语，只有时间、地点、总统同谁一起看戏，不是非常重要的信息，重要信息没有在导语中表达出来。

第二代导语只用一句话就表达完毕：

> 肯尼迪总统今天遭枪击身亡。(《纽约时报》)

这个导语总字数虽然只有 13 个字(含标点)，但最重要的信息已经陈述清楚，新闻要素不会少，同样是四个要素，时间——今天；人物——肯尼迪；事件——遭到枪击；结果：总统身亡。

(三)第三代导语

第三代导语出现于 20 世纪 70 年代，其特点就是无特点，没有固定的写法，往往是根据具体情况进行相应处理。

第三代导语表现手法和报道角度自由灵活、形式不拘一格，包括各种软导语、延迟导语以及各种新奇独特的导语形式。第三代导语是对第二代导语的补充和扩展。它适应了当代新闻报道内容和传播意图的丰富性要求，追求特定新闻内容的最佳表现角度和表现手法，以求达到最佳报道效果，所以又称当代丰富型导语。

将上面第一代导语的典范——美联社记者约翰·唐宁发的一条新闻略作改动，对一些不十分重要的新闻要素进行适当浓缩，可以改为下面的第三代导语：

萨莫亚·阿庇亚 3 月 30 日电　3 月 16、17 日，萨莫亚群岛遭受有史以来最大风暴袭击，6 条战舰和 10 条船只被毁，143 名美、德海军官兵丧生。

相比于第一代导语，这条导语比较简略，但是新闻六要素俱全。时间：3 月 16、17 日；地点：萨莫亚群岛；人物：143 名美德海军官兵；事件：风暴使战舰和船只被毁，海军官兵遇难；原因：遇上风暴袭击；结果：舰船被毁、官兵丧生。而且，修改后的导语文字简练，简洁的导语能够适应现代受众的接受习惯，满足现代受众的接受需求。

三、导语的写作要求

（一）导语的写作原则

导语是消息的一部分，导语的写作一样要遵循消息写作的原则，即用事实说话。具体来说，就是一定要用具体的事实要素构成导语。这是导语写作的最大原则。好的导语就像一个好的故事的开头，有趣、生动、吸引。美国新闻学教授丹尼斯说："好的导语可以简短而明快，可以细细道来，将读者徐徐引入正文，也可以热火朝天、气势如虹。"导语可以产生悬念，也可以蓄力而发，导语应当适应稿件的特殊需要。导语之所以重要，因为它不仅可以传达信息，而且可以为稿件确定情绪与基调。写导语时，在尊重事实的基础上，可以充分运用不同的写作手法，以吸引读者。

1.扼要揭示新闻的主要内容

这是导语最重要的任务。明代的谢榛曾经说过："凡起句当如爆竹。"导语作为消息的起句，同样要求以简要文字突出最重要、最新鲜或最具吸引力的事实。早期的导语，一般致力于对新闻的五要素加以揭示，新闻界往往把新闻五要素或六要素俱全的导语称为"第一代导语"，或者"晒衣绳导语"，指导语像晾衣服一样将所有要素展现出来。此类导语的缺陷在于，新闻最重要的事实有时候被淹没在五个要素中，降低了信息对于读者的吸引力。由此，导语开始改革，出现了第二代导语，用最少笔墨交代最重要的信息。

2.吸引读者

消息的最终目的是吸引读者阅读，所以导语要花很大力气致力于吸引读者，使新闻摆脱一般化。美国新闻学教授莫斯·阿伦森（Mose Aronson）说："要找一个特写角度来写，赋予以某种不寻常的东西，使稿件别开生面。这样以小特写形式出现的新闻能引人耳目，吸引读者。"

下面两条导语是对同一事件的报道，新华社记者的原稿是：

世界重量级拳王泰森今晚以 85 秒的时间，击败挑战者威廉斯，创造了历时最短的一场拳皇卫冕战。

这一导语抓住了比较重要的元素——时间、事件、人物，可以说是一条符合标准的导语，但比较平淡。记者根据拳击比赛的特点和"85 秒"这一关键信息，以这短短的"85 秒"为切入点，将导语改成：

85 秒！拳王泰森击败挑战者。85 秒！历史上最短的拳王卫冕战。85 秒！300 万美元进入腰包。

改写后的导语紧扣"85 秒"这个要素，用排比的手法，连续三个"85 秒"，给人一种紧迫感，并传达出新闻的主要事实，让人耳目一新。

再如，哈尔滨市动物园有一头黑熊逃跑后，钻进市中心的一家工厂里，被几名青年工人捕获。有一条导语是这样写的：

哈尔滨市煤炭第二供应站蜂窝煤加工厂的七个青年工人，今天在车间里抓住一头黑熊。

路透社的导语则是：

中国东北的两名女人受惊大叫，因为一只黑熊从她们厂的机器下面突然冒了出来。这只熊逃走时掉进一个机器坑内，四名男子用铁罐盖住，把它活捉。

第二条导语抓住黑熊突然从机器底下冒出来、女工惊叫的场面，用动词渲染了面对面的紧张场面，扣人心弦，比起第一条导语，给人们的印象要强烈得多。从上面的例子可以看到，吸引读者和抓住新闻中主要的事实写入导语并不矛盾，因为新闻最终吸引读者的还是靠新闻事实。新闻事实本身越重要，越吸引人，消息也就越吸引人。记者只是在写作手法上可以运用一些技巧，最终还是要用事实吸引读者。

消息主体基本是在导语后面展开的，反映了记者对新闻事实的认识和把握，一条好的导语，已经设定了消息的内在逻辑和结构，一旦确定导语，实际也就确定了新闻要素的轻重缓急，新闻如何进行报道也就确定了。

（二）导语的写作方法

消息导语的写作，主要有以下几种具体方法：

1.概述法

这是最常用的一类。概述式导语就是对新闻的核心内容用概括的方式或者说直接叙述的方式写成的导语，故又称开门见山式。该类导语在倒金字塔式新闻写作中用得最多。

①两名村民散发材料检举村支书，结果被对方以名誉权受侵犯为由起诉。近日，顺义法院一审判决两村民停止侵权行为，公开向村支书书面赔礼道歉，赔偿其精神损失费 1500 元。

②中国人民银行 18 日宣布，从 2007 年 6 月 5 日起，上调存款类金融机构人民币存款准备金率 0.5 个百分点。从 2007 年 5 月 19 日起，上调金融机构人民币存贷款基准利率，这是近 10 年来中国首次同时宣布上调存款准备金率和存款基准利率。

③9 月 11 日上午 9 时 48 分，一架飞机撞到了纽约世界贸易中心大楼，飞机把大楼撞了个大洞，在大约距地面 20 层的地方冒出滚滚浓烟。就在楼内人员惊慌失措之际，18 分钟后，又有一架飞机撞上了世贸大楼，这架飞机是从大楼的一侧入，由另一侧穿出，并引起巨大爆炸。

前两则消息，一则为法制新闻，一则为财经新闻，要求报道准确，信息完整无歧义，都是平铺直叙、平实简洁，将信息完整地告知读者，使读者于阅读的第一时间便获知最重要的信息；第三则消息是对美国“9·11”事件的报道，事件的重要性本身就是吸引人的，记者直接进行报道，符合受众接受信息的习惯。

该类导语写作时要注意避免对新闻进行概括性的评价，导语应该报道最重要、最有吸引力的新闻事实，记者不适合直接发表意见。例如：

好消息！一项大幅度降低 5 岁以下幼儿患龋齿率的杭州市幼儿免疫防龋工程近日正式实施。

2.描述法

该类导语是对新闻中有吸引力的场景、情节、景物、画面进行描述，可以增强新闻的现场感、真实性与可读性；增强感染力，引人入胜；增加趣味性，吸引受众。

以下均是描述性导语：

> ①有一支中国军队到达了布鲁塞尔。威武的士兵身穿紧身盔甲，随后行进的是军乐队和骑兵。最引人注目的是他们的身材。
>
> ②随着惊天动地的一声巨响，阳频县杨提乡土岭村公所白桥村后山起了五六十米高的火焰，熊熊大火烧红了半空。“不好啦！飞机撞山啦！”
>
> ③联合国的代表们今晚击败了美国为保住台湾在联合国的席位所做的努力，从而为北京进入联合国铺平了道路。代表们在走廊里大声发笑，他们唱歌、欢笑、喊叫、拍桌子，有人甚至跳起舞来。当代表以点名应答时，大厅气氛紧张。电子统计牌上终于显示出结果，表明美国的建议被击败。这时，大厅里沸腾起来了。

该类导语在写作中需要注意，不要过分渲染，同时在描写中要推进新闻的叙述，以免影响消息主体的展开。

3.评述法

尽管导语一般应避免发表议论，但某些时候，评价直接涉及新闻事实的意义、目的，或是对新闻事实总结，或者直接就是新闻的要素，这时候就可以在导语中有所议论。例如：

> 一位20岁的中国姑娘在北京的有力的一跳警告世界田径界说，中国人民不会是永远落后的选手了。

该导语将对新闻的评述写在开头，这是该报道的目的，也是要传递的主要信息，故而可以进行评论。

评述型导语在写作中要注意以下几个原则：(1)导语中的评论要素一般应该是新闻的构成要素。(2)评论要新颖。(3)评论要简明扼要。(4)要注重平衡性，对未有定论的事实不作肯定的表述。违背这些原则，导语就会显得水准很低。例如：

> ①过度的赞扬会使艺术变得廉价，而公正的评判才是对艺术的尊

重。当电视导演××就自己的创作日前在北京举办研讨会时，一种求实、不虚张的评论作风令记者感叹：良好的风尚需要大家创造，更值得在文艺界提倡。

②导弹要上天，人才是关键。为把有限的科技力量攥成拳头，我军战略导弹部今天组成了首批40名导弹技术专家方阵，这支队伍将在第二炮兵现代化建设中发挥特殊作用。

在这两条导语中，由于导语的评论和新闻要素没有关系，记者直接议论就不合适。同时，其中的评价都是陈词滥调，没有新闻价值。

4.引述法

在导语中引用相关人士的话，一般是通过新闻人物的口说出事实或意见。可以是直接引用原话，也可以是间接引用。例如：

①温家宝总理昨天在震中汶川说："汶川大地震死亡人数超过8万"。

②公安局局长昨日在一个会上透露，城市今年的治安问题比过去任何一年都严重。

前一条导语是直接引用，后一条导语是间接引用，说话者的身份增强了消息的权威性。

再如：

①"精彩，实在精彩！"听到李国桥不惜冒着危险在自己身上做抗疟试验时，我周围不少人流泪了。"你有没有注意梁启圣老师讲他10多年来用自己的工资抚养彝、苗族学生那一段时，就被6次掌声所打断。"这是今天上午省先模报告团在广州中山纪念堂做首场报告以后，记者在人群中听到的议论。

②新能源汽车如果是在实验室、车展上展示，在街上见不到，节能减排的目的还是达不到，国家的倡导也就落不到实处。北汽福田汽车股份有限公司党委副书记赵景光深有感触地说。近年来，福田汽车一直致力于以市场为导向的节能减排实践，在新能源汽车的产业化和推广应用上已取得明显成效。

前一条导语用听众的评论表达对报告的评价，真实可信。后一条导语，新闻直接发表意见，消息来源清楚，同时发言者的身份也有助于增加意见的重要性。

使用引述法写导语，一是要严格引用直接引语，不能改变说话者原意；二是所用引语应尽量挑选“掷地有声”的“点睛”之语，能起到一语胜千言的作用；三是引语要是容易理解的短句，句式不能太复杂。

5.悬念法

这种导语类型首先提出疑问，引起受众的关注和兴趣，以激起他们的阅读欲望。设置悬念的方式既可以是设问，也可以是叙述，两者没有高下之分。一般来说，该类写法通过设问来设置悬念的相对多一些。例如：

①国财贸大会上传说着这样一件事：上海服装进出口公司床上用品组的职工，“救活”了两只鸳鸯，挽回了一大笔外汇。

②8 点上班的钟声响过之后，中央国家机关多少人迟到？

③一架飞机能从宽仅 14.62 米的巴黎市中心的凯旋门门洞飞过吗？巴黎的英雄们正在做着他们的试验。

设置悬念式导语，既适合事件性新闻，也适合一些非事件性新闻。在某些工作类消息中准确使用此类导语，能明显增强新闻的可读性。例如：

4 月 3 日，我们被捕了。

该类导语的优点是有“悬念”，缺点是有点绕弯子。值得提醒的是，一旦弯子绕得太大，结果有可能适得其反。

6.故事法

导语找出新闻事实中最有戏剧性的情节，引出消息的主体。例如：

9 月初的一天早晨，从钟祥县开往武汉的长途汽车就要启动了。考取了北京大学的农家子弟柯洪云欢欢喜喜地登上了汽车。这时，一位中年妇女急急忙忙地赶来，把一件棉大衣塞到了他手上。乘客们以为，这一定是这个学生的妈妈！可是，人们怎么也没有想到，这位妇女却是柯洪云的老师。

导语用一个故事开头，用情节吸引读者，然后引入消息主体。

7.矛盾对比法

该类写法通过对比产生反差，突出新闻事实，从而吸引读者。这种对比可以是理想与现实的对比，例如：

天下做女人的，谁不想当个健康孩子的母亲！然而，事与愿违的是，目前在我国，每出生 1000 个孩子中就有 13 个是缺陷儿，使得不知有多少这种孩子的妈妈为此泪水涟涟，痛心疾首。

还可以是现实中的对比：

在这里，地面上燃料奇缺，农民不得不靠挖掘玉米根来生火取暖。然而，在 3200 米的地下，地质学家们发现了大量石油和天然气。

以上种种方法，只是给导语写作提供了一些指导性思路。具体采取何种写法要根据新闻素材和实际情况具体安排，因“文”制宜。在学习导语写作的过程中不妨先从直接式导语入手，先采取平直的方式写出导语，然后再进行修改和加工，不断提高传播表达的技能。

四、导语的类型

按照导语之后新闻内容的展开方式，可以将导语分为直接式导语（硬导语）和延迟性导语（软导语）。

（一）直接式导语

直接式导语，又称为概述式导语，由于一般用于硬新闻，所以又叫硬新闻导语、硬式导语。该类导语的特点是开门见山、一语中的，把最重要的信息首先传递给受众，第一句话就开始集中描述新闻的主题，把最重要的新闻元素交代出来，适用于突发性新闻、重大新闻、时效性强的新闻。对于记者来说，这类导语比较容易掌握，运用起来也比较方便，在写作手法上突出写实，用词凝练，笔法简约，很少运用感情色彩强烈的词句。例如：

①欧洲大战于昨天拂晓爆发。

②1945 年 8 月 14 日，美国杜鲁门总统宣布，日本已无条件投降。

③国土资源部最新统计显示，受今年几次强台风影响，今年 1～9 月份我国发生地质灾害的数量大幅度增加，共发生地质灾害 95454 起，与去年同期相比上升 44.9％。

④印度尼西亚灾害管理机构 19 日说，近几天发生在爪哇、巴厘和亚齐等地沿海的异常巨浪已造成 1000 多人被迫逃离家园。

这几条导语都是对消息主要内容的直接描述，直接陈述、反映主要事实，之后的新闻主体主要是对导语的进一步展开，补充和丰富导语的信息。

但它变化少，容易使文章显得呆板、平淡，陷入“千篇一律”的格式里。

写好硬导语要善于分析比较，鉴别判断，准确地抓住最具新闻价值、受众最关心的事实，记者在写作硬导语前，需要学会在所要报道的事实内容中，判断哪一个事实最具新闻价值，对受众最有吸引力，并将它写进导语中。

（二）延迟性导语

与直接式导语相对的是延迟性导语，也叫“软导语”。这种导语往往用描写、反问、隐喻等方法交代背景、描写场面或者渲染气氛，然后再进入对最新动态事实的报道。还可以用故事、悬念、引语、比兴或背景资料等由外及内、由表及里地开头，然后引出最新鲜、最重要的新闻信息。

这类导语多用于软新闻，即报道的不是正在发展中、变化的或突发性的事件。由于新闻事实相对来说没有硬新闻那样和百姓生活息息相关，重要性相对差一些，对时效性的要求也不是很高，这时候吸引读者阅读的主要是新闻的趣味性、接近性乃至一种好奇心，所以导语此时不承担揭示主要新闻事实的任务，通常用来再现现场或营造某种气氛，多是解释性、说明性的。

要注意的是软导语与软新闻导语的区别。软导语报道的内容不一定是软的，即不一定是软新闻，有些硬新闻也可采用软导语；而软新闻导语报道的内容是软的，即那些趣味性、娱乐性、人情味强的内容。

例如：

> 殡葬行业是最古老的行业之一，关乎人生的最后一站。目前我国在殡葬管理方面尚没有法律，只靠一部部门规章——《殡葬管理条例》来规范殡葬业的方方面面。
>
> 《条例》出台 10 年来，殡葬业出现了非法占地、擅建公墓、炒卖墓穴、垄断经营等诸多问题，在各界人士的呼吁下，一部《殡葬管理条例》修订草案终于向社会公开征集意见。修订案能否修正目前殡葬业的所有问题，部门立法如何走出部门利益的局限，是殡葬业发展的关键问题。

由于《殡葬管理条例》的修订与普通百姓的生活相隔比较远，读者一般不会关心，这时候记者就在导语中强调殡葬行业对人的意义，然后用背景材料即只有一部部门规章来管理殡葬行业这一事实说明《殡葬管理条例》修订的意义，引发读者的阅读兴趣。

再如：

> 河北“三鹿奶粉”事件发生后，一些企业或个人将问题奶粉封存在仓库中，而不是直接销毁。这导致部分问题奶粉重现市场，陆续进入青海、甘肃、吉林等地。
>
> 昨天，市食品办发布公告，称将在本月底前清缴北京市场的问题奶粉。对于在本月底前主动上缴的，可减轻或不处罚；逾期不上缴的，将从重处罚。

上面这条导语，同样是延迟性导语，共两个自然段，用“三鹿奶粉”事件唤起大众关注，也引出新闻事实的意义。

又如：

> 这是一个不同寻常的公共图书馆。书架上只有四本书。你在其他图书馆或者书店找不到这些书，也不会有批量新书补到这里的书架上。那是因为上周末在这里开业的 Brautigan 图书馆有个独一无二的规定——它只接纳从未出版过的书籍。

这条导语则是用悬念来激发读者的好奇心，让读者阅读下去。

从以上分析中可以看出，延迟性导语主要是对一些重要性相对不大或者不明的新闻进行解释或说明，是对新闻事实的重新包装，目的是更吸引人。需要注意的是这一类导语不可过于延迟，以至于离题万里，既浪费版面，也耽误读者时间。此外，也不可为了激发读者兴趣，故弄玄虚。要记住，新闻的目的是提供基本的信息，受众的兴趣从根本上建立在新闻事实的重要性上。

例如，一则报道公墓环境恶化的新闻，导语是这样开始的：

> 埃玛和艾尔弗雷被破啤酒瓶、香烟和各种垃圾所包围。但是即便在入侵者点燃草地大火时，这对夫妇也未曾抱怨过。

这样的导语有故弄玄虚之嫌，会让读者有上当之感。

导语写作涉及对新闻事实的判断。到底采用延迟性导语还是直接式导语，最终是由新闻的核心事实决定。在具体的写作过程中，记者需要明确什么是新闻中最重要的事实，再确定用直接式导语还是用延迟性导语。

另外，对读者的阅读心理要有所判断，如有的新闻本身很重要，但读者未必清楚它的重要性，这时就需要在导语中有所解释，一句话两句话可以说清楚的，还可以选择继续使用直接式导语；一时说不清楚的就可以使用延迟性导语，或者用一个故事，或者用一个场面，或者用一句话，也可以是从相关背景说起，以激发受众兴趣。

第四节　主体与结尾

一、消息的主体

在消息文本中，主体是对所报道的新闻事实加以具体展开的部分，其重要性不可低估。就通常情况而言，标题和导语都只是撷取新闻事实的新鲜之点、精彩之点、重要之点展现给受众，而主体则应让受众看到新闻事实的来龙去脉，在明白“发生了什么”的基础上，进而明白“为什么会发生”“为什么是这样”。

(一)消息主体的含义

主体是消息的主干部分，也是具体展示和叙述新闻事实的部分，是提供相对完整的新闻信息的部分。大部分消息之所以在标题和导语之后还要有主体，是因为要就新闻事实作进一步展示，以满足相当一部分受众了解新闻事实详情的需要。

在写出一条精彩的导语之后，记者面临的另一个任务就是组织好各种材料，并有条不紊地加以展开。如果说标题、导语已概括新闻事实的最主要内容的话，那么主体部分就应该比较详细地叙述新闻事实本身。标题表现新闻事实采用的是高度概括的方式，而导语表现新闻事实采用的是选取其中最新鲜的、最有价值的部分。标题和导语虽然都具有概括性，但前者的概括性无疑强于后者。而对于主体来说，前已有标题和导语，在内容上不宜过多与之重复，必须从以下几个方面努力：

一是完成对标题和导语所涉及的新闻事实的具体展示，将“浓得化不开”的标题和导语的内容加以展开，使受众了解新闻事实的具体过程、相关背景以及他们想要了解的方方面面。这类主体属于阐释型主体，对于想要进一步了解新闻事实的受众来说是必不可少的。但即便如此，主体也不能写得过于冗长、拖沓。

二是对标题和导语所涉及的新闻事实加以必要的补充和延伸，有所补充和延伸的事实，与标题和导语中涉及的新闻事实是密切相关的，进行补充和延伸可以帮助受众更深入、更全面地了解新闻事实，而不是画蛇添足。这属于补充型主体。

三是主体对于标题和导语的内容有所解释又有所补充，是为阐释、补充合一型主体。

（二）消息的主体结构

1.倒金字塔结构

大多数消息的结构都是倒金字塔，即最重要的材料放在开头，次要的材料在后面。倒金字塔结构可以说是一种“头重脚轻”“虎头蛇尾式”的结构，从导语至结尾，按重要性程度递减的顺序来组织安排新闻材料。一般认为该结构形式起源于19世纪美国南北战争时期，当时由于电报经常发生故障，所以战地新闻记者为了尽快把新闻传递出去，养成了先报道最重要的事情的习惯。

一般在具体写作中，其排列如下：

(1)导语:对最重要的事实的概括性描述。

(2)详尽阐述，展开导语。

(3)与导语相关的直接背景。

(4)导语中未说明的事实要素。

(5)更多相关背景。

该结构形式后来成为消息最重要的结构形式，原因在于它无意间符合了新闻传播的客观规律。一方面，该结构形式将最终结果或后发生的却富有吸引力的材料置于开头，增强了对读者的吸引力，也便于读者迅速掌握最新消息，寥寥数语就能够让读者判断是否继续阅读。另一方面，该结构形式按重要性程度来安排材料，决定段落层次的顺序，符合新闻工作者的工作规律。它既便于记者迅速报道新闻，将最重要的新闻事实最先发出去，也便于编辑选稿、组版、删改，如在版面不够时可直接从后往前，无须重新调整段落。

但倒金字塔结构也存在不足，从结构上来看，它过于标准化和程式化，固定呆板，没有变化；从内容分配上来说，内容的重要性依次递减，难以自始至终吸引读者。

人民网2017年11月19日发布的这则消息就是典型的倒金字塔结构。

短道速滑世界杯武大靖男子500米摘金

人民网北京11月19日电(郝帅)　昨日,短道速滑世界杯首尔站进入金牌争夺战,中国选手武大靖强势获得男子500米金牌。

在男子500米四分之一决赛和半决赛中,武大靖与另一名中国选手任子威一路过关斩将,均以小组第一的成绩进入A组决赛。两人的决赛对手是匈牙利华裔选手刘少林和刘少昂。在决赛中,武大靖一路领先,最终以40秒559的成绩率先冲过终点线,任子威获得第四名。

这是武大靖继上一站即上海站的比赛后,再次夺得该项目的金牌。国际滑联在官网新闻稿中评价武大靖摘金说:“冲刺之王捍卫了自己的地位”。短道速滑世界杯首尔站是2018年平昌奥运会资格赛最后一站,19日将决出女子1000米、男子1000米、女子3000米接力和男子5000米接力的金牌归属。①

这一篇新闻报道是典型的倒金字塔结构的作品。文章的开头第一段(即导语),开门见山地将最重要、最新鲜的新闻事实突出出来。报道的第二段是该项目比赛情况的说明。全文至此,已经构成一篇完整的新闻报道。结尾部分对武大靖之前的成绩进行了说明,同时介绍了接下来的赛程,与开头遥相呼应。整篇报道文字简洁,结构完整,一气呵成。

一般来说,倒金字塔式结构比较适宜写时效性强、事件单一的突发性新闻,用它来写非事件性、富有人情味、故事性强的新闻就不太适合。另外,在采用这种结构形式的时候要注意避免程式化、单一化。

需要注意的是,倒金字塔结构不适用于以下新闻:对事件进行深度解析的新闻报道;披露事件背景的新闻报道;揭露内幕的调查性新闻报道;人物新闻报道;情节性、趣味性较强的新闻报道。

上述报道通常具有两个特征:一是构成因素比较复杂,人们阅读此类新闻的第一需求往往不是时效而是深度;二是新闻比较有趣,人们阅读是为了放松愉悦。在阅读此类新闻时,读者往往比较有耐心,记者可以运用更多的文字和结构技巧吸引读者对新闻全程关注。

---

① 郝帅、杨磊:《短道速滑世界杯武大靖男子500米摘金》,人民网—体育频道,2017年11月19日。

2.金字塔结构

又叫时间顺序结构，也有论者称其为编年体结构。记者完全按照事件发生的顺序来写，通常不一定有单独的导语，往往按时间顺序来安排事实，先发生的放在前面，后发生的放在后面。

一般来说，长篇报道不适宜采用金字塔结构，如果出现上述适合以金字塔结构的新闻事件，记者必须充分运用悬念、伏笔等叙述技巧和手法来报道这些新闻事件。

金字塔结构的优点体现在以下几点：

第一，便于构思行文。按照时间顺序构思、安排和组织事实材料，记者不必花太多精力冥思苦想新闻的结构布局，可以循着事实发生、发展、高潮这样的自然顺序方便、快捷地行文，既不容易出差错，又可以加快新闻写作速度。

第二，脉络清晰，故事完整。按照时间顺序安排新闻的结构，可以使新闻事件的发生、发展自然、有序，新闻故事情节连贯、完整。

第三，读者接受无障碍。金字塔结构可以让读者对新闻事件的来龙去脉、前因后果有一个清晰完整的了解，这尤其适合一部分喜欢完整故事的中国读者。有些新闻报道线索复杂、材料交叉跳跃，读者阅读起来比较吃力，而金字塔结构可以让读者快速、有效地理解和接受信息。例如：

农民卞康全一家三代守护五条岭烈士墓70余载

收集836名烈士资料　替98名烈士找到亲人

“你家先人严纯连烈士，经资料查得安葬在盐城五条岭烈士陵园中，今写信告知……”6月28日上午，农民卞康全寄出了今年写给淮安涟水籍烈士后人的第79封寻亲信。用这样的方式，卞康全已为五条岭98名烈士找到亲人。500多名原华东野战军老战士、烈士亲属，因为他的牵线搭桥建立联系。

卞康全，盐城经济技术开发区步凤镇庆元村人，今年53岁。他家东边不远处就是盐南阻击战牺牲烈士安葬地——五条岭。1947年12月，2000多名指战员在那场战斗中壮烈牺牲，由于战事频仍，条件所限，先烈们连姓名都未能留下便被匆匆下葬，堆成五条长岭。从爷爷卞德容开始，卞家祖孙三代人守护五条岭烈士墓，70多年不曾离开。

“那年我8岁，父亲参与了掩埋烈士遗体。母亲搀着我就在旁边，告诉我，这些烈士都是为老百姓牺牲的，是我们最亲的人！”在卞康全父亲卞华心里，那是一段刻骨铭心的记忆。小时候，父亲常常带卞华去五条岭填土修坟。由于雨水冲刷，有的烈士遗骨暴露在外，他们就将遗骨整理好重新掩埋。后来卞华又带着卞康全，每年为烈士墓清除杂草，圆坟祭扫。

上世纪80年代，村里有人想把紧挨五条岭烈士墓北面的一块农田挖成鱼塘，这可急坏了卞康全一家。“如果鱼塘蓄水就会导致四周泥土坍塌，威胁烈士墓安全。”卞康全赶忙写信向有关部门反映情况进行制止，最终鱼塘没有开挖，烈士墓安然无恙。

2009年，五条岭烈士陵园建成。亲历盐南阻击战的原华野十二纵队战士徐宝顺来到这里，看到曾经的战友长眠于此，情难自禁，然而让老人欣慰的是，卞家三代人情牵革命烈士，一直在默默守护五条岭。

“多亏卞康全的帮助，才找到二伯的安葬地。”今年清明节，扬州江都的寇卫东老人来到五条岭凭吊寇福贞烈士，圆了全家几代人的心愿。

“烈士肯定有亲人，我要尽最大可能为烈士找到亲人，让烈士魂归故里。”除查阅大量历史资料外，卞康全还与盐城、淮安等地党史、民政部门取得联系，收集整理出836名安葬在五条岭的烈士姓名和资料，并通过建立苏北烈士寻亲微信群，与烈士亲属保持联系。卞康全有5本厚厚的来宾登记簿，上面记录着2010年4月以来每一位到五条岭寻访的烈士战友及亲属。

“卞康全一腔热忱收集盐南阻击战史料，完善烈士生平资料，丰富了盐阜地区的红色文化。”市委党史办副主任吴建新说。①

这篇消息用了时间结构，娓娓道来。首先，导语描述了新闻的核心内容，告诉读者这篇报道写的是什么，然后按照新闻发生的时间顺序来展开新闻内容。为减少读者阅读过程中的疲惫感，消息中部插入了“五条岭烈士墓北面挖鱼塘”这个事件，增强了作品的节奏感，同时体现了卞康全一家对烈士墓无微不至的关照。

金字塔式结构的不足体现在以下几点：

第一，平铺直叙，平淡无味。除去少数叙事技巧高超的记者，多数记者采用金字塔结构写作时常常使新闻报道显得寡然无味、平淡无奇，难以吸引读者。由于结果、结论和关键性的焦点信息被置于篇末，加上篇幅相对较

① 孙凤志、王谷雨：《农民卞康全一家三代守护五条岭烈士墓70余载　收集836名烈士资料　替98名烈士找到亲人》，《盐阜大众报》2018年6月29日。

长，缺乏耐心的读者可能不愿意坚持读到最后。

第二，篇幅较长。由于要保持故事的完整性，一些相对次要甚至是多余的字句在所难免。

第三，节奏慢、冗余信息多，是金字塔结构最大的问题。从目前的新闻实践来看，金字塔结构在新闻报道中使用比较少，尤其是在硬新闻中，基本上不使用金字塔结构报道新闻。从某种意义上说，在硬新闻的写作中，金字塔结构的理论意义大于实践意义。

3.泛倒金字塔结构

所谓泛倒金字塔结构，是指导语按照倒金字结构的要求写作，新闻主体部分采用其他的结构形式安排和组织新闻事实材料的新闻结构形式。

这种结构形式要求在导语中必须将最具有新闻价值、受众最关心的事实告诉读者，即严格按照倒金字塔结构的要求写作。导语之后，新闻的主体部分可以不按照倒金字塔结构的要求安排和组织事实材料，不必根据事实的重要性程度或受众关心程度依次递减的次序展开报道，而是根据事实本身所固有的逻辑关系、事实材料自身的特点来安排和组织事实材料，也可以根据记者比较熟悉和擅长的结构形式来写作。

新闻事实（包括新闻背景）不是毫无关联、杂乱无序地随机混合在一起的，而是按其内在的规律有机地组合在一起的。事实之间的有机联系即逻辑关系主要表现为主次关系、并列关系、对比关系、因果关系、递进关系等。例如：

（1）根据主次关系安排新闻主体结构。这种结构式是典型的倒金字塔结构形式。

（2）根据并列关系安排新闻主体结构。根据事实之间的并列关系安排新闻主体的结构，是指新闻主体的各个事实之间呈现为并列关系，各个事实材料之间没有主次轻重之别，各个段落层次之间相对独立、平等，可不分先后顺序。

（3）根据对比关系安排新闻主体结构。根据事实之间的对比关系安排新闻主体的结构，是指新闻主体的事实（包括背景）之间存在反差，反差越大，对比的效果就越好。对比彰显新闻事实和背景的本质意义，突出新闻事实和背景的特征，也使新闻价值更加凸显。在这种对比关系中，既有新闻事实之间的对比，也有新闻事实与背景的对比，还有背景与背景的对比。

4.沙漏型结构

该结构属于泛金字塔结构的一种,又称为“双金字塔结构”。它是按照新闻发生的时间进程展开新闻内容,也被称为纵向结构。它的特征是按照新闻事件的自然进程,以时间为主线,描述新闻事件的全貌。这种结构的开始部分与倒金字塔结构非常近似,也是要有一个描述新闻核心内容的导语,然后按照时间的顺序,构造新闻主体,展开对新闻过程的叙述。

这种结构通常用于时间进程的标志比较明显的新闻事件的报道,如犯罪新闻、灾难新闻、事故报道,或有戏剧性情节的新闻事件。它最突出的优点是能够非常清晰地向读者展开新闻事件发展变化的各个时段的状态,便于读者对新闻事件有完整而详尽的了解。此外,使用这种结构的新闻报道也往往会因其顺应时间发展进程、报道形式上的高度客观性,产生一种真实记录正在形成的历史的功效。

沙漏型结构的缺点也比较明显:按照时间进程叙述新闻事件的过程,很容易让读者有疲劳感。如果不是非常有吸引力且不足以让读者顺着时间顺序读下去的新闻事件,就要慎用这种结构。

运用这种结构需要识别新闻事件在时间顺序中的起伏波澜,找出新闻事件在发展进程中的特点、高潮,从而形成对读者的吸引力。

二、消息的结尾

在通常情况下,消息的结尾是自然收束。例如,在倒金字塔结构的消息写作中,记者总是把相对不重要的新闻材料放在最后,这样,编辑就能够根据空间的需要进行删节,在这种情况下,结尾也就是新闻性最小的部分。不过,这种常见的结尾方式已经随着报道结构的整体变化发生了很大变化。一位普利策奖得主说过:“我总是把一条好的引语奖励给那些能够读到最后的读者。”这个说法虽然显得有点主观,但记者们的确越来越重视结尾的作用——“余音绕梁,三日不绝”。

(一)消息结尾的作用

结尾是一篇文章的自然收束。对于消息来说,结尾并不是其必不可少的构成部分。一部分消息在叙述完新闻事实以后戛然而止,给人以干脆利落的感觉。在这种情况下,不加结尾是明智的选择。但对于为数不少的消息,结尾写作还是能发挥其应有的作用。

在一部分消息中，结尾发挥的作用主要有：

(1)对新闻事实加以概括。

(2)对全文报道进行升华。

(3)对事实的新闻价值和隐含意义进行点化。

(4)就报道事实加以引申，以此启发受众思考。

(5)对前文所报道的新闻事实加以补充等。

(二)消息结尾的写作方法

1.背景性结尾

在报道末尾引入富有意味的背景资料，为读者提供耐人寻味的思考空间，是不少记者钟情的结尾方法。例如，美联社记者在消息《载有88人的客机在洛杉矶西北部海域坠毁》中，在详细地报道了此次事故的所有情况之后，用一组背景资料结束报道。

> 据 Airsafe.com 所提供的资料，该航空公司在70年代曾经发生过两次飞机失事，地点全都在阿拉斯加。1971年，一架波音727-100因接收了错误的导航信息，在接近朱诺市时撞在一座山的斜坡上，机上104名乘客和7名机组人员全部遇难。1976年，一架波音727在凯奇坎着陆后冲出跑道，一名乘客死亡。①

这组资料非常客观，但意味深长。在消息写作中引入类似的背景资料，可保证报道仍然建立在客观的基础上，同时又提供了有意味的“远景”，每一位读者都可以联系这一“远景”对新闻做出自己的解读。

2.描写性结尾

有的记者会使用极具影像效果的场面描写来结束自己的报道。《华尔街日报》记者在报道《AT&T董事会面临混乱，转而寻找新的首席执行官》的结尾部分写道：用一位当事人的话说，就目前来看，“AT&T公司就像一个没有引导的导弹，没有人知道它在哪儿爆炸或什么时候爆炸”。

精彩的直接引语是记者最为珍视的材料，即使在匆忙写就的消息中，一些记者也总是设法把最有力的直接引语安置在报道末尾，以给读者最后留下鲜明深刻的印象。这一招的确非常有效。

---

① [美]杰里·施瓦茨：《如何成为顶级记者》，曹俊、王蕊译，中央编译出版社2003年版，第13页。

3.评论式结尾

在消息写作中，评论式结尾是比较少见的，这是因为消息比其他新闻体裁更强调客观性。不过，仍然有一些消息成功地运用了评论式结尾，而且并不显得主观和突兀。

第二次世界大战时期，《纽约先驱论坛报》战地记者霍默·比加特(Homer William Bigart)就在《900架“超级堡垒”给日本人最后一击》中写道：

> 漫天的大火吞噬了熊谷和伊势崎。日本对和平协定的迟钝反应使它付出了两个城市的代价。

显然，最后的这一句完全是记者本人的看法，但是因为它所依据的是无争议的事实，因此这样的持平之论显得水到渠成、顺理成章。

第五节　消息作品案例分析

〔案例一〕

告别“同命不同价”！

评析：标题短小精悍，短句加感叹号的使用，增加了标题的力量感。只用七个字便直截了当地概括了整个文章的主要内容，这样抽象的表达又会使读者思考到底什么是“同命不同价”，设下悬念的同时，增加读者的阅读兴趣。

告别“同命不同价”！广东省高级人民法院24日上午发布了《关于在全省法院民事诉讼中开展人身损害赔偿标准城乡统一试点工作的通知》(以下简称《通知》)。农村居民受害人可获赔的“两金一费”(残疾赔偿金、死亡赔偿金、被扶养人生活费)数额，从此将有较大幅度提升。

评析：这则导语是对标题内容的补充，一开始便先声夺人地回答了标题中所设的悬念——“同命不同价”是什么，我们如何告别它。第一句虽是对标题的重复，但并不累赘，反而强化了作者对此事的态度。整段导语简明扼要，内容丰富，包含了时间、地点、人物、事件等诸多新闻要素。

《通知》打破了目前存在的城乡差异局面，明确了统一标准，实现了“一视同仁”。《通知》明确：2020年1月1日以后发生的人身损害，在民事诉讼中统一按照有关法律和司法解释规定的城镇居民标准计算残疾赔偿金、死亡赔偿金、被扶养人生活费，其他人身损害赔偿项目计算标准保持不变。

评析：第二段是对导语内容的进一步阐释，对消息的核心事实进一步展开。第一句是本段的中心句，一语中的，讲明了这个《通知》出台的意义。第二句用白描的语言，直接叙述事实，解释这起新闻事件中最引人注目、最重要的新闻内容。

现行司法实践中，“两金一费”因城乡居民不同身份采用不同计算标准，导致赔偿数额差异较大。根据《广东省2019年度人身损害赔偿计算标准》，2018年广东省（深圳、珠海、汕头除外）城镇居民、农村居民年人均可支配收入分别为42066元、17168元，相差达2.45倍；年人均生活消费支出分别为28875元、15411元，相差达1.87倍。也就是说，同样的人身损害，城镇居民获赔，有可能分别是农村居民的2.45倍和1.87倍。

评析：这一段是对新闻背景的补充，通过对现行司法实践情况的描述，对比城乡居民人身损害赔偿数额，凸显农村居民在现行赔偿体系下的劣势地位。引用《广东省2019年度人身损害赔偿计算标准》几组数据，也说明了“城乡差距大”的现实和告别“同命不同价”的现实意义。新闻背景和数据都不是消息必需的，但若利用得当，会起到非常好的作用。

以广东省某起机动车交通事故损害赔偿责任纠纷为例，35岁的农村居民王某被机动车碰撞身亡，双方承担事故同等责任，王某生前与另一人共同抚养其60岁的母亲。按照2019年度农村居民人身损害赔偿计算标准，其近亲属可获得死亡赔偿金20.6万余元，其母亲可获得被扶养人生活费9.2万余元，两项合计29.8万余元。若按照城镇居民标准计算，死亡赔偿金为50.4万余元，被扶养人生活费为17.3万余元，两项合计67.7万余元。赔偿权利人获得的赔偿数额增加了37.9万余元，达2.27倍。

评析：第四段是对新闻背景进行解释分析。引用广东省某起机动车交通事故损害赔偿责任纠纷，通过举例说明，更加直观地表现了《通知》施行前后对农村居民的影响。通过为读者算账的方式，一方面，拉近了与读者的关系，使冷冰冰的通知变成了有人情味的传达；另一方面，使读者更能感受到这项措施的巨大红利和政策背后所蕴含的社会意义。

“开展人身损害赔偿标准城乡统一试点，是人民法院深化司法体制改革，为促进城乡融合发展提供司法服务和保障的根本要求，也是平等保护受害人的生命权、健康权，更好地实现公平正义的重大举措。”广东省高院副院长谭玲告诉记者："试点期间，受诉法院将在立案、审理环节向当事人主动释明统一适用城镇居民赔偿标准，平等、充分地保障当事人诉讼权利。"

评析：消息用直接引语结尾，起到了画龙点睛、升华主题的作用，新闻的客观性使记者无法直接抒发感情、表达观点，只能假借他人之口表达自己立场。记者直接引用广东省高院副院长谭玲的话，首先肯定了政策的重大意义，又对政策具体的实施环节进行补充。

赏析：

一、选材出彩，兼具新闻价值和社会价值

这是一篇见微知著的消息，以小切口洞察大变革，呈现了重大的时代主题。它第一时间向受众展现和解读广东省高院的一条新规，以"平等保护城乡居民权利"这一贴近民生的切入点，呈现了三个重大的时代主题：一是反映了深化改革特别是司法体制改革取得的成果；二是从个例中践行了"中华人民共和国公民在法律面前一律平等"的宪法精神；三是弘扬了"平等"这一社会主义核心价值观。

二、简单明了，结构清晰

消息通篇约 820 字，但消息内容深刻，分析透彻，说服力强。采用倒金字塔结构，安排合理。标题紧扣主题，引人入胜；导语简短而清楚，补全了标题未展开的具体事件。正文部分首先展开《通知》内容，交代最新事实；然后介绍新闻背景，从整体态势介绍和个人案例分析阐述原有情况，最后以直接引语作为补充，升华主题。整篇文章结构完整，而且很好地突出了各个事实的重要性。

〔案例二〕

从受触动到行动　知识改变命运

629 户人的藏乡走出 359 名大学生

评析：标题采用双行题的形式，肩题"从受触动到行动　知识改变命运"表明了文章的主要内容和主题思想，主题"629 户人的藏乡走出 359 名大学生"是肩题的结果和文章具体内容，两组数据运用对比的手法突出强调了该藏乡的升学率之高，能极大地震撼到读者。

本报讯："这两年，别人想在我们村寨娶走个媳妇都难。"3 月 25 日，记者在阿坝州若尔盖县求吉乡采访时，噶哇村村委会主任仁卓的一句感慨引起了记者的注意。为何难？原来，村里年轻人不少都出门上大学去了。全乡共629户人，近7年间已有235人从大学毕业，还有124名大学生在读。

评析：这属于描写式的延迟性导语，以直接引语开头，一语道出求吉乡与其他地方的不同，激发读者阅读兴趣；随后，巧用设问形式，自问自答，以一组数据精确表明了求吉乡当前的教育现状，以小见大，说明当地重视教育成果显著。

求吉乡地处若尔盖县和甘肃省迭部县交界处，只有7个村、21个自然寨，却是全县走出大学生最多的乡镇。乡党委书记张建荣说，乡里不少学生考进了中央民族大学、四川大学等知名大学，还出了全县第一个留学生。

评析：进一步介绍求吉乡的地理位置和发展概况，让读者增加了解，并引用乡党委书记张建荣的话举例说明求吉乡学生的优秀。

一个偏远的藏区乡，为啥能培养出这么多大学生？

张建荣介绍，20世纪末，求吉乡村民组建了潘州物流车队，走南闯北跑运输。眼界打开后，不少村民才发现，由于自己文化程度低，做事受限，于是空前重视起子女教育问题来。

下黄寨村村民尼美多吉开货车已有20年，“我小学二年级都没读完，好多路牌认不到，找路很不方便”。同村的巴千学不认识几个字，跑运输时要记录饭店电话，就在电话本上画个碗和筷子，再记上数字。尼美多吉一家省吃俭用，支持独生女儿罗措考入了阿坝师范学院。巴千学的儿子多吉扎西已大学毕业，正在自己创业搞现代农业。

评析：先提出问题，承上启下地引出下文对高升学率原因的解释。首先是村民自己对教育问题的重视，在这里引用乡党委书记的话比较有权威性和说服力；随后，举尼美多吉的例子进行了详细说明，直接引语和“就在电话本上画个碗和筷子”细节的运用，鲜明表现了上辈人文化水平低的情况。

近年来，对国家和省里的“两免一补”“9＋3”免费职业教育等政策，求吉乡党委、政府大力宣传，让家家知晓。每年6月1日，乡上召开群众大会，以藏族的最高礼仪给尊师重教的好家长和爱岗敬业的好老师献上哈达，给品学兼优的好学生发放学习用品。连续多年，求吉乡的入学率、巩固率、升学率均保持在100％。

求吉乡并不富裕，村民们千方百计筹措教育费用，有的不惜卖掉家中全部牦牛。

去年夏天，上黄寨村召开了一次村民会议，议题是：把重视教育列入村规民约。原来，比起邻近的苟哇村、下黄寨村，上黄寨村的大学生较少。村民们商定，凡是有人考上大学，村里都给予1000元奖励，每户村民还要各凑一两百元给他们当学费。

社会各界也伸出援手。由退休干部牵头成立的求吉乡教育助学协会，募集爱心资金70余万元，已对全乡所有在校大学生进行了资助。

评析：这几段说明了政府政策补助、村民自助、社会救助三方面对求吉乡教育发展的助力作用。内外因一同促进了当地重视教育良好效果的产生。

据初步统计，求吉乡的大学生毕业后，少数去了成都等大城市，约90%的人回到了阿坝州工作，成为教师、医生、公务员、技术员，其中科级干部已近百人，求吉乡成为阿坝州双语干部的一个摇篮。

29岁的更巴措是苟哇村人，她从绵阳师范学院毕业后主动回乡当了一名小学语文老师，"希望帮助更多孩子走出藏寨"。

评析：交代了大学生的毕业去向，"返乡"成为主要潮流，求吉乡大学生逐渐成为阿坝州各项工作中的重要力量。更巴措的案例画龙点睛，更传递出"教育传承"这一主旨。

赏析：

从结构上看，此消息属于倒金字塔结构，文章开篇便把最重要的事实传递出来，围绕"629户人的藏乡走出359名大学生"的新闻事实，对其原因和背景层层剖析，由表及里，通过对悬念的设置与揭秘，带给读者知识改变命运的启示，素材丰富，结构紧凑，"讲故事"的叙事方式也增强了文章内容的可读性。

从主题上看，这是一篇以小见大的典范，站在平民视角处理新闻，用读者喜闻乐见的方式阐释主题。虽讲述的是藏乡走出众多大学生的故事，但中心主旨落在"教育传承""知识改变命运"上，揭示了人才培养的重要意义。

第五章　事件性消息和非事件性消息的写作

第一节　事件性新闻与非事件性新闻

一、两类新闻的含义

按照《新闻学大辞典》的解释，事件性新闻为："以一个独立的新闻事件为核心而展开的新闻报道。它十分强调新闻的时效，其新闻价值与生命力同及时密切相关，要求迅速地反映新闻事件的发生、发展。事件性新闻包括大量的动态消息和现场特写性新闻等。它要求记者有高度的新闻敏感，闻风而动，尽快准确地把握事件的个性特征和本质，迅速简明地加以报道。必要时可用连续报道。"非事件性新闻为："对一段时间内或若干空间里发生的诸多事实、情况、事件的综合反映，揭示带有分析性、启发性的总体性情况、倾向或经验等。非事件性新闻的特点是点面结合，以点证面，以面为主，反映事物发展变化中的阶段性、倾向性、经验性或典型性。典型报道、综合消息、经验消息、述评消息等属之。非事件性新闻的时效要求较为宽松些，但也要尽力找寻和体现新闻根据（由头），善于利用新闻发布的契机。"①

二、两者的一般性区别

区别事件性新闻与非事件性新闻，对于新闻写作来说，有着重要意义。它们的不同之处可概括为以下三个方面：

---

① 甘惜分主编：《新闻学大辞典》，河南人民出版社 1993 年版，第 161～162 页。

（一）区别之一：点与面

当报道只反映一个点的情况时，或者说一个点足以构成新闻价值时，这就是事件性的。当一个点不足以构成新闻价值，必须依靠多个点来完成时，按几何学的原理，三个点可构成一个面，它就是非事件性的综合性报道。事件性新闻与非事件性新闻的根本区别在于前者所反映的是一个“点”，后者所反映的是一个“面”。

这里所说的“点”与“面”既有时间上的意义，也有空间上的意义。从时间上来说，事件性新闻的时间跨度不大，即使是一些时间稍长的连续报道的题材，它的时间起始和终止都是可辨的；而非事件性新闻的时间跨度往往较大，并且大多数情况下它的时间起始与终止都不甚明晰，没有截然可分的标志。

从空间上来说，事件性新闻的空间就是一个点，涉及的范围不大；而非事件性新闻涉及的空间较广，是对一个大面积的情况的反映。在表现方式上后者比前者要恢宏、概括。

事件性新闻表现某一个点，用美国新闻学学者沃尔特·李普曼（Walter Lippmann）的话来说，“是对一种突出的事实的报道”。这个事实与别的事实相比较，其个性特征非常明显。一只母鸡一天下了三个鸡蛋，这就与众不同，其意义是独特的。非事件性新闻表现某一个面，是将众多的“点”的共性加以揭示，从个别中发现一般。后者“面”的意义，不仅体现在所报道的题材之广上，而且也体现在所揭示的问题意义具有代表性上。

大多数非事件性新闻实际上是由多个事件性的“点”构成的。独木不成林，这些“点”往往单独构不成报道价值，而当多个“点”构成一种现象、一种社会动向时，就有了报道的价值。有一种特殊情况值得一提，如果某一个“点”能一斑窥全貌式地反映“面”，这样的内容也可算作非事件性报道。如毛泽东的《中原我军占领南阳》，表面上看，是一则事件性新闻，是报道我军又攻占一城的消息，但仔细琢磨，又不仅如此，它以“占领南阳”这一事实为契机，充分展示了当时战事的全局。换言之，占领南阳是我军走出的一步棋，由这一步棋我们再来看全盘战局。所以这种写法的综合消息，其重心并不在所“借着的题目”上，而在于它所引出的全局性内容上。这与事件性新闻重心在事实本身是不一样的。

有些非事件性的报道因为涉及面太广，只能用抽取样本的办法来表现。

抽取的样本就是反映面的情况的诸多的“点”。为了尽量缩小样本值与总体值之间的差距，样本量也是一个较大的数。报道中往往是将这些点加以概括，消除各个点的个性差异值，取它们的共性平均值，以此来表现面的情况。如《河南日报》2012年的一则报道：

火车站见证兰考经济变迁

本报讯（记者　童浩麟）　12月2日下午3点15分，兰考县南彰镇徐洼村村民李麦花在新疆摘棉94天后，乘坐K1352次火车回到了兰考。

94天挣了6100元，比去年少了2000元。“今年全国涌到新疆摘棉的人有70多万人，比去年又多了10万。”李麦花说。

“今年兰考到新疆摘棉的明显减少。”兰考县火车站总支书记何金峰说，“从火车站出发摘棉的约为1.8万人，比去年少了8000人。”

兰考县劳动和社会保障局统计数字显示，在2008年达到18万人次峰值以后，兰考劳务输出总数逐年回落。今年前10个月，兰考就地转移劳力6万人，本地就业和外出务工人数比例达到了74∶26。

“兰考的劳务经济，已从劳务输出进入到回乡创业和带动就业层面。”兰考县劳动和社会保障局局长孔留书说，“劳务经济的变化和本地经济发展密不可分。”

自2008年起，兰考县委、县政府每年春节都举办“返乡创业明星评比活动”，在评出的52名创业明星中，无一不是上世纪90年代从兰考走出去的务工人员。

第五届创业明星古顺风回报家乡的是投资1.5亿元的生态农业科技园。“公司已促使2500亩土地实现流转。”古顺风说，“1亩地2万元的效益，完全可以让村民不出村就挣钱。”

在古顺风生态农业科技园打工的城关镇姜楼村村民有470人，人均月收入1600元。“在家门口就能养家，还能顾家，俺咋还会舍近求远外出打工呢?”村民齐庆竹说。

“兰考火车站虽然是陇海铁路线上一座普普通通的县城车站。但却见证了兰考人民生存的几次改变。”焦裕禄纪念园管理处副主任董亚娜说，“1962年焦裕禄来兰考的第一天，在火车站看到外出逃荒的群众直流泪。上世纪90年代，百姓又一次坐上火车离开兰考，兰考进入劳务输出时代。”

“17年共介绍了2万多人外出打工。”作为兰考最早从事劳务输出的游富田说，“因为本地企业发展快，群众都坐着火车又回来了。今年我就不再介绍劳务外出了。”

“随着当地企业用工越来越多，企业用工空岗、用工备案在我局频率越来越快，从2010年的一年4次，发展到现在的一月一报。”孔留书说。按照规划，未来5年，兰考企业将全部消化本地富余劳动力。

2011年，兰考县财政一般预算收入完成5.1亿元，同比增长76%，由2008年的全省排名第103位上升到第42位；固定资产投资完成63.5亿元，增长30.7%，增幅居全省10个直管县第一位。①

这是对兰考县经济发展这一面上的情况的大规模综合，抽取的样本构成的一个“面”，与现实生活中的“面”大致对应。

（二）区别之二：速变与渐变

新闻提供的是事物变动的相关信息。

世界上万事万物都处在变化之中，没有绝对的静止之物。但事物变化的情况是不同的，按其变动的幅度，可分为速变型和渐变型两种。速变型的内容一概都是事件性的，渐变型的内容则是非事件性的。

速变型的内容很明显，发生变动的时间大都不长。特别是以突变形式出现的事实，其变动更是强烈，往往是在某一个瞬间即可完成。速变型的内容，西方称之为“纯新闻”。如果是时间延得稍微长一点的题材，其“点”的移动轨迹也清晰可寻，这样的内容可作分段报道或连续报道，其题材性强，有头有尾。

非事件性的内容，因为是一种“面”上的大面积变动，往往不以突变和速变的形态出现。并且，从何时开始发生变化，到何时变化终结，都不是那么清晰可把握的。一些纵向性的综合新闻内容涉及的时间跨度大，记者将漫长的渐变过程加以浓缩，以若干个体现变动的关节点来展示渐变轨迹。如范敬宜在1995年国庆前夕所写的一篇体现“变”的报道《过去统计“有” 现在统计“无”》：

8月24日，记者在报社与来自辽西贫困山区的建昌县委宣传部长王佑民相遇，随便问起现在全县农村拥有多少台电视机，不料，回答竟

① 童浩麟：《火车站见证兰考经济变迁》，《河南日报》2012年12月3日。

是:“你这个问题的提法过时了!”

“现在的统计方法改变了。”王佑民说,“过去是统计‘有’电视机的占多少,如今已经改为统计‘没有’电视机的占多少。”

统计方法的改变,是因为电视机在这个穷县的农村已经基本普及,没有电视机的农户反而成为极少数,统计没有的户反而容易了。

据王佑民事后提供的数字,1984 年,全县有电视机的农户只有 4560 户,占 3.8%;现在倒过来了,有电视机的人家已达到 12.28 万户,无电视机的户只剩 8.7%。

记者后来通过长途电话询问王佑民,全县最偏僻贫瘠的二道子乡情况如何,因为记者当年曾在那里生活过。这位宣传部长很负责地派专人到那里逐户统计,然后打电话报告结果:无电视机的农户只剩 10%。

记者放下电话,百感交集。80 年代初,这个乡的农民不但不敢想象有电视机,连一台最简单的半导体收音机也没有。当年一位生产队长的儿子进城,上午一早来到亲戚家,第一次看到半导体收音机很希罕,等亲戚下午下班回来,看到他还捧着半导体收音机盘腿坐在炕上听得入神,把要办的事都忘了。①

这篇报道将相隔 10 年的两个点摆在一起,两者之间落差大,虽是渐变过程,却让人看得很分明。

这类报道,对比是必用的手法,没有这种反差较大的对比,就构不成变化。如《从邮局看变化》就是将以前过年邮局职工忙于分拣副食品包裹,与“今年”忙于收订报刊这两者对比着写,由此来“看变化”。

这类报道的写作关键是要能找到可供对比的另一个点。一些新手之所以写不了这类报道,原因往往也就在于他感受不到这种渐变,他只看见现在的一点,心中没有可参照的另一点。如范敬宜写《两家子公社夜无电话声,早无堵门人》,记者夜宿两家子公社秘书办公室,夜间睡了一个安稳觉。如果换上一个新手,极有可能当成一件平常事,从何处可见变化?原来,农村实行联产承包责任制前,农村基层干部开展工作靠电话,一味追求表面形式下的生产指标,追生产进度的电话经常是没日没夜地响个不停。一大早,农民就因争贷款、领救济粮或民事纠纷前来告状或要求排解。现在能睡安稳

---

① 范敬宜:《过去统计“有” 现在统计“无”》,《人民日报》1995 年 9 月 13 日。

觉，当然反映了党的十一届三中全会以来的路线方针政策给农村带来了根本性的变化。

开拓性新闻所报道的内容更是人们日常生活中发生的微妙变化，特别是观念上的变化。这种微妙的、内心深处的变化是由外部世界的渐变长期培养起来的，同样也要靠对比才能感受到。

（三）区别之三：实与虚

事件性新闻是实，非事件性新闻是虚。这里所说的实与虚，有多重含义。从报道题材来说，事件性新闻是以实实在在的某一题材来支撑报道的主信息。事实中的功能性要素——何时、何地、何人，一个都不能虚，以确保其实有性；缺之，则令人生疑。

非事件性新闻则不然。报道中的某一个事实，不一定要提供所有的功能性要素，或者说，对事实的功能性要素的要求相对事件性新闻来说要松一些。在非事件性新闻中，新闻六要素中的时间、地点因素并不具备特别重要的意义。新闻的“新”，更多地体现在内容是否新鲜和是否具有新意上。

相机中上千张照片不翼而飞　买家诉小米公司索赔万元

北京晨报讯（记者　黄晓宇）　张先生称，他为了留下与儿子毕业旅行的珍贵纪念，在小米官网购买小米微单相机一台，岂料旅行过程中拍摄的上千张游览照不翼而飞，使得张先生及家人遭受重大精神损失，故张先生将销售商小米科技有限责任公司与生产商上海小蚁科技有限公司诉至法院，要求将小米微单相机作退货处理，赔礼道歉，赔偿往返路费、住宿费、景点门票费及精神损失等共计 13716 元。日前，海淀法院受理了此案。

张先生诉称，他的独生子恰逢小学毕业，一直很想去北京爬长城、游故宫，妻子与父母因故不能同行，嘱咐张先生多拍些照片，为此张先生特意从小米官网购置可拍摄 4000 余张照片的小米微单相机一台。后张先生陪同儿子在北京游览多天，并拍摄了上千张游览照片，本想与家人共享，孰料上千张照片不翼而飞。

原告张先生认为，上千张照片如果一张张删除，没有个把小时是不可能的，照片突然丢失只可能是相机在某个时刻出现故障致使卡自动格式化或执行了全部删除。此外，相机的无线 LAN 功能及视频拍摄亦存在问题。因此，张先生以相机存在质量问题在小米官网申请了 7 天无理由退货，被客服以是否存在误操作推脱，故诉至法院。

日前，该案正在进一步审理中。[①]

这是一则非事件性新闻，主信息是消费者质疑小米微单相机存在质量问题，从打官司的表象中挖掘新观点。文中提到一位张先生，但关于张先生的其他信息都未提供，可见有意在此将人物身份虚化。

开拓性新闻的题材更“虚”。开拓性新闻不是就现成的新闻事实写出来的报道，而是经过抽样检测、数据分析等社会测量的手段，主动地将一些处于较深层次的、人们无法直接观察到的社会内容经过“显形处理”后写出的报道。按客观主义的报道原则，“只有外显的才是客观的”，才能成为报道对象。而开拓性新闻则以西方“精确新闻学”的理念为依据，淡化事物的个体特征，将大量个体的某一方面的具体内容抽象为一般性的东西，以数据的形式高度概括地表现出来。

从报道的主信息的性质来看，事件性新闻的信息以实为主，非事件性新闻的信息以虚为主。按喻国明的说法，报道中的单元新闻信息既可以是事实，也可以是情感、道理、意境等较抽象的内容。我们将前者称为“实信息”，后者称为“虚信息”。这个“虚”不是虚无，而是一种思想、一种观点，以往划分的经验新闻、述评新闻和综合新闻均具有这种性质。所以，实信息与虚信息正好对应了事件性新闻与非事件性新闻中主信息的特征。支撑事件性新闻主信息的，是一个完整的新闻事实，这个事实本身就是报道的主信息。而非事件性新闻的主信息总是一个超越具体题材的主题性的信息，经验新闻、述评新闻和综合新闻都是如此。如经验新闻，它报道的经验越是能摆脱行业局限就越具有普遍意义，从而也就越具有典型性、代表性，因而也就越具有指导性。非事件性新闻要求“以点证面”，实际上就是以实证虚，或“以大量事实阐述经验”；或从具体事实入手，就事论理；或围绕某主题来组织材料，如综合新闻又被称为“组织性新闻”，说的就是主题性信息在报道中的中心地位与核心作用。

从历史的角度来看，事件性新闻集中体现了客观主义报道的理念和准则。它以反映事实为宗旨，记者不应对事实进行主观评价。这样，它所传递的主信息以“实”为主就不足为怪了。而非事件性新闻对记者的主观能动性

---

① 黄晓宇:《相机中上千张照片不翼而飞　买家诉小米公司索赔万元》,《北京晨报》2018 年 10 月 4 日。

的限制要小得多，在采集事实上既可以围绕某一主题来选取和组织材料，也可以去开拓深层次的材料。这些都直接或间接地体现了西方新闻流派中“新新闻主义”“精确新闻学”“调查新闻学”等理念。这些理念恰恰都是对客观主义原则过于强调报道的“实”所作的修正。所以，它的“虚”的特性也就好理解了。

事件性新闻与非事件性新闻的种种区别，决定了两者在写作上的不同。反过来说，掌握了两者在写作上的不同也有利于在报道中把握好这两类题材的本质属性。

第二节　事件性消息的写作

事件性新闻具有明显的时间、地点、相关人物、主要情节及其直接原因的限定，它是由清晰的新闻要素构成的完整的新闻性事件，是客观环境发生突变的明显标志。新闻性事件所具有的这一性质，使事件性新闻报道成为新闻媒体关注的热点，也成为各界受众关注的热点。具有新闻价值的事件是新闻记者日常报道的主要对象，消息是报道事件性新闻的主要新闻体裁，动态消息、简讯、标题新闻常常用于事件性新闻的报道。

所谓事件消息，是指针对新近、正在或即将发生的事件的简要报道。之所以是“简要”，是因为要与事件通讯相区分。一般地说，消息在1000字以内，正文不用小标题；通讯则是1000字以上，多在正文中使用小标题。

一、事件消息的特点

(一)短、平、快

事件消息要求迅速报道新闻事件，因此快速、简短、简洁是其重要特点。随着技术的发展，时下的新闻报道早已从TNT(Today News Today，今日事今日报)向NNN(Now News Now，现在事现在报)转型。一件事发生后，往往在几分钟内(甚至即时)就通过广播、电视、手机和网络等媒体周知天下，只不过在体裁选择方面，多数以一句话新闻、简讯等形式呈现。

为什么要快？新闻报道的一个重要功能是消除信息的不确定性。美国心理学家G.W.奥尔波特提出了如下流言传播公式：

$$R=i\times a$$

其中 R 是指流言(Rumor),i 是指所传流言对传者的重要程度(Importance),a 是指所传流言的模糊度(Ambiguity)。

由此可见,如果重要事件没有及时报道,极有可能导致流言(甚至谣言)四起。这里有一个抢时效的好案例。

巴格达响起空袭警报

2003 年 3 月 20 日北京时间 10 点 33 分 50 秒,新华社发出了这条报道伊拉克战争爆发的快讯,领先美国有线电视网(CNN)10 秒,快于法新社、美联社、路透社,在全球媒体时效战中夺得第一。

这条快讯,是新华社伊拉克籍报道员贾迈勒通过海事卫星电话从巴格达发出的。发稿当天,新华社就以罕见的速度颁给他最高奖——社长总编辑奖,奖金 1000 美元。3 月 28 日,他被正式聘为新华社驻巴格达特约记者。

为了抢时效,记者大多采用快讯、消息等多种手法,目的只有一个:抢发新闻。这样的操作,有助于及时满足公众的知情权。

新闻姓"新",对新闻报道的消费者来说,新鲜是第一需求。除非特别需要,没有人希望去看旧闻。事件的报道要快,显然只有"短"和"平"才易实现。"短"是消息的特性,而"平"是指写作上用简笔。

(二)大多一事一报

由于篇幅限制,事件消息往往只写一件事。这既可突出新闻事实与信息的精要,又可使消息的篇幅短小、运转灵活,从而保证新闻时效。

比如下面这篇消息仅 600 字,却获得第 22 届中国新闻奖二等奖。

牧民开始用卫星放牧

本报 11 月 21 日讯(记者　哈丹宝力格　海鄰)"图门桑,牛群已离开您的牧场,在伊克尔湖东南约 3.5 公里处"。11 月 20 日下午,鄂尔多斯市杭锦旗牧民图门桑看了一眼手机上的短信,急忙骑上摩托,向着伊克尔湖方向疾驰而去。在卫星放牧系统应用之前,图门桑为了找寻在沙尘暴中迷失的牛群,曾在草原上转了整整 15 天。

目前,杭锦旗已有 4 个牛群、2 个驼群、1 个马群受到卫星的守护。卫星放牧系统开始在内蒙古草原逐步推广。

卫星放牧系统的一部分制成项圈套在牲畜颈上，一部分安置在卫星数据服务站，另一部分则是游走于浩瀚太空的卫星。华东师范大学专家王远飞说："运用遥感、卫星定位、地理信息化等技术的卫星放牧系统，在我国首次应用，必将推动我国现代草原畜牧业的发展。"

有关数据显示，2010 年内蒙古因灾死亡牲畜近 20 万头(只)。失去了看护的畜群，会在一场沙尘暴中惊慌失措，消失得无影无踪；会因突降的暴雪，刨不出一点干草，冻饿致死。图门桑说："一场大雪之后，你总会听说谁家的牲畜找不回来了，谁家的牲畜死掉了。"

杭锦旗农牧业局朝鲁介绍，卫星放牧系统应用之后，牛羊的移动路线一览无遗，会通过互联网或手机短信告知牧民。现在，畜群就像图门桑手里牵着的一只永远也飞不远的风筝，每隔三四天他才会去看上一眼。

科技逐渐将原本脆弱的畜牧业生产武装到牙齿，同时节省了养殖成本，减少了人力物力投入。图门桑不再雇人放牧，每月节省下 3000 元的支出。在失去牛倌的情况下，图门桑第一次不必和牛群紧紧拴在一起，多出了时间从事第二职业。他说跑运输每天可以给他带来 100 多元的收入。①

在这条消息中，我们看到有个案、有数据，但都是围绕"卫星放牧"来写的。将报道焦点集中于一件事，最大的好处是传播直接，给受众的印象深刻。如果事件消息中写了多件事，反而让受众无所适从，不知哪件事更有价值。

(三)客观呈现事实

在事件消息的写作中，要求"零度写作"，即客观呈现事实而不带个人的观点和感情，比如下面这条消息。

四名中国青年科学家在斯里兰卡"4·21"事件中遇难

新京报快讯据中国驻斯里兰卡大使馆官网消息，4 月 21 日，斯里兰卡发生系列爆炸恐怖袭击，造成重大人员伤亡，中国科学院南海海洋研究所派出的高级工程师李健(38 岁)、高级工程师潘文亮(35 岁)以及自然资源部第一海洋研究所派出的助理研究员李大伟(30 岁)、在读博士研究生王立伟

① 哈丹宝力格、海鄰:《牧民开始用卫星放牧》,《内蒙古日报》2011 年 11 月 23 日。

(28岁)不幸在事件中遇难。

4月18日、19日,李健等4人连同其他科考队友先后抵达斯里兰卡入住科伦坡金斯伯里酒店,拟登上即将在科伦坡港靠港的中国科学院“实验3”科学考察船,执行国家自然科学基金委的“东印度洋共享航次”和“中斯联合科考航次”科考任务。当地时间4月21日上午8时45分左右,金斯伯里酒店自助餐厅遭受恐怖分子自杀式爆炸袭击,正在集体用餐的李健等4人当场不幸遇难,另有5人不同程度受伤。

事件发生后,中央有关领导、王毅国务委员兼外长高度重视,第一时间作出重要指示。驻斯里兰卡使馆认真落实外交部工作部署,立刻启动应急预案。中国科学院、自然资源部、广东省委省政府、山东省委省政府等国内派出部门和所在地方高度重视,立即成立应急协调小组妥善应对。中科院、自然资源部派出高级别联合工作组第一时间赶赴科伦坡,和使馆同志一道开展工作。广东省委省政府精心组织,统筹协调有关单位、机场、医院等全力配合相关救治和善后工作。

经过连续数日的艰难工作,使馆、联合工作组及遇难者亲属最终找到并确认了4名青年科学家遗体,有关善后工作将于5月2日前告一段落。此前,所有伤员已在第一时间得到救治,并已顺利回国进一步治疗。“实验3”科考船及全船71人在完成停靠补给后也已顺利离开科伦坡港。

驻斯里兰卡使馆对恐怖主义野蛮行径表示强烈的谴责,对因公殉职的4名青年科学家表示沉痛的哀悼,对遇难者亲属、伤者及所属单位表示深切的慰问,对斯里兰卡各部门提供的大力协助表示衷心的感谢。斯里兰卡政府、斯驻华使馆也已通过各种方式就中方青年科学家遇难发来了哀悼和慰问。

青山处处埋忠骨,碧涛滚滚祭诸君。驻斯里兰卡使馆及两国相关部门将继续坚定推进中斯海洋科考合作,以慰藉逝者在天之灵。①

在这条消息中,虽然记者看到中国青年科学家不幸遇难,但在报道中却隐藏了自己的悲愤和惋惜,没有评论,在叙述上我们也看不到情绪化的文字,而是通过对事件的还原引述他人的评论来传播信息。

---

① 杨利:《四名中国青年科学家在斯里兰卡“4·21”事件中遇难》,《新京报》2019年4月22日。

二、事件消息写作的基本要求

(一)事件的基本信息要完整

事件消息在写作时最忌讳含糊其词,5 个 W 缺失严重,这样会严重影响公众对事件的了解。这是因为信息的基本要素越少,信息越模糊,传言产生的数量会越多。

比如,一个地方发生了持枪杀人案,如果我们的记者做如下报道:今天下午,×市×街××商场发生一起持枪杀人案,导致一人死亡五人受伤。目击者 A 说……目击者 B 说……目击者 C 说……这样的新闻传播出来后,极有可能引起公众大恐慌,因为公众不知道这个人现在身在何处,出门也有可能撞见他(她)并可能遇害。

从快讯的写作角度讲,上述写法尚可,但即便抢时效也应写下:记者将马上联系警方,详细信息第一时间发布等。

回到报道文本,在报道杀人案时,造成了何种后果当然很重要,但犯罪嫌疑人的身份特征、去向亦非常重要。这就要求记者采访时力求全面,也就是与事件密切相关的人物、机构都应尽最大努力采访。

以下这篇报道曾获第 22 届中国新闻奖报纸消息类三等奖。

787 死魂灵混进广东新农保

本报讯(记者　蒋悦飞)　死人也能参保并领取养老金?记者昨日从广东省社保局获悉,惠及千万广东农民的新农保参保人员中混进了 787 名已经死去的冒领者,他们早在参保之前已经入土为安,却突然“醒来”领起了养老金。

莫某,粤北一个小山村的农夫,1936 年出生,2010 年 8 月参加了广东新农保,然后领养老金一直领到今年 2 月份时,却被社保机构核查发现其人已经在 2004 年死亡。

黄某,粤东一个山沟的农夫,2010 年 1 月参加新农保,2010 年 12 月被省社保局查出其人在 1997 年 5 月 14 日已经死亡。

2009 年 11 月,广东省选定 14 个县(区)正式推开“新农保”试点,截至今年 4 月,广东已有 993 万农民参加养老保险,其中 214 万人领取养老待遇,分别比 2009 年底增长了 1.8 倍和 2 倍。特别是年满 60 周岁的广东老农们自己没花一分钱就过起了每月领养老金的生活,心里别提有多美。

暴风骤雨式的参保浪潮过去之后，广东省社保局开始仔细核查新农保数据。2011 年 1 月，广东省社保局通过省级基金核算系统数据与省公安系统信息比对，发现了一些蹊跷事：一些正享受着新农保养老金的参保人员，却早在参保之前已经死去，这样的人有 787 个。通过与省职工养老保险信息比对，查出在农保、城保两个制度内重复领取待遇的有 97 人。幸好，新农保刚刚启动，待遇不高，每人月均 55 元，涉及的金额 38 万。

然而，千里之堤，毁于蚁穴。启动不过一年多的新农保，今后所面对的将是 3800 万的应参保人员，而且分布在广东的 1236 个镇中。这种贪念如果不遏制的话，就凭区区几千个社保经办人员怎么可能将分布在偏远山村的冒领者一一揪出。而任其发展的话，刚刚建立起来不久的、还很薄弱的、却是今后几千万广东农民的养命钱又怎样保得住？①

这种大漏洞怎么会发生？冒领者要承担什么样的法律责任？这些是读完这条新闻后大多数受众都会产生的疑问，但记者的报道并没有回答这些问题。这篇消息还有一个大问题：文章最后记者直接跳出来进行评论。这有违客观报道原则。

（二）注意即时更新事件的进展

一般来说，事件是不断发展的，尤其是突发事件，往往情况变化很快，加之人们认知有限等，事件的真相往往需要一些时间才能浮出水面。

比如 2008 年发生的四川汶川大地震，对地震的级数就有一个认知变化的过程。

新华网北京 5 月 12 日电　据中国国家地震台网测定，北京时间 2008 年 5 月 12 日 14 时 28 分，在四川汶川县（北纬 31 度，东经 103.4 度）发生 7.6 级地震。

中新网 5 月 12 日电　经过中央电视台核实，北京时间 5 月 12 日 14 时 28 分发生的四川汶川县地震为 7.8 级。

中新网 5 月 18 日电　据中国地震局消息，在 5 月 12 日四川汶川地震发生后，中国地震台网中心利用国家地震台网的实时观测数据，速报的震级为里氏 7.8 级。随后，根据国际惯例，地震专家利用包括全球地

① 蒋悦飞：《787 死魂灵混进广东新农保》，《广州日报》2011 年 7 月 15 日。

震台网在内的更多台站资料，对这次地震的参数进行了详细测定，据此对震级进行修订，修订后震级为里氏8.0级。

由于是突发事件，对地震级数、震中、人员伤亡、财产损失等，均有可能认识不清或者统计不全，这是很正常的。对媒体来说，就需要拿到权威信息，并注意跟进事件进展，不断更新报道。

三、事件性新闻报道的关键问题

（一）敏锐感知

记者对于事件性新闻要能够敏锐感知，以便及时捕捉，迅速报道。事件性新闻的时效性极强，它的价值会随着时间的延迟而急剧降低。要想敏锐捕捉事件性新闻，就需要全面深刻地了解报道领域的情况，了解受众的信息需求，了解媒体的传播宗旨。只有这样，当一个具有新闻意义的事件出现时，记者的神经才能敏感起来，才能判断事件的价值所在。

（二）察其全貌

要了解事件的多面性、复杂性，对构成事件的各种因素进行深入细致的考察，不能只知其一，不知其二，只知其表，不知其里。

（三）深入本质

要注意事件产生的前因后果，揭示事件发展的因果关系和对环境的影响，而不是孤立地、静止地观察和报道事件。

（四）交代清晰

要用清晰的报道结构明确交代出构成新闻事件的各个要素，一清二楚地说明事件的现状、由来、趋向、与受众的利益关系及对环境的影响。不要给读者留下疑问、困惑，使读者产生误解。

（五）跟踪报道

新闻事件往往是事物发展过程中的质变形态，作为一个不断发展变化的事物，事件会继续发展变化。如果是对于受众的生存环境有重要意义的事件，记者就需要密切注视它的发展变化，对它的发展变化状况及时地跟踪报道,从而真实地反映客观环境的变动进程。

第三节 非事件性消息的写作

非事件性新闻往往是针对客观环境发展变化进程中呈现的具有新闻意义的趋势、问题、征兆所做的报道。与事件性新闻相比,非事件性新闻的时间与空间维度往往更为宽广,涉及的人物及因果关系往往更为复杂,它的任务通常是披露客观环境渐变过程中的质变意义。

一、非事件性新闻的报道方法包括

(一)建造起感知新闻的神经网络

在非事件性新闻的报道中,对于报道内容的认定更需要记者具有洞察力。在一般人对具有新闻意义的变动还没有感觉或者虽有感觉却未重视的时候,记者就能够看出变动的征兆、变动的趋势、变动会给人们的生存环境带来的影响,做出“月晕而风,础润而雨”式的预见与判断。

(二)在对比中展示新闻变动的意义

由于非事件性新闻往往是从事物发展的进程中发掘的,因此需要记者更加注重考察环境变动的历史与现实的状况,通过对各种事实的比较,说明和解释新闻性变动的实况与意义。

(三)用数据揭示新闻变动的意义

数据是一切新闻报道中说明新闻变动的重要依据。对于非事件性报道来说,数据具有更为重要的意义,因为数据可以为事物渐变过程的质变意义提供重要的证据。

(四)在因果关系中说明新闻变动的意义

在非事件性新闻的报道中,对于各个新闻要素之间因果关系的说明与剖析是十分重要的,它会直接帮助读者认识变动的缘由和意义。

(五)通过典型人物和典型事件披露新闻的意义

新闻中的关键人物和关键情节往往直接说明新闻的本质与意义,因此详尽细致地描述其内容可以让读者直面新闻的核心内容，触及新闻的实质，感受新闻的丰富性、深刻性、复杂性和生动性。

二、非事件性消息的写作

（一）多事一报式报道的写作

多事一报式报道中最为典型的是综合性报道，此外还包括常说的经验新闻、述评新闻，等等。在长期实践中，这类报道形成了一些相对稳定的写法。

1.借着一个适当的题目来写

这一写法是毛泽东提出来的。1948 年 11 月 5 日，毛泽东为新华社写下了消息《中原我军占领南阳》，消息发表不久后他写信给胡乔木，指出要注意写一些综合报道，“其办法是借着一个适当的题目如象占领南阳之类去写。并要各地分社负责人（普通记者不能写此类通讯）或党的负责人学会写这类综合性的报道。而我们是长久缺少此类报道的”[①]。

这类写法既适合于横向式的综合报道，也适合于纵向式的综合报道。学习这类写法，不妨就从《中原我军占领南阳》入手。它先报道“我军占领南阳”这一最新战绩，然后引用较多的背景材料，从三国时期曹操与张绣争夺南阳写起，一直写到在过去一年里敌方对南阳的重视。这些材料集中说明了南阳历来是兵家必争之地。因此敌军放弃之、我军占领之，其意义就不只是一城一地的得失了。然后，报道顺势展示了近期内两军军事形势的变化：我军在战场上连连取胜，不仅扩大了地盘，还补充了约 20 万的人员；不仅恢复和建立了稳固的根据地，还在这些地方实行了土改政策；“不仅是树木，而且是森林了；不仅生了根，且枝叶茂盛了”。

这则消息，粗看好像只是一则动态消息，报道最新的战况——占领南阳，但仔细分析，就会发现“占领南阳”只是一个导入口，作者只是借着这个题目，重心在于展示当时的整个战局，是一种借题发挥。

这种写法的特点是报道一个新近发生的事实，这一事实是该报道的一个重要内容，但报道的内容又不仅限于此。作者往往以此为导入，借题发挥，将此事件放入一个广泛的、纵横交错的背景中来展示，如此便形成了一种写作模式：以点带面，以一斑窥全豹。

---

① 《毛泽东新闻工作文选》，新华出版社 1983 年版，第 158 页。

在这里,“点”是新闻事实,“面”是新闻背景,是“点”上的事实产生的土壤。但是,在报道中,新闻背景成了全文所要窥视的“豹”,成了重点展示的对象。试结合下面这则消息来分析。

贫贱夫妻双双自杀(主题)

法国自杀率冠欧洲(副题)

法新社法国中部克勒蒙菲朗电(原电日期不明) 一对青年夫妻16日从这里的13楼的一个窗口跳楼自杀,自杀的原因是他们无法找到工作。法国失业大军多达170万人。

尚他尔·泰西和让·吕克·蒙特都才27岁,这对青年夫妻是法国最近突然上升的自杀率的牺牲者。法国自杀率高于欧洲其他各国。

全国人口统计局今天宣布,1980年法国自杀者多达1万人。换句话说,每10万法国人中便有20人自寻死路。

与法国自杀率相对照的是:1979年英国每10万中有8人自杀,意大利每10万人中有6人自杀。

这则消息中,表面上看是贫贱夫妻自杀身亡构成了报道的“何事”,但细看不难发现其真正的“何事”是法国的自杀率居欧洲之冠。这对贫贱夫妻的自杀只是这篇报道借到的一个“适当的题目”。

这种写法的好处在于它很好地处理了个别事实与全部此类事实的关系,满足了新闻个体真实与整体真实的双重真实。而这一点对于以展示“面”上情况为主的综合性报道而言是非常重要的。我们知道,报道“面”上的情况,如果只有“面”上的概括性材料,就会给人模糊空洞之感,难以让人感觉真实可信。只有“点”上的具体材料才能给人以实有、确凿之感。所以,综合性报道特别强调要做到“点”与“面”的结合,以“点”证“面”。“面”上的概括性材料一定要有“点”上的具体材料支持。这里就产生了一个问题:一个“面”究竟要多少“点”上的材料才能支撑得起呢?理论上来说,“点”越多越有证明力,但实际上这种简单枚举法往往是费力不讨好的。

一般的报道取三个“点”上的材料。以一个“点”上的事实来表现全局,一定要阐述好“一”与“多”的联系,简言之,就是揭示现象与本质的联系。

2.寻找一个新的“时间由头”来写

非事件性新闻的一个突出问题是,其时效性远不及事件性新闻强。因此,从写作技巧上来看,就要找一个新闻由头来解决报道的时间根据问题。

这个新闻由头，就横向式综合报道来说，往往就是报道中“面”上诸多同类材料中的一个。从材料的性质来说，它并不比其他材料更典型，其优势仅仅在于它是同类事实中“最近发生的”一个，满足了新闻报道的时效性要求。这个“事实”在报道中只起一个引导作用，故通常写在导语里。

对于纵向式综合报道而言，新闻由头就可能是事物新近出现的一个变动契机。如《“飞蝗蔽日”的时代一去不返》的导语为：“危害我国数千年的东亚飞蝗之灾，如今已被我国人民和科学工作者控制住了。我国已经连续10多年没有发生过蝗害。有关部门准备把这项重要成果推荐给全国科学大会。”显然，这项成果推荐给将要召开的全国科学大会成了一个报道由头。有了它，数十年的治蝗成果乃至数千年的治蝗史，都被牵引出来了。

从写法上看，它显然不是“以一斑窥全豹”的模式，而是以一“点”带出多“点”。更准确地说，是以一个最近的事实，带出过去的一系列此类事实。全篇报道是对此类事实的一个汇总式的展示。

与“借着一个适当的题目来写”最大的不同是，报道中所突出的那个“点”的地位是很不一样的。如果是作为一个“适当的题目”，这个事实就成了整个报道的依托，去掉这个事实，整个报道就立不起来。因为在这类报道中，它是唯一的“点”，是事实，“面”只是其背景。而如果只是作为一个“时间由头”，它所承载的任务就要小得多。

3.选取一个特殊的视角来展示

一个特殊的视角，有时对于观察事物会产生一种特殊的效果。对于报道内容多、涉及范围广的综合性报道，找到一个好的叙事视角是十分重要的。对于作者来说，是叙事的头绪；对于读者来说，是了解报道对象的一座桥梁，是吸引读者的兴趣点。

在纵向式综合报道中，特殊视角的选取更是巧妙地以小见大、以一个侧面表现全局的角度。如《京城吆喝今与昔》，其视角就是北京城里大街小巷的叫卖吆喝声，过去是唱“四季歌”，每个季节叫卖的东西是不一样的；如今是“交响曲”，长年菜不断，四季果飘香，看货物分不清春秋，听吆喝分不清南北。报道以此为突破口，展示改革开放带来的深刻变化。

又如《旧新闻里看变化》，以作者几次写“电视机新闻”的经历为线索，从我国市场电视机的供应销售情况，看十余年里我国改革开放所取得的成就。“第一次写电视，是1978年。那年末，在巴金名著《家》中露过面的成都商业场附近，一家电器商店出售日产14英寸黑白电视机，每台520元。那会儿，大多数职工每月拿40多元，看的人多，买的人少。一年下来，一亿人口的四川一共卖出电视机5300多台。”“谁知，才过了一年，先前门可罗雀的那家电器商店，深更半夜就排起了长队。这一年，四川省卖出电视机64500多台，比上年多10倍多，但仍然供不应求。”“当我忙过手头的其他稿子来写电视时，新闻性已经消失，黑白电视机到处可见、随意购买。一了解，人们的热情已经移向彩色电视机。”这篇报道一直写到彩电滞销。十余年间真是瞬息万变，令人目不暇接，人们生活水平提高之快可见一斑。

选取一个特殊的视角来展示，对于作者来说是一种智慧，对于报道内容而言，视角是一个“阿基米德支点”，有了它，作者可以举重若轻，四两拨千斤，巧妙地对重大题材做出新颖别致的报道。

4.直接展示“面”上的材料

直接展示“面”上的材料，这种写法适合于横向的综合报道。这类报道所综合的“面”一般都相当广，涉及的材料范围大，是由许多一般事实构成的。作为“点”的事实材料，在选取上比较灵活，给人一种随机可取或者到处可见的印象。这类报道在写法上有点接近风貌通信，是一种宏观的、类似于见闻式的报道。其主要特点有以下五点：

(1)视野宏观，内容丰富。以“面”上的情况为新闻事实，“面”上的情况又是由许多的、多方面的事实组成。这些事实随处可见、无所不在。

如2012年10月5日《参考消息》上的一条消息《央视“你幸福吗”提问引外媒关注》。

> 法国《世界报》网站2012年10月3日报道国庆期间，中国中央电视台新闻联播播放了一组在街头随机采访普通人的新闻。法国《世界报》3日刊文称，这些采访主要提及一个简单的问题：“你幸福吗？”有时也会再追问另外一两个问题，如“你最想要什么？”或者“有什么遗憾的事情吗？”这个清新的小窗口在一向注重宣传的央视并不常见，而且其中甚至出现了一些很有意思的答案。
>
> 当记者采访一对年轻夫妇时，丈夫的回答是“我很幸福”，而当被问及“幸福”的内容时，他说：“幸福就是两个人相爱。”当记者问起两人最大的遗憾时，那位女士的回答是：“他没给我买大房子，我们的房子太小了。”
>
> 一位售货员的答案：“幸福就是快乐，幸福不光是挣钱。一家人在一起就是幸福，不是吗？”而在“有什么遗憾的事情吗？”这个问题上，人

们也听到了民族主义的答案:"最遗憾的就是现在还没有成功收回钓鱼岛。"

一位外来务工人员的答案引起广泛关注。当电视台记者问他:"你幸福吗?"这个问题时,他错听成了"你姓胡吗?"并且十分认真地回答说:"我姓曾。"这句话一下成了这个假期蹿红的网络用语,并引起人们的热议。

另一位正在排队的18岁大学生与记者的对话也受到网友热捧。"你觉得幸福吗?""幸福啊。""你觉得幸福是什么呢?""每天把该做的事做完之后,舒舒服服地玩就是幸福。""最想要什么?""最想要什么……女朋友。""那最坏的事呢?""最坏的事是接受你的采访,队被人插了。"

这篇报道的取材用的就是街头偶遇之随机抽样法。它虽然没有对事实作分类归纳,但这些看似零散的信息,恰恰展示了事实的广泛性与事物的多样性。

(2)"点"上的材料,虽然是具体的事例,但每一个"点"上的材料大都是一些新闻要素不全的材料,特别是作为实有性标识的新闻要素,如时间、地点、人物往往语焉不详。作者似乎是有意淡化这些事实的个性标识,把个别事实处理成普遍事实。

(3)这种过于宏观性的观照,形诸文字,其可读性就不如具体形象的文字有感染力。所以这类报道在行文上为避其短,会尽量在文采上下功夫,有些甚至带有"散文化"色彩。

(4)它是一种概貌式的报道,在写作中为了突出新的面貌、新的变化往往用对比手法,用过去的情况作为背景材料,以衬托新的变化的新闻价值。

(5)这类报道不必特意去寻找一个新闻由头。它们的时间由头基本上不是在文中获得的,而是由外部提供的。这些外部因素有些是一个大面积的变化或一个大事件的变动,如《央视"你幸福吗"提问引外媒关注》即是如此,也有一些是结合某一宣传中心,还有一些甚至没有明显的时间由头。

(二)多事多报式报道的写法

多事一报式报道是将诸多同类事实构成一个"面"写成一篇报道,而多事多报式报道是将诸多的事实构成一个系统来作多篇报道。相比较而言,后者的自由度更大些。它不受报纸版面约束,报道内容可以向更广、更深的范围拓伸;以系统优化构造机制极大地激发系统内各子系统之间的组合活力，产生系统内的整体效应。根据报道中各个篇目出现的情况，多事多报式报道又分为系列报道与组合报道两种。

1.系列报道

系列报道是指围绕某一主题信息，从不同角度、不同侧面进行的多次报道。系列报道通常具有很强的策划性质，整个报道构成一个大的系统，通过多篇报道组合，让读者对一个时期内的某一问题或情况有一个比较系统、全面、深刻的了解和认识。

由于系列报道在时间上呈现先后连续性，实践中有人喜欢将其与连续报道化为一谈。其实，只要稍作比较，就会发现两者的区别是非常明显的。

第一，从报道对象的性质来看，系列报道通常是以具有典型意义的非事件新闻作为报道对象，而连续报道通常是以影响力大的事件新闻作为主要报道对象。

第二，组成报道的各个篇目之间的联系情况不同。系列报道各篇之间是主题性的连接，即围绕着同一主题信息，从不同角度、不同侧面展开报道。各篇报道分别垂直于主题信息，篇与篇之间是平行关系。而连续报道是题材上的连续，即对一个新闻事实作分阶段的报道，报道沿着事实发生、发展、高潮、结局、反响等作轴线发展，篇与篇之间呈首尾相衔的因果关系。

第三，报道中各篇之间的顺序安排情况不同。系列报道侧重反映事物的空间关系，没有时间上的承接关系。篇与篇之间的顺序是人为安排的，不受客观时间顺序的制约。但连续报道必须是按事物发展的时间顺序进行，不能凭主观需要随意颠倒。

第四，报道的时效性要求有差异。系列报道的时效性不如连续报道那么强。这是因为系列报道时间跨度大，并且事件也不构成连续。所以，可以根据报道意图的需要有计划地组织发稿，其更多地体现出对时机性的要求。连续报道的事件具有连续性，以发稿时间要求来划分报道阶段，更能体现时效性的优势。

第五，报道的策划性情况不同。系列报道往往是策划的产物，它是根据报道意图的需要，在对报道对象做了整体研究后划分为若干层次加以报道的。连续报道则由于难以估计事物的发展走向，随物赋形，整个报道的策划性要弱一些，甚至可能出现有头无尾、半途夭折的情况。

从以上的比较中可以看出，系列报道有自身鲜明的特点，在写作上应鲜明地体现这些特点。简要地说，应注意以下四个方面的问题：

（1）要有涵盖性很强的主题来综合组织全部报道内容。系列报道各篇之间的联系是主题性的连续，是围绕某一主题的多层次、多侧面的报道。所以，主题能否将各篇组织得浑然一体，直接关系到系列报道的质量。要形成鲜明的主题，首先在报道之初就应有较强的计划性，要明确整个系列报道的报道思想。《中国青年报》于 1987 年 6 月 24 日、27 日和 7 月 4 日连续发表了一组系列报道《红色的警告》《黑色的咏叹》《绿色的悲哀》（以下分别简称《红》《黑》《绿》），它们是关于震惊中外的大兴安岭火灾的报道。有人将其誉为“当代中国新闻史上的经典之作”。组织这次报道的杨浪在总结经验时说：“首先，成功的报道一定要有很明确的具有涵盖力（富于弹性）的报道思想，这一点至为关键。”这组系列报道的报道思想就十分简明且富有涵盖力，包括自然、社会、人。既有人与人之间可歌可泣的事迹，也有自然与人、社会与人以及自然与社会之间的各种关系。实践证明，只有确定了好的报道思想，系列报道的主题才富有组织性。

主题是连接各篇的内在纽带，写作时要千方百计保持主题的连续性，要防止将报道内容引向远离主题或偏离主题的轨道。《中国青年报》的《红》《黑》《绿》三篇报道在发表时都有编者按，并且内容大致相同。这样做的目的就是要反复强调主题，营造报道的恢宏感，同时也使其统领各篇，强化三篇报道之间的联系。

系列报道是一个系统工程，如果没有一个涵盖性强的主题来统领各篇，就会出现一盘散沙的局面，因而也就失去了战斗力。

（2）多侧面或多层次地表现主题，而不应重复地表现主题。系列报道中各篇之间的关系是并列平行的，分别共同垂直于主题之下，每一篇都担负着表现主题的任务，但篇与篇之间的分工是不同的。如《经济日报》的《穿的变迁》《住的变迁》《用的变迁》《行的变迁》《吃的变迁》，从方方面面透视了我国经济建设的成就以及这些成就给人们的日常生活带来的深刻变化。比如《吃的变迁》，不是写吃的品种多了、食物结构丰富了、粮食定量未变却吃不完这类众所周知的情况，而是写悄悄发生的变化或者人们尚未意识到的变化。比如，10 年前人们还没有方便面和速冻食品的概念，国家花了不少外汇引进生产线，使方便面成了最普及的食品，甚至吃方便面成了生活清寒简朴的象征。其他几篇关于穿、住、用、行的报道，都是多侧面地通过百姓日常生活的变化去透视更为深远的社会变化，进而聚焦在经济建设成就这一根本点上。

系列报道从多侧面或多层次地表现主题时，还应注意划分好各篇报道的内容，注意系列构成的层面性。有人将系列报道的构成比作一把折扇面的展开，是一个整齐的平面。系列报道各篇之间也应体现这样的关系。

(3)注重系统内部的组合效应，完善系列报道的整体结构。系列报道是一个集合体。在这个集合体中，每个单篇都是一个完整的系统，各有各的篇章结构，但还存在一个更大的系统，即集合体本身。也就是说，一组系列报道是一个自给自足的完整系统，子系统之间也存在同样的结构方式。以系统论的观点来看，一个系统的内部结构有十分重要的意义。

(4)尽量将各篇报道以一种形式上的一致性加以联系。如《经济日报》1997 年 12 月刊出的介绍上海安达棉纺织厂等 10 家国企扭亏经济的《国企扭亏十大案例》系列报道，经反复策划，创造出一种“处方式结构”。报道为 10 家企业设计出一个统一的格式和内容，文章的最后，像医生开处方一样，为企业扭亏开出几条“方子”。每一篇报道都包括五项内容:企业概况、亏损状况、亏损原因、扭亏情况及扭亏措施。为了适合企业的特殊性和照顾到文章的可读性，“处方”中还设计了“企业领导感言”“记者点评”两个项目。为了使这组报道更具一种相同的“形式感”，负责报道的同志专门与总编室版面编辑精心设计了一个长方形的“处方式”标准版面。这样，形式上的完整统一便给读者留下了鲜明而深刻的印象。

2.组合报道

组合报道是将同一主题但不同内容、不同形式、不同来源的新闻稿件组装在一个版面上，让读者从稿件的整体联系和对比反差中去理解新闻事实的意义，从而把握报道意图。

它吸取了系列报道的长处，把各地区、各方面的同类型新事实编排组合到一块，采用了新闻集纳和对比报道等手法，具有单篇以短、小、精得胜，整体以深、广、博、厚见长的特点。各篇之间可分可合。如《人民日报》2021 年 8 月 12 日头版的一组报道《中国共产党人的精神谱系》，这组稿件共三篇。三篇报道对象类同，都是讲述新疆建设兵团在新疆所作的奉献和其中所体现的兵团精神，但新闻来源不同——是各路记者在新疆不同地区兵团采写而成的新闻稿件，其侧重点也不同，《传承兵团精神　扎根奉献边疆》更像一篇总述，通过描写不同年代兵团人建设新疆的故事，传达习近平总书记提到的“践行胡杨精神和兵团精神，激励各级干部在新时代扎根边疆、奉献边疆”。《可克达拉真的变了模样》则通过采访老军人体现老一辈军人无私奉献的精神;《头屯河变成幸福河》则展示了新时代兵团人依靠科技和文化治理城市的成果。三篇报道互为补充,相得益彰,从历史和现实的角度共同展示了“兵团精神”这一中国共产党人的精神谱系。

组合报道是编辑、记者集体智慧的结晶,是各方面通力协作的结果。因此,要搞好组合报道,编辑部必须精心组织,记者、文字编辑、版面编辑等必须协同作战。

组合报道是一个组装成的整体,组合技巧十分关键。常见的组合方式有以下四种:

(1)同类强化法。同类强化法是将同类型的稿件集合在一起,突出宣传某一主题,强化报道效果。如《中国共产党人的精神谱系》就是运用这种方式,将关于新疆建设兵团的稿件组合在一起,读者可以从中窥见各个时期兵团人的作为和奉献,更加直观地感受到兵团精神的内涵。

(2)异类对比法。异类对比法是将不同性质的稿件组合在一起,通过对比来表明编者的态度。

(3)主次搭配法。主次搭配法是围绕某个典型人物或典型事件进行组合的方式。在整个报道中,有一个明显的中心,其他稿件都是围绕这个中心的辅助性内容,就像大树的主干与枝叶的搭配。如《人民日报》2020 年 4 月 5 日关于悼念抗击新冠肺炎疫情斗争遇难烈士和逝世同胞的报道即是如此。“主干”就是报道领导人出席在京举行的哀悼活动,其他稿件都是丰富新闻事实内涵的“枝叶”。主次搭配法可用来报道比较重大的典型事件,既突出了新闻事实,又能充分表现其意义。

(4)言论串联法。1994 年以来新华社的经济报道常用言论串联法这种组合方式,即用配发短评的形式,将同类题材的若干篇新闻拼合在一起,多视角、多方位、多层次地强化报道的主信息,扩大报道的影响力。

第四节　消息作品案例分析

〔案例一〕

中国首次以国之名公祭南京大屠杀遇难者

评析:单行题,简明扼要地说明了此次事件“以国之名公祭南京大屠杀遇难者”,以及事件的重要性和意义“首次”。

新华网南京12月13日电　刺耳的防空警报13日上午响彻南京城上空。首次南京大屠杀死难者国家公祭仪式在此举行，习近平总书记胸佩白花出席仪式。

评析：直接式导语，以“防空警报响起”的场景引入，开门见山地表明何时何地发生了何事，出席人物具有身份上的权威性，也能体现此事的重要性。

“我们为南京大屠杀死难者举行公祭仪式，是要唤起每一个善良的人们对和平的向往和坚守，而不是要延续仇恨。”中共中央总书记、国家主席、中央军委主席习近平说。

77年前此日，侵华日军攻陷国民政府首都南京，施以长达六周烧杀淫掠的暴行，至少30万平民罹难，制造了二战中的大惨案之一。

评析：选用直接引语承上启下地说明公祭仪式的目的。随后对公祭仪式的诞生背景进行补充，引出南京大屠杀惨案的事实。

公祭以“中共中央、全国人大常委会、国务院、全国政协、中央军委”的共同名义举行，所在地点为南京大屠杀遇难同胞纪念馆，其下就是埋葬死难者尸骨的“万人坑”之一。

公祭开始，全场高唱国歌《义勇军进行曲》。随后，防空警报拉响，车辆轮船汽笛长鸣，人们低头默哀，抽泣声依稀可闻。一分钟后，《安魂曲》响起，礼兵将8个巨大花圈安放于“灾难墙”前。接着，77名青少年朗读《和平宣言》。

习近平和85岁的大屠杀幸存者夏淑琴，及遇难者遗属13岁的阮泽宇一起，为“国家公祭鼎”揭幕。

评析：这一部分是对公祭仪式具体情况、现场流程的补充，是对事件必不可少的具体性描写，是重要的新闻事实，所以排在前列。

鼎自古是中国祭祀重器。古铜色的“国家公祭鼎”，鼎身和底座重2014公斤，底座重1213公斤，寓意2014年12月13日。

大屠杀中，阮泽宇的先人被日军刺死。夏淑琴一家9口有7人遇难：祖父、外祖母和父亲被日本兵用枪打死，母亲和两个姐姐被轮奸后刺死，1岁的小妹被摔死。

评析：这两段是对上文内容的解释、补充，解释“国家公祭鼎”是什么、寓意为何；举阮泽宇先人和夏淑琴的经历直接再现南京大屠杀的惨烈场景，是对前文大屠杀概述的具体化描写。

全国人大常委会今年2月通过立法，将每年12月13日确定为南京大屠杀死难者国家公祭日。

77年后的公祭，被此间舆论认为非常必要。近年，日本右翼为历史翻案动作频仍，试图推翻二战后国际秩序。

在明年中国人民抗日战争暨世界反法西斯战争胜利70周年来临之前，中国重申维护世界和平。同时，中国进入民族复兴关键阶段，爱国主义成为凝聚13亿人建设强大国家的动力。

习近平强调："历史不会因时代变迁而改变，事实也不会因巧舌抵赖而消失。"

大屠杀遇难同胞纪念馆馆长朱成山说，以国家之名公祭，是为了让历史记忆"长久保持唤醒状态"。

评析：这一部分主要强调设立国家公祭日的时间和原因，对国内外形势分别进行分析，说明设立国家公祭日的必要性和紧迫性。除描述性文字以外，引用习近平总书记、朱成山馆长的话，更直截了当地表明了我国对历史事实的态度。

大屠杀幸存者和遗属、国共两党抗战老兵、外国友人以及各界人士一万人参加公祭。

大屠杀中对中国百姓施以援手的外国人的后人，以及《南京暴行：被遗忘的大屠杀》作者、已故华裔女作家张纯如的父母，也来到公祭现场。

一些日本人也在公祭日来到南京。"中国人对南京大屠杀死难者的公祭，应该成为和平信号传递的新起点。"日本真宗大谷愿寺研究员山内小夜子说。

评析：这一部分主要说明公祭现场的人员组成情况，先概述，再对具有特殊意义的人物进行详细描写。结尾选用了日本真宗大谷愿寺研究员山内小夜子的话，传达了日本部分人士对历史的认知，其对公祭日的评价"应该成为和平信号传递的新起点。"更有说服意义和客观性。

赏析：

这是一篇事件性新闻的佳作。选题上这是一则重大事件，是首个国家公祭日的公祭仪式，是具有重大历史意义和国内外影响力的事件。本文在写作过程中，采用倒金字塔结构，将公祭日现场情况、诞生背景及目的、当下国内外形势串联起来，实现了历史与现实的交汇。在把事件本身讲明白的基础之上，加入诸多背景的描述，使读者更能理解国家公祭日设立的意义和紧迫性。

〔案例二〕

没有留下豪言壮语，只有拼尽全力的执着

海军某舰载航空兵部队一级飞行员张超——折翼海天，用生命为航母事业铺路

评析：标题采用双行题形式，引题说明了新闻报道的人物——张超，以及他面临生死抉择前最后的状态，主题承接引题，表明了他最后选择的结果和意义，从标题开始就刻画出了一个“英雄”的形象。

4.4 秒，生死一瞬，他毅然选择“推杆”挽救飞机，放弃了第一时间跳伞。2016 年 4 月 27 日，海军歼-15 舰载机飞行员张超因飞机机械故障，在陆基模拟着舰训练中壮烈牺牲。没有留下豪言壮语，只有拼尽全力的执着，他最终倒在离梦想咫尺之遥的地方——只剩下最后 7 个飞行架次，他就能飞“上”航母辽宁舰。这一天，年仅 29 岁的他，来不及给年迈的父母、亲爱的妻子、2 岁的女儿留下一句话，便匆匆走了。

评析：第三代导语叙事更加灵活，将时间、地点、人物、事件等新闻要素融合进整段文字中，在把新闻事件讲清楚的基础之上，用细腻的文笔、精准的数据刻画了一个有血有肉、贴近读者的英雄形象。“离梦想咫尺之遥”和最后一句对其家庭的描写，让人读来更觉惋惜、动容。

“他是我选来的，也是我送走的，他是个天生的优秀飞行员。”海军某舰载航空兵部队部队长戴明盟动情地说。张超，海军少校，一级飞行员，飞过 8 个机型。他驾驶歼-8 巡逻西沙，驾驶歼-11B 在南海战备值班。从陆基转为舰基，他的飞行技能有口皆碑。着舰指挥官王亮说：“他最后一个飞行架次表现依旧出色，面对特情，他的处置冷静而准确。”

国之利器，以命铸之。舰载机上舰飞行，被喻为“刀尖上的舞蹈”，是航母形成战斗力的关键。为国担当，他到舰载航空兵部队报到时与妻子张亚约定：“未来一年别来探亲，等我驾战机从航母上凯旋，再与你相聚！”凭着拼命三郎的劲头，张超和战友克服前所未有的风险和挑战，在一年之内完成歼教-9、歼-15 两型战机改装。“他用自身的实践，为海军舰载战斗机飞行员快速成长探索出了一条路。”海军某舰载航空兵部队参谋长张叶说。

“无论何时，他的脸上都挂着灿烂的微笑。”这是张超留给战友最深刻的记忆。篮球场上，满场飞奔、笑声爽朗的是他；饭桌上，讲笑话逗大家乐的是他;训练中,面对风险笑容依旧的是他。最后一次飞行,他还是微笑着登上战机……张超走了,战友们才意识到:这微笑的背后,是如山的坚强。海军某舰载航空兵部队政委赵云峰说:"他用自己的牺牲换来战友们的飞行安全,用年轻的生命为航母事业铺路。"

评析:这三段文字,按时间顺序再现了张超从开始服役到攻坚克难再到最后一次登机的情况,除了基本的描述、概述之外,加入大量直接引语,这些张超身边人对他的评价真实再现了他生前的状态,使张超的形象更加立体,也直接表明了张超牺牲的社会意义。

部队长的高度评价让读者知悉了张超身为飞行员的优秀,部队长言语中的惋惜也是读者的惋惜;工作之外,战友对他生活状态和性格的刻画使张超悲壮的英雄底色上增添了一抹阳光。

暴雨如泣,英雄回家。他的老师不愿相信"那个品质淳朴、学习认真的阳光男孩"就这样走了;他的同学不愿相信"那个英俊帅气、有情有义的哥们"就这样走了。妻子张亚喃喃道:"超,醒一醒,你给我买的新裙子,我还没穿给你看呢。"女儿的哭声,让送行的人们泪流满面,却没能唤醒"睡着了的爸爸"。看完飞行事故视频,老父亲抹干眼泪:"崽,你尽力了,跟爸回家吧。"

评析:结尾是对英雄回家场面的侧写,放弃了对大场面的叙述白描,无需再去着墨于英雄所做的事有多重要,用直接引语直接体现张超身边人对他最真实的情感,情感张力在这里达到顶峰。

赏析:

这是一篇人物消息,对典型人物的描写属于非事件性新闻的范畴。

从选题来看,它题材重大,属于主旋律报道。从航空兵部队一级飞行员张超的生死抉择入手,以小见大,体现当代军人为国担当、不惧生死,以坚定信念诠释忠诚的宏大命题,呈现出英雄成长的时代背景和时代精神。

它重视细节的描写和刻画,文笔流畅,不对大而空的内容泛泛而谈,而是扎实采访,走近张超的战友、家人、领导,去了解工作、生活等方面真实的张超。细节的运用使张超不再是高高在上、难以接近的新闻典型,而是一个有血有肉的平凡人,使人物形象更加立体,就像读者身边的人一样。它巧妙引用张超身边人对他的评价,这样的直接引语比第三方叙述更生动,也更有说服力。

第六章　通　讯

融媒体时代，传统新闻写作如何适应新形势下传播方式的发展变化，是一个值得思考的问题。在移动互联网和新媒体日益蓬勃的今天，通讯作为新闻报道中最为常见的文体，如何努力把更加丰富的内涵注入新闻写作，如何突破和创新，这都有待更多新闻工作者进行实践与探讨。

第一节　发展中的通讯

通讯是新闻报道中常见的新闻文体之一，是一种详细、生动的新闻报道体裁。

通讯是我国特有的新闻体裁。我国报业发展晚于西方，因此很多新闻报道受到西方新闻风格的影响，而通讯这一体裁则继承了中国古代纪实文学的精髓。

早期的新闻没有文体上的区别，随着电报技术的进步，外埠记者采写的“通信”可以通过电报传回，称作“通信”，为与消息进行区分，渐渐演变为“通讯”。

中华人民共和国成立以来，随着中国经济社会的发展，通讯经历了多次演变与创新。20 世纪 40 年代的新闻改革，加强了党对新闻工作的领导，也加强了新闻对社会生活的引导，出现了以典型故事、典型人物为主题的新闻通讯，如李冀、张杰与杜铁的《工人阶级的光辉形象——王铁人》，穆青、陆拂为与周原的《县委书记的榜样——焦裕禄》。“典型引路”是这一时期新闻通讯的新内涵。

改革开放让社会生活发生巨变，新闻观念也随之更新。新闻媒介作为单纯的宣传工具的局面开始改善，报道理念、选题立意、叙事方式都发生了积极的转变。详尽、完整的内容，形象、生动的语言，这些变化让通讯更加适应社会现实的需要。回顾历史，反观现实，通讯的写作风格与经验在融媒体时代仍然重要。

第二节　通讯的特点

消息和通讯是我国最常见的两种新闻体裁，两者都重视新闻的真实性，强调新闻的时效性，都需要新闻价值作为支撑，这是消息和通讯的共同之处。不过，与简洁、明快的消息相比，通讯有自己的特点。

一、报道内容详细、全面

消息受到篇幅和时效性的限制，往往对事件仅进行时间、地点、人物、事件的概括性描述，让受众能快速了解最重要的信息。而通讯报道往往在消息之后发出，通过整合新闻事件的前因后果、多方声音，把新闻事件完整、详细地报道出去。如果说消息满足了读者的“急需”，那么通讯满足的就是读者在知晓事情大概后探求来龙去脉、了解事件细节的更深层次的兴趣与需求。因此，详细的背景、完整的情节是通讯最突出的特点。

重视和运用新闻背景，能使通讯报道具有时空上的纵深感，更能增加报道的厚度。曾任新华社社长的穆青曾谈道，新闻交代背景，目的在于更好地衬托主题思想，说明意义。详细的新闻背景能对新闻事实起到补充说明、对比衬托的作用，让新闻背景来衬托新闻主题是可行的。例如，第30届中国新闻奖一等奖的通讯作品《欧美黑杨砍掉之后——西洞庭湖湿地生态保护见闻》[①]，就是通过大量背景资料和多方反馈来铺开西洞庭湖可持续发展这一新闻话题的。

文章首先交代了“欧美黑杨已难见踪影”的现状，不了解黑杨林砍伐清理背景的读者就会有疑问：好好的树林为何要砍掉？砍掉树林也算保护湿地生态吗？带着疑问继续往下读，就能感受到作者的巧妙设计。文章用了大量笔墨交代欧美黑杨对生态系统的破坏、砍伐清除黑杨的原因，并由环保专家、志愿者来说明欧美黑杨对鸟类、鱼类、湿地生态等的影响，用问题性的

① 曹娴：《欧美黑杨砍掉之后——西洞庭湖湿地生态保护见闻》，《湖南日报》2019年7月19日。

导读与解答、清晰的背景交代来消除公众疑虑事半功倍，更容易推动环保共识的形成。

通讯能展示事件的前因后果，亦能用详细的情节、细节重现新闻全貌。2019年11月19日晚，山东能源肥矿集团梁宝寺能源公司作业面突发火灾，11名矿工被困井下，社会广泛关注。多家媒体对此事进行了报道，我们选取了一则消息和一则通讯进行比较。

> 11月19日晚，位于山东省嘉祥县的山东能源肥矿集团梁宝寺能源公司发生井下火灾事故，11名矿工被困。山东省立即调集省内四个矿山救援大队的144名专业人员全力展开救援，在井下温度高、有毒气体浓度大、救援难度极大的情况下，通过各方全力救援和被困矿工的顽强自救，经过30多个小时奋战，11名矿工成功获救。目前，事故原因还在进一步调查中。[①]

记者在获知被困矿工将要升井时，第一时间进入救援核心区域，迅速采访报道救援过程，让受众及时了解救援结果。这则消息报道及时、短小精悍，有效回应公众关切，稳定社会舆论。

事件发生后，大众日报认为这一事件题材重大，第一时间派出精干采访团队，深入一线采访。11月30日《大众日报》一版、三版推出长篇通讯《36小时，一切为了11名矿工兄弟！——山东能源肥矿集团梁宝寺能源公司“11·19”火灾事故救援纪实》[②]。

这篇通讯以调度中心钟表为意象的时间轴和以电话为意象的亲情故事两条叙事线，完整细致地还原了整个救援过程，笔调平实客观，通过扣人心弦的情节和详细的细节描述将整个故事娓娓道来。特别是文章对“物资调度、人员集结”这一情节的详细描述，既表现了救援过程中的艰险与不易，也更加能让读者感受到“一方有难，多方支援”的精神内核。

二、报道情节生动、形象

在报道中，通讯往往比消息更生动、形象，也更具可读性和吸引力。通

---

① 刘华栋、王成林、解朝曦：《山东能源肥矿集团梁宝寺能源公司火灾事故11名被困矿工全部升井》，《新闻晚高峰》2019年11月21日。

② 娄和军、赵洪杰、左丰岐、吕光社：《36小时，一切为了11名矿工兄弟！——山东能源肥矿集团梁宝寺能源公司“11·19”火灾事故救援纪实》，《大众日报》2019年11月30日。

讯的生动主要体现在故事性上。

通讯是以讲故事见长的文体。在西方以“讲故事”的手法写新闻很早就被广泛运用。“采用对话、描写和场景设置等，细致入微地展现事件中的情节和细节，凸显事件中隐含的能够让人产生兴奋感、富有戏剧性的故事。”这是普利策新闻奖得主富兰克林对新闻作品如何讲好故事的理解。我国很多好的通讯作品也是通过发掘有新闻价值的故事来进行新闻报道。把新闻现场通过故事化的语言再现在读者眼前，让读者从环境、人物、情节中去感知原汁原味的新闻现场，这种感性的在场更能给读者带来触动。

通讯中有多种讲故事的方法：可以把故事的来龙去脉一一列出，也可以截取故事的一个片段；可以讲单个故事，也可以讲述多个故事引出同一个中心；可以“以事写人”，也可以在故事中饱含情感、夹叙夹议。

2016 年 4 月 12 日，《河北日报》刊登了通讯《李保国的最后 48 小时》①，这是被人们誉为“太行新愚”李保国教授逝世后全国见报最早的文字通讯。李保国逝世后，多家媒体对他的生平事迹进行了报道。这篇通讯独辟蹊径，通过讲述他人生最后时刻的生活小事来展现李保国教授的人生信仰与人格魅力。本文使用常规新闻报道中较少使用的第二人称，在保证行文平实朴素的同时，用讲故事的技巧将情感层层推进。

这篇通讯中有两点值得学习。首先是文章的画面感，文章中有这样一些描写：

> “如果知道他的生命已进入倒计时，我一定把他按在床上好好休息，不要四处奔波了。”亲人眼中的泪水诉说着生死永隔的悲伤。
>
> “4 月 1 日，邢台—南和；4 月 2 日，邢台—前南峪；4 月 3 日，邢台—南和；4 月 4 日，邢台—保定……4 月 8 日，顺平—保定……”学生手中的日程表默默无言，却详细记录着他心系农民、情洒太行的赤子之心。
>
> ……
>
> “李教授啥时来俺们村指导啊？”在他离去几个小时后，手机里又传出熟悉或不熟悉的乡音，那些不知噩耗的农民兄弟，还在期盼着他的帮助。
>
> ……
>
> 知道您连日奔波，同事们都劝您别亲自开车了，从学校找个司机

① 王思达、周聪聪、朱艳冰：《李保国的最后 48 小时》，《河北日报》2016 年 4 月 12 日。

吧，您却笑答：“没事儿，跑过多少山路了，去趟石家庄算什么。”

“还是自己开车好，方便工作，说走就走。何况我天天上山下乡，铁打的司机也受不了。”您顾念着别人的辛苦和感受，却唯独没有考虑自己。

下午5时，一到石家庄，您立刻叮嘱课题组成员们为第二天的科技项目验收会做最后的准备，自己则见缝插针地忙活其他科研项目。

等您忙完，已经近晚上10时了。仍不放心的您——敲开课题组成员的房门，一个环节一个环节确认——“明天的签到表做好了吗?”“验收表做好了吗?”“专家投影仪准备好了吗?”得到肯定的答复后，您才放心回房间休息。

…………

一路上，您的手机响个不停，妻子一直在帮您接听，为您传话。这是你们这对科研伉俪在路上的常态。

当我们阅读这些文字，眼前就会浮现出文字对应的画面。这些对话、动作或是蒙太奇的情节一起刻画出李保国逝世前的48小时紧张的日程和工作细节，让为科技扶贫而忘我工作的李保国教授更立体地“站在”我们面前。充分利用生动的画面呈现点点滴滴的“小事”，使人物形象真切感人，也能让读者身临其境，受到更为真实的触动与震撼。

二是文章情感充盈，感染力十足。好的新闻作品能让人产生情感的沟通与共鸣，《李保国的最后48小时》就是这样一篇佳作。一个打动人的故事，除了材料的充盈，还需要考虑读者的感受。语言节奏的控制让情节跌宕起伏，这正是作者的高明之处。例如，短句在文章中的应用增加了情节中的紧迫感，推动着场景的转换和故事的发展。

“周一、周二在校给本科生上课，周三去青龙，周四去滦县……”

…………

只有最亲近的人才知道，您的病有多严重。

…………

我们再也无从得知，那一夜，您在办公电脑前忙碌了多久。

…………

您已无法听到，多少闻知噩耗的痛哭：

太行山的百姓，舍不得您！

您已无法知晓，多少情真意切的呼唤：

7300 多万燕赵儿女，舍不得您！

短句、短段，简洁而有力，不仅让新闻更易读懂，而且也增加了故事的感染力，有更好的传播效果。除了短句，细节描写的加入和直接引语的使用也能增强文章的可读性。

讲故事除了叙述技巧的使用还要注意情节的详略得当，对于能凸显主题的情节应尽量详细，对于一般情节则应简洁明了，这样的叙事才能张弛有度，波澜起伏。

三、叙事结构完整、多变

结构是通讯写作成败的关键，合理的结构能让素材各归其位，让内容层次清晰、浑然一体。叙事结构的完整、多变是通讯的一大特点。

消息的结构常常是固定的倒金字塔结构，导语和主体的配合之下，很难在文体上产生多样的变化。而通讯在结构上可以更加灵活，文体也更加自由。通讯在结构上没有固定的格式，各种笔法结构、叙事风格都可以应用在通讯中。

在安排通讯结构的过程中，要从主题入手，尊重新闻事实的内在联系，尊重读者的阅读规律，这样才能达到好的传播效果。一般来说有以下几种叙事结构：按时间顺序安排的纵式结构、按空间顺序安排的横式结构、按表里顺序安排的逻辑结构还有更为复杂的混合式结构。丰富的结构方式让通讯内容的层次更加分明、内在逻辑更易显现，可以容纳更多时空复杂、矛盾重叠的新闻事实。

通讯结构自由灵动，在融媒体不断发展的今天，人们的写作实践不断变化，通讯的基本框架也不断更新。

《英雄无言——95 岁老党员张富清的本色人生》①是近年来产生极大影响力的一篇典型人物通讯。稿件主题重大，思想深刻，材料充实，结构巧妙。创作团队在掌握新闻线索后，独家采访了老英雄、老英雄的妻子和儿子、老英雄的老同事和后辈、军人信息采集员等数十人，获取了大量翔实信息。记者们深入研讨，几番易稿，最终用 9 个部分从多个侧面展现了老党员张富清

---

① 唐卫彬、杨依军、谭元斌：《英雄无言——95 岁老党员张富清的本色人生》，新华社，2019 年 4 月 8 日。

坚守“初心本色”这一精神内核。正文9小节采用电影场景转换似的方式，从不同侧面讲述了张富清的感人事迹，立体式呈现了老英雄的光辉品质。

作为一篇人物通讯，完整准确全面地刻画人物形象至关重要。本文在结构安排、内容布局上有许多值得学习之处。文章既有按时间顺序展开的讲述和回忆，也有按空间顺序铺开的描写与细节。段落开头作者根据时间倒叙，“71年前”“64年前”“7年前”“88岁”“95岁”，富有力量的排比将张富清传奇的一生清晰展现在时间轴上，也为下文展开详细的讲述做好了铺垫。文章主体部分，9个小节依次纵向延伸，立体地展现了其战场上冲锋陷阵、退役后隐功埋名、工作上克己奉公、生活中平凡质朴的形象。情感充沛，细节饱满，逻辑清晰，直抵人心。

四、报道主题鲜明、集中

通讯需要有一个鲜明集中、统领全文的主题。主题是作者通过所写新闻内容、所选新闻材料表达的一以贯之的中心观点，是通讯的灵魂。

与消息不同，消息通常是简短迅速地传递一个客观的信息或事实，未必能表现什么主题，甚至无需提炼主题，通讯则是记者主动地、有意识地把各种事实材料组织在一起形成的新闻作品。如果没有主题，通讯就是松散材料的堆砌，更谈不上深远的见解与价值。所以，通讯必须由主题来统领全篇。

虽然通讯的主题表达的是记者对于新闻事件的认识与见解，但这些认识是建立在新闻事实之上的。记者需要在新闻发生的整体背景之下，详细、反复审视新闻素材，然后客观理性地提出认识和见解。新闻通讯的主题亦要坚持新闻的真实性与客观性。

新闻报道说服受众的方式往往不是直抒胸臆，而是通过记者精心的选材与编排，使读者自己说服自己。所以，通讯的主题一般不由记者直接点出，而是在对人物、事件的叙事中表达出来，通过对新闻材料的分析呈现出来，或通过与访谈对象交流表现出来。

《IEEE挑战学术底线　损害学界声誉》①写作于2019年初，当时美国将华为等公司列入管制“实体名单”，禁止美企向华为等出售相关技术产品，很快这种无端“封杀”波及学术圈。国际著名学术组织——美国电气和电子工

① 张盖伦、操秀英：《IEEE挑战学术底线　损害学界声誉》，《科技日报》2019年5月30日。

程师协会(IEEE)发出通知,禁止华为员工参与旗下期刊的编辑和审稿工作。这一行为挑战了学术底线,正常的国际学术交流被政治严重干预,国内外科技界一片哗然。《科技日报》记者在发现这一新闻线索后,第一时间联系向IEEE提出抗议的张海霞教授,以及多位了解IEEE的科研人员,分析此事发生的可能缘由及恶劣影响,发出科学共同体的声音。

整篇报道1600余字,全面客观地复盘了整个事件,脉络清晰,观点鲜明。文章第一时间旗帜鲜明地指出这一行为违背了科学界公平、公正、公开讨论问题的基本原则,损害科学界声誉。引发公众思考与讨论,在中美贸易摩擦大背景下起到了积极有效引导舆论的作用。

五、报道风格多样、个性

通讯内容丰富、题材广阔,需要记者对新闻素材有极强的把握能力。好的通讯作品中,事实的选择和表现都受到作者主体意识的支配,因此,通讯作品常常有浓厚的主观色彩和鲜明的个人风格。通讯的个人风格主要体现在表达方式上。

在消息报道中,最常用的表达方式是叙述,偶有描写与说明,议论和抒情受到严格的控制。在这样的表达方式下,消息才能客观真实、简洁明快。而在通讯写作当中,通常会用多种表达方式再现新闻事实,记叙、描写、抒情的手法都有较多地使用。报道表达手法的多样,增强了文章的生动性和可读性。

记叙是新闻报道最常用的表达方式,在消息中常用概括记叙的方法,而通讯的内容更加丰富充实,因此详细记叙手法使用更多。

描写是重现新闻事实的重要表达方式,白描、细节刻画都能在通讯中看到。在新闻人物或新闻事件的描写过程中,细节描写是最具说服力和感染力的。细节指人物、事件、场景中引人注意、富有特色的细微之处。在新闻报道中,细节描写是指抓住新闻现场细微而典型的地方,加以生动、细致的描绘。新闻人物的一个动作、一个神态,新闻事件中的一个物件、一个镜头,能将人物的性格、故事的主题更好地显现出来。成功的细节描写会给读者留下深刻的印象,增强文章的可读性和感染力。

通讯《1个人和27个人生死对话》[①],记录的是在四川木里"3·30"森林

---

① 杜江茜、谢凯等:《1个人和27个人生死对话》,《华西都市报》2019年4月4日。

火灾发生之后凉山州森林消防支队西昌大队“送别”战友的一天。记者从退役消防员刘荣基的视角，重新走过和战友训练的场馆、逛过的街道，还有追悼会上最后的告别……该报道完整再现了救援善后工作中的一个片段，文笔细腻有力，在新闻与文学的相互融合中，全景展现对牺牲英雄的怀念，直透人心；在娓娓道来中具有很强的感染力和说服力。对当天全国人民最关心的事件进行了及时报道，是全国媒体同题报道中的佳作。

这是在没有打扰任何牺牲烈士家属的情况下采写完成的一篇灾难报道，记者在采写过程中没有过多打扰，而是以观察为主，挖掘细节，三言两语勾勒出一个场景，最终数个场景叠加为全景，用精练的语言层次分明地讲述了他们之间“生死对话”的故事。报道既避开了对牺牲烈士亲人的“二次伤害”，又用“一个人的送别”聚焦还原了牺牲烈士的生前；既讲述了消防员之间的兄弟深情、别离之伤，又提炼出了“最好的怀念就是知命不惧”的精神内核。

报道风格的个性还体现在通讯中作者感情的流露。在消息中，一般理重于情，寓情于理，表达感情比较含蓄。而抒情作为新闻作品表达方式之一，被较多地运用于通讯作品中。记者穆青曾说：“写到动情处，就好像丢了魂似的。”作者只有带着满腔的热忱与饱满的情感去挖掘材料、倾诉观点，才能把人写活，把理说透。这种字里行间透露的真情，才最能感染读者、打动读者。

人们常说“文如其人”，鲜明的个人风格在通讯作品中是极为珍贵的。作者在写作时将自己的人生经验与思想认识恰当地融入作品之中，这不是对事实的虚构，而是通过事实将自己个性化的视角、多样丰富的观点传达给受众，去触动、感染读者，去唤醒更多的灵魂反思社会与人生。这样的通讯才是有生命力的新闻作品。在我国通讯的发展过程中，涌现出了许多风格鲜明、极具个人特色的名记者。如穆青的朴实无华、通俗易懂，郭梅尼的优美真挚、细腻抒情，艾丰的理性思辨、创新多面，都值得我们感悟学习。

融媒体时代，通讯越来越讲究个性风格，不同的媒体也逐渐形成了自己通讯的不同风格。不同的平台写作风格不同，不同年龄的读者群体对通讯的风格有不同的需要，许多同类的媒体也办出了自己的个性。

第三节 通讯的类型

根据不同的分类标准，通讯可划分为多种类型，按报道的内容可分为人物通讯、事件通讯、工作通讯、专访、概貌通讯等，按创作方式和要求可分为叙事型通讯、调查型通讯、谈话型通讯，根据报道的形式又可以分为一般通讯、新闻小故事、特写、速写、侧记、访谈录等。按报道内容来对通讯进行分类是最为常见的，融媒体时代依旧如此。

一、人物通讯

人物通讯是以人为对象，专门写人的通讯。它把有新闻意义的典型人物的言行、事迹、思想作为自己的报道中心。通讯的创作离不开其赖以发展的社会环境，任何新闻作品都有着广泛的社会背景与精神文化内涵。人物通讯作为时代主旋律的重要传播载体，在我国社会主义精神文明建设中具有举足轻重的作用。在我国通讯的发展过程中，人物通讯这种报道形式很受重视。从抗战时期的英雄人物报道和军队宣传，到改革开放时期建设中国特色社会主义的劳动模范和先进工作者，人物通讯在各个时期都能取得良好的社会效果，显现出不竭的生命力。

人物通讯的写作对象常常是近期涌现出来的先进人物的先进事迹，可详细分为以下几种类型：

（一）典型人物

指的是在一定时期一定区域其事迹和思想能代表时代精神的新闻人物，一般称为典型人物。因此，不同时期的典型人物所展现的精神风貌会有所不同。融媒体时代，典型人物报道应以人为本，注重宣传典型人物先进事迹的同时也关注人的本性，模式化和过度神化的报道难以抵达公众的内心。

2020 年初新冠肺炎疫情暴发，我国各大主流媒体迅速调配新闻采编力量，全力以赴做好抗击疫情宣传报道工作，为抗疫传递信心、汇聚力量。《拼渐冻生命，与疫魔竞速——记疫情“风暴眼”中武汉金银潭医院院长张定宇》[①]就是当时涌现的一篇优秀人物通讯。

面对新冠肺炎疫情，做好舆论阵地的引导是主流媒体的职责和使命。记者深入挖掘坚守防控一线先进典型，推出了一大批来自现场、感动人心、鼓舞斗志的精品力作，抗疫一线医护人员、金银潭医院院长、“渐冻症”病人张定宇就是典型人物中的一个代表。文章讲述了张定宇坚守抗疫一线，以

---

① 钱彤、李鹏翔、侯文坤、黎昌政：《拼渐冻生命，与疫魔竞速——记疫情“风暴眼”中武汉金银潭医院院长张定宇》，新华社，2020 年 1 月 31 日。

经验和果敢带领全院医护人员与病毒赛跑的感人故事。朴素动人的记录、立体真实的人物让文字有力量、文章有温度，缓解了群众的焦虑情绪，为抗疫工作提供了极大的舆论支持。

（二）新闻人物

指的是在新闻事件中涌现出的新闻人物，人和事件有着密切联系。2017 年西安市凤城一位老人突然倒地昏迷，一名路过的女孩急忙跪地抢救，她不顾老人口中有污物流出，俯身为老人做人工呼吸，这一救人过程被热心市民拍摄下来。《长发女孩双膝跪地　为老人做了 30 多次人工呼吸》刊发后，长发女孩感动了无数读者和网友，大家称她为“最美女孩”。老人家属也在街头拉起横幅，期盼女孩能够现身，以表达感激之情。《西安晚报》抓住新闻点，进行了后续报道。

这篇通讯是《寻找“最美女孩”》①整个系列报道的第二篇，是关于西安“最美女孩”吴一帆的一篇人物通讯，是对第一篇消息报道的补充，更加具体地介绍了新闻人物的个人经历和救人初衷。“只是做了件举手之劳的普通事而已”，面对素不相识的老人，“最美女孩”义无反顾去帮助救人。“一个人牵动一座城”，感人的故事感染着西安市民，广大网友纷纷为“最美女孩”点赞，一起寻找“最美女孩”。我们这个时代需要更多她这样的人，“最美女孩”用她的善良温暖了一座城。《寻找“最美女孩”》一系列报道环环相扣，层层递进，娓娓道来，传递了满满的正能量。

（三）平民化人物

这一类通讯关注的是平凡人的故事和命运，虽然他们没有光辉事迹和传奇故事，但平凡人也有平凡的价值，背后也会折射社会的光点和痛点。

人物通讯《“饭店村”的职业种田人——永济市梼栳镇田村种粮大户王林写真》②，记述了一个新型职业农民典型的成长履历，反映了一个基层家庭农场样本的发展路径。作品从标题制作到通体结构都有鲜明特色，随处可见的个性引语、生动描述、鲜活细节亦为报道增色。配发的开篇提要、记者手记、现场图片进一步拓展了新闻维度，与通讯浑然一体、珠联璧合，超越了

① 王晓英、张雷、张志杰：《寻找“最美女孩”》，《西安晚报》2017 年 4 月 19 日。

② 郭瑞倩、陈永年：《“饭店村”的职业种田人——永济市梼栳镇田村种粮大户王林写真》，《运城日报》2019 年 6 月 10 日。

惯常的人物通讯,带有较强的穿透力。

这篇人物通讯虽然是记录了一个普通种田人的人生历程,背后折射的却是我国粮食安全的大主题。透过主人公的种粮故事,读者获得了“农业大有可为”“粮食很有种头”的认知回归,看到了规模化连片种植的显性效应,同时也对重农固本、巩固农业基础性地位有了更高的思想和行动自觉。同时,作者从问题导向思维出发,揭示了土地集中耕作“形式连片”与“实质连片”存在断层与障碍,作出了切中肯綮的深度思考与新闻回应,对引起相关部门重视、解决农业发展中的深层次矛盾,助推粮食生产系统性保障工作有很大益处。

(四)人物群像

先进人物可能是一个人,亦可以是一个群体。如《谁是最可爱的人》《长江抗洪录:灾区欢迎三种人》《战士义勇非凡,人民恩重如山——记某红军团班长徐洪刚勇斗歹徒负重伤之后》等。群像式的写作方式,是人物通讯报道对象的扩大化。社会关注视角从个人开始转向群体,从群体的悲欢中感悟社会人生,更能引起读者共鸣。

随着时代的发展和新闻观念的进步,人物通讯作品的创作和传播需要进行必要的创新,以适应时代发展的需要。近年来,人物通讯的写作方法与价值取向发生了很大变化,人物通讯写作不断融入文学技巧,也更加注重从人物个性、细节描摹等方面建构文章。

人物通讯的叙事风格从脸谱化转向平民化。20 世纪,受时代发展和传统人物报道理念的影响,记者会倾向于选择那些榜样人物、英雄人物作为主题进行创作,通过这些带有“光环”的人物来宣传先进事迹和时代精神。“千人一面、百人一腔”的人物通讯是历史的产物,有着鲜明的时代印迹。随着社会的发展,人们对精神产品的要求也越来越高,这些典型人物虽然能够起到一定的榜样作品,但“标签”“脸谱”人物与读者之间始终存在距离。传统的人物通讯缺乏丰富的情感性、社会性,会让读者在阅读时产生陌生感,难以达到深入传播的效果。

当下媒体报道中,人物通讯的对象和内容开始由典型人物向普通人转变,形成了从平民化视角出发,展现普通人生活的叙事方式。人物是普通的、鲜活的、真实的,人物故事是日常的、能见到的、能感受到的。平民化的生活折射出平民化的感情,让人物更加独特、鲜明,报道更加真实、生动。

人物通讯要以事写人，讲好故事。通过讲故事的方式来写通讯，能让人物形象更加丰满，让人物事迹更易理解、接受。在人物通讯写作中，文学技巧的应用能让故事更具可读性。如悬念的设置、矛盾的突出、细节描写的运用，都能让通讯的故事化色彩凸显出来，让文章更具可读性。

《"见字如面"23 年》[①]是第 28 届中国新闻奖通讯类一等奖作品，文章朴实无华、娓娓道来，传递着动人的故事，值得媒体从业者学习。这篇作品通过一对铁路职工夫妇 23 年共同写下的"家庭日记"，传递着聚少离多的思念和牵肠挂肚的深情，记者用朴实无华的文字、触动人心的细节展现了普通又不平凡的亲情之美、家庭之美、人性之美。

文章以家庭日记、留言本等普通却又不常见的内容载体来作为叙事的主线，通过情感表达的细节展现了普通人的情愫。

> 全忠，女儿说什么时候咱们一家三口能坐在一起吃上你做的臊子面？我都不知道哪一天，心凉！
>
> 亚娟，你荣获全局十大"最美贤内助"，真替你高兴。但我觉得这个奖，颁给我也合适呢，哈哈！
>
> 爸，我跟着电视学，做了一盘您喜欢吃的红烧肉！您回来尝尝！
>
> 爸妈，我在网上给你们定了一款对戒，样子暂时保密，不过保证你们喜欢！

家庭留言中常见的"对话"，不虚浮、不煽情，平淡的言语里流露的都是浓浓的思念和爱恋，把家人的性格特点、互相关爱的亲情表达得淋漓尽致。接地气的题材、朴素平实的语言让这个平凡劳动者家庭的故事最普通也最打动人心。

二、事件通讯

事件通讯是一种详细记载新闻事件起因、经过、结果的通讯报道类型，能够展现事件的内在逻辑和社会意义。相比于人物通讯、工作通讯、专访，事件通讯更具时效性和不可预知性。事件通讯多有明确的行为主体，完整的事情脉络和鲜明的冲突矛盾，因此采访过程更难把握，写作技巧也更加灵活多变。

事件通讯选题广泛，主要可以分为以下类型：

---

① 康劲、黄贵彬、马勇强：《"见字如面"23 年》，《工人日报》2017 年 3 月 18 日。

（一）突发事件通讯

主要是突然发生、无法预知的事件。如政治冲突、自然灾害、重大责任事故、刑事犯罪等。在突发性事件中，灾难性事件占比较大，一般被称作“坏消息”，因此写作难度也就更大。在突发事件通讯写作中，往往把事件情况首先概述说明，让读者知道“出了什么事”，之后再进行详细的事件起因、事件发展过程的描述。

（二）大型事件通讯

指具有纪念意义或重大价值的事件。如党政重要会议、重大体育赛事、重大工程建设等。近年来，电视和网络媒体的发展使融媒体报道、现场直播也越来越常见，实时的画面和在场的氛围，这些是文字通讯很难比拟的。与电视和网络报道相比，事件通讯的优势是内容的广度和深度。

（三）社会事件通讯

社会事件通讯主要是记录社会民生、记录生活小事的通讯。一般有很强的故事性，记录的新闻事件也多有深层的社会价值，例如见义勇为的事件、维护消费权益的事件等。

事件通讯的不可预知性给事件通讯的采访与写作提出了更高的要求。第一，事件通讯必须有明确的主题。记录事件要有明确的写作目的作为指引，并通过事件呈现出明确的主题。没有明确的主题、观点，就成了流水记事，就失去了通讯引人深思的价值。第二，事件通讯要从大处着眼，从小处着手。在写作前既要了解事件本身，也要清楚事件全局，特别是重大事件背后的方针政策和社会背景。好的通讯不是就事写事，而是能够以小见大，反映更深层的问题。第三，写好人物。新闻中，人与事件密不可分，相互交织。事件通讯写作中，人物是推动情节发展的主要动力，往往事件的高潮和思想的光辉都由人来表现。虽然不能像人物通讯那样展开描摹人物，但也应抓住人物的典型特点，用人物的言行情感来凸显事件的价值。第四，写好细节，讲好故事。写作事件通讯的基本要求是把新闻事件交代清楚，但一篇只叙事的报道势必枯燥乏味，如果在写作中插入一些生动、感人的细节，能为故事增色，突出事件的意义，也能为文章增添情感，打动读者。

2018 年 5 月 14 日，川航一架飞机在执行重庆飞拉萨任务时，驾驶舱右座前风挡玻璃意外破裂脱落，面对这一极端罕见的空中险情，刘传健机组在生死关头，临危不惧，果断应对，正确处置，确保了机上119名旅客的生命安全。34分钟惊心动魄与死神较量的备降过程，让这段飞行被誉为世界民航史上一次“史诗级”的飞行。3U8633航班的成功紧急备降牵动了全国人民的心，被媒体广泛关注报道。作为行业媒体，《中国民航报》记者从专业角度，挖掘到了大量飞行员操作飞机成功备降的细节，同时也对空中管制部门、机场、民航管理局的处置过程做了详细报道，在媒体上第一次准确还原了整个新闻事件的全过程，对网上各种相关的不实报道进行了回应。

《没有风挡玻璃的飞行》①这篇通讯的采访难度大，写作和编发时间紧，记者突破重重难关完成了对机组人员的采访，在全国媒体中首次以独家、全面、权威的事实细节再现了备受国人关注的社会焦点事件。该作品由于新闻性强、时效性强、感染力强，取得了很大的社会反响和非常正面的社会效果。

三、工作通讯

工作通讯是我国特有的一种新闻文体，通常用来报道分析工作中的经验、问题和教训，并起到指导、推动工作开展的作用。因为工作通讯以记录“工作”为主，所以工作通讯成为企业报数量最多、最为常见的新闻体裁。

具体来说，工作通讯的内容分三种。一是展示工作成果，推广工作经验。这类通讯选材多为一个单位、一个地区或一个行业取得成功的经验，以及新的发展理念与发展思路。二是发现工作问题，进行批评报道。通过调查性报道来反映现实工作中存在的问题，侧重于对问题源头的挖掘和对工作教训的总结。三是对于新难题、新动向、新课题进行探讨。它不仅要反映新出现的矛盾点，还要对此进行剖析，提出解决方案和发展建议。

《哈尔滨一场专为非公、小微企业量身定做的焊工比赛，却只有两家企业参加——一些私企为何不愿参加技能竞赛?》②是一篇反映企业工作中存在问题的通讯，记者从一场职工技术实操比赛中敏锐把握了一个很值得深究的问题：小微企业为何参加职工技能大赛的积极性不高。记者抓住了这一问题，并在赛场内外进行了深入采访。通过深入了解挖掘，记者得知私营

① 郝蒙：《没有风挡玻璃的飞行》，《中国民航报》2018年5月18日。

② 张世光、施碧蔷：《哈尔滨一场专为非公、小微企业量身定做的焊工比赛，却只有两家企业参加——一些私企为何不愿参加技能竞赛?》，《工人日报》2019年11月14日。

企业、小微企业的职工对于国家近年来加大产业工人培养力度的政策是了解的，对于各种职业技能提升方面的优惠政策也是渴望的，但是企业有不解、为难之处。记者通过进一步采访有关部门，对相关问题进行了深入解读并探讨解决之道。

该篇通讯紧抓企业工作中出现的问题，现实针对性强。高质量发展离不开高水平的产业工人队伍和技能大军，产业工人是创新驱动发展的骨干力量，因而必须充分调动广大产业工人的积极性、主动性、创造性。本文以小见大，通过对一场技能大赛的现场观察，提出了目前体制机制上需要注意的现实问题，很有意义，令人深思，是一篇有思想性的工作通讯。

与人物通讯、事件通讯相比，工作通讯的政策性、全局性更强。在写作前要对于党和国家的大政方针与改革方向，对行业的工作重心和发展动向，对于所写问题的辐射范围和关注焦点有清晰的认识和把握。写作时既要交代工作中的矛盾点，也要以点带面，把矛盾的点放到工作发展的全局中看，才能让通讯全面、透彻。

在工作通讯中，对问题的描述、经验的总结要具体透彻。工作通讯常常会运用收集、归纳、分类、预测等分析方法，要把经验、教训分析明白，剖析透彻光有总结是不够的，要把问题写深写透。工作通讯要把观点和材料统一起来，具体问题具体分析，不能只有概念的罗列和空洞的判断。要用具体的事实来说明问题，通过大量的一手信息、材料，让读者通过具体详细的实际情况理解通讯提出的经验与观念，也就是寓理于事。

工作通讯本身具有自上而下的指导性，与群众的实际工作生活贴近性较低。记者在宣传报道政策和工作重点时要结合实际，找到主题与受众的结合点，努力贴近群众写作，还要结合当下的传播模式、受众对信息的选择取向，选择容易被普通大众接受的叙事方式讲故事，语言上也要力求形象、生动。

第四节　通讯的写作技巧

一、通讯的主题

通讯的主题指的是通讯的中心思想，是记者在组织梳理报道素材的基础上用新闻事实表现出来的基本观点。通讯的主题统领全文，体现报道的舆论导向。“通讯是借用文学创作的艺术手法，真实地反映客观现实生活的文体。”[①]通讯的写作与文学创作有很多共通之处。文学创作中讲究先立意再行文，通讯也是如此。通讯主题的选择决定着素材的取舍，决定着文章的结构与布局，决定着作品的立意高下与价值的高低。

（一）通讯主题的要求

1.正确的价值取向

价值取向指的是一定主体基于自己的价值观，在面对矛盾冲突时所持的价值态度和立场。新闻通讯中的价值取向包括新闻作品体现出的新闻价值，也包括获奖作品所具有的社会价值。因此，在选择新闻作品主题的时候既要考虑新闻价值，也要考虑作品的舆论导向。

具有新闻价值是一篇文章能成为新闻作品的前提。新闻价值主要包括真实性、新鲜性、重要性、接近性、显著性、趣味性六大要素。世界上每时每刻都发生着数不清的事件，并不是每件事、每个人都有写成新闻通讯的价值，新闻价值的大小是新闻主题选择的重要判断标准。重大、新鲜、真实、典型，反映时代风貌的通讯主题，更容易产生大的传播价值和传播效果。

新时代，社会生活经历了复杂的变动，需要新闻媒体正确反映舆论、引导舆论。通讯的主题理应与社会发展方向一致，与人民利益一致，符合社会主义核心价值观，这是新闻媒体不可推卸的责任。

《二百八十一个签名挽留第一书记》[②]一文，讲述了陕西省子长市瓦窑堡街道张家庄村第一书记马永涛的扶贫故事。文章主题鲜明、文笔流畅、故事感人，通过第一书记的感人事迹，反映了“驻村干部”这个群体在中国反贫困斗争的伟大事业中作出的不可磨灭的贡献。文章采写于2019年5月底，当时正值我国脱贫攻坚关键时期，报道刊发后，社会反响强烈。这篇通讯以驻村书记带领群众创造美好生活为主题，凝聚了人心、鼓舞了士气，激励更多新时代党的干部奉献基层，为进一步融洽密切党群干群关系树立了榜样，为确保全省如期打赢脱贫攻坚战树立了信心。

2.主题的深刻性

新闻的主题不能浮于表面，要尽可能深入挖掘，揭示事物的本质，反映事物发展的规律。现实中的人物、事物往往是错综复杂的，记者在写作新闻

---

① 刘明华、徐泓、张征：《新闻写作教程》，中国人民大学出版社2002年版，第335页。

② 王海涛、刘印：《二百八十一个签名挽留第一书记》，《陕西日报》2019年6月3日。

通讯过程中要通过多次梳理、思索新闻线索，多次调查、印证新闻事实，然后再去初步确定通讯的主题。好的通讯作品不是将事情的表面铺陈给读者，而是要通过事情的表象，由表及里解读事件的本质，深化文章的主题，引导读者进行深入的思考。文章主题的深度主要体现在主题的历史感、全局性、精神力量和社会影响。

在以喀斯特地貌为主的广西，季节性缺水是困扰石漠化地区群众的民生“痛点”，在石漠化片区县隆安县，“喝上干净水”是几代人的梦想。在脱贫攻坚工作关键时期，记者敏锐捕捉到使3万多名群众喝上“安全水”“脱贫水”的隆安县集中连片跨区域供水工程。

记者随施工队穿山越岭，走访大山深处贫困户，对话劈山凿水亲历者，采集史料碑文，获得了丰富翔实的素材，写成通讯《变“民生痛点”为“发展支点”》①。在行文布局上，文章立足宽广的历史视野，追溯当地战天斗地数十年的寻水历程，生动描摹广西干部群众“立下愚公移山志，坚决打赢脱贫攻坚战”的奋斗之姿，扎实打磨出沾满“泥土味”的作品。

这篇通讯通过隆安县实施集中连片跨区域供水工程，聚焦广西各级党委、政府把民生“痛点”变为发展“支点”的大胆探索，报道主题重大，体现时代脉搏、政治导向和大局意识。题材典型，切口精准，以小见大，将中央精神和基层实践有机结合，具有很强的指导意义。行文叙事生动，角度细腻，彰显人文关怀，取得了较大的社会反响和良好的传播效果。

3.主题的新颖性

新颖指的是新闻事实的新意，一个老生常谈的主题人们已经司空见惯，就会提不起兴趣。相反，一个新颖的主题，往往会引起人们的好奇心，给人耳目一新的感觉。近年来，我国经济、社会不断发展，人们的思想观念和社会心态也在不断变化、更新。当下社会新思想、新观念不断涌现，通讯的主题自然也要反映社会生活，反映时代精神，所以追求新颖性是对通讯主题的重要要求。

4.主题的亲民性

随着社会的变化、新闻理论的进步和新闻实践经验的增长，记者对于新闻主题的选择更加接地气。拔高英雄、非黑即白、脱离生活、脱离群众的问题不断得到改善，平民视角、多元包容、理性思辨的主题得到了更多读者的

---

① 文彩云、杨波:《变“民生痛点”为“发展支点”》,《广西日报》2019年7月21日。

认可。

（二）选择主题的技巧

1.基于事实，提炼主题

通讯主题是基于作者在新闻现场的观察体验，对新闻素材的研究分析、对新闻事实的理解感悟之上产生的，需要以记者采写的新闻事实为依据。利用掌握的新闻素材，梳理事实的关联，推断事件的原委，判断新闻价值所在，然后抓住新闻点，提炼、确立报道的主题。

2.预设主题，寻材印证

记者根据自己的新闻实践经验和专业判断，在写作之前提前预设新闻主题，这也是确立通讯主题的方式之一。这种方式在业界也被称为"主题先行"。记者在采访前设定好大致方向，然后再去求取一手素材，这种确定主题的方式有准确、快速、说服力强等特点，适用于从社会热点中确立主题进行采写的情况。

二、通讯的选材

通讯的选材，指的是记者通过采访、调研、搜索等手段获得的适用于文章主题的题材和素材的总称。通讯说服读者的方式往往不是直抒胸臆，而是通过文章材料的编排，让受众自己理解体会，从而达到说服的效果。所以，新闻的选材是通讯写作中的重要一环。

（一）通讯选材的特点

1.材料的典型性

通讯是通过丰富、大量素材的选择、组合来达到传播新闻事实的效果，而典型的人物、典型的事件能以点带面、以一当十，让文章更具说服力，因此通讯的选材要具有典型性。这一典型性有两层含义：普遍存在与特点突出。材料中的情况是不是普遍存在，材料有没有特别之处，经过这两个问题考量的材料，无论事实如何，我们都可以说它具有典型性。

在我国的通讯写作中，典型性还有一层意义，那就是材料要取自当前社会现实，现实题材是通讯选取的主体。选材需要考虑是否符合时代的精神，是否能起到引导教育人的效果。只有能反映当下社会风貌和时代特征的材料，才能称得上典型。

2.材料紧扣主题

在确定写作主题之后，要围绕主题选取能表现主题的材料或对材料进行取舍以更贴近主题。文章材料的组织要紧扣主题，通过将新闻素材整理成一条贴合主题的线索，让复杂凌乱的新闻事实得到清晰的梳理，让读者能够沿着作者用材料铺成的路径，找到并理解文章的中心和主题。要避免在一篇文章中出现多个新闻素材、多个主题的情况，这样会让读者思路混乱，产生不知所云的感觉，让通讯的质量大打折扣。

例如，《一幢楼和一个县——追寻40年间桓仁主政者的工作轨迹》[①]一文，是一篇庆祝改革开放40周年的主题报道。改革开放40年作为一个重大的新闻主题有很多选材的角度，这篇通讯视角独特，通过一座见证历史变迁的大楼来展开叙事。

改革开放40年，社会经历了沧桑巨变，而已经73岁的政府办公楼却始终未变。报道从这个独特的视角入手，将桓仁改革开放40年的成就与历任县委班子艰苦务实、励精图治、一张蓝图绘到底、一任接着一任干的精神联系起来，充分体现了新时期党员领导干部的使命担当。报道选材视角独特，紧紧扣住了改革开放以来党员干部带领群众通过奋斗创造美好生活的主题。小楼见证大变迁，既是贯穿全文的时间线索，又是历史铺陈展开的见证；既有时空的纵深、宏观的思考，又有对中心工作的准确把握。除此之外，这篇通讯视野开阔，语言精当，更有始终身在新闻现场的细腻与温度，是难得的通讯佳作。

3.材料的多样化

在材料选取过程中，要避免重复，同一类型、同一角度的素材一个即可，要尽量丰富材料的视角和层次，让通讯更具可读性。

(二)通讯的选材方法

1.紧扣主题，敢于取舍

通讯的主题是全文的统领，新闻素材的选取要紧扣中心。是否贴近中心，是判断新闻素材价值最重要的标准。再好的新闻素材，如果不符合主题，也只能舍弃；再小的新闻点，如果契合主题，也可以给文章有力的支撑。所以在选材的过程中，要以主题为标尺，放眼搜集尽可能丰富多样的材料，

---

① 丁宗皓、高爽、张海浪：《一幢楼和一个县——追寻40年间桓仁主政者的工作轨迹》，《辽宁日报》2018年12月17日。

并挑选紧扣主题的材料，舍弃游离于主题之外的材料。

2.对比材料，优中选优

新闻选材的质量直接影响新闻作品的质量，所以选材过程中可以通过对比等方式，找出最凸显主题、新颖优质、说服力强的材料。记者在撰写通讯前，往往会通过采访获得大量信息、素材，这些与通讯主题相关联的信息会有价值大小的差异，也就是材料质量上的差异。优质的新闻材料包含多方面的意义：材料的新鲜独特性，材料的情感共鸣，材料的深度。记者通过对比考量材料的价值，选择质量好的，淘汰质量差的，从而为通讯的写作提供最有力的素材支持。

三、通讯的结构

（一）通讯的结构特点

通讯的结构是通讯素材的组织方式和文体的外在架构，是在分析素材内在联系的基础上形成的，是对素材进行有效的联结、排列、组合，并保持整体性、逻辑性的通讯的表现形式，也称为“通讯的骨架”。

通讯的结构包含两个层面：一是通讯结构外部特征，二是通讯结构的内在意义。从外部特征来看，通讯和消息的结构差异很大。首先，通讯的结构更为自由。根据通讯内容的需要，记者可以灵活进行段落设计，安排谋篇布局。根据不同的报道要求，同样的内容也可以使用多样的报道模式。其次，通讯的结构更为复杂。通讯可以通过巧妙的结构设计来容纳线索繁复、时空交叠、逻辑复杂的新闻事实。

从结构的内在逻辑来看，通讯的结构体现了记者在构思时思维活动的逻辑性。一般来说，记者在安排通讯的结构时要坚持以事实为本，从新闻的主题出发，尊重新闻事实的内在逻辑性，还要尊重读者的阅读习惯和阅读心理，这样才能达到好的传播效果。

（二）通讯的结构类型

通讯结构的类型指的是通讯的基本架构和段落格式，基本上可以归纳总结为以下几点：

1.按时间顺序安排结构（纵式结构）

时间顺序指根据故事中事件先后的时间与叙述文本中的时间之间的关系来进行结构安排的方式。在文学中有顺序、倒叙、插叙、补叙等叙事结构，与其类似，新闻通讯中的时序结构也很重要。从时间顺序的角度来看，通讯主要有顺序、倒叙、预叙、双线并进等结构方式。

顺序：顺时间记叙，从头说起。顺序是通讯中最常用的结构方式。这种结构思路清晰，线索简单，易于作者操作，也易于读者理解。但是，顺序结构的弊端也是显而易见的。平铺直叙，没有情节跌宕、轻重缓急，单一的线索、乏味的记叙很难让读者保持阅读的兴趣。

倒叙：逆时间顺序，精彩优先。有部分倒叙和整体倒叙两种。有的新闻从头说起很难吸引读者，这时候可以把顺序调转，把最精彩的部分提前，再缓缓交代事情经过。有的新闻为了解释、烘托和深化主题，常常会在文中有背景的介绍、信息的补充，这时候就常常需要倒叙、插叙。

预叙：预先说出要发生的事，或预见事件的结果，再去陈述事情发展的其他信息。例如《温州大火七个人的生死一天》①一文，记者在还原火灾发生之前部分当事人的活动场景时，插入了关于这场火灾的事实叙述。正常的时间顺序是当事人进入大楼后火灾才发生的，但是作者没有按照当事人走出家门、穿过街道、进入大厦、发现大火发生的顺序，而是在更早的场景中插入关于稍后时间发生的火灾的描述，属于较为典型的预叙。预叙给了读者一个关于事情走向和结果的暗示，让读者在心理上接受起来更容易。

并进：并进指的是运用双线并进的叙事方法，叙事与交代背景交叉进行，时断时续，相辅相成。此法西方新闻界运用较多。

2.按空间顺序安排结构（横式结构）

具体可分为两种：第一种是同时异空结构，是文章截取某个时间点或时间段，由此对不同空间的人和事进行报道。这种结构方式适用于没有中心事件，场面宏大，内容丰富的新闻报道。比如某些重要的年份，重大节日、纪念日等。第二种是侧面拼接结构，通常是以一个人或一件事情为中心来梳理整合新闻素材。写人物时，会通过他表达的多个观点、做过的多件事情来展示他不同的性格和特质。记录事件时也常常会采用多视角。

3.按表里顺序安排结构

新闻事件包含的事实和性质常常是复杂的、多层次、多侧面的，对于复杂的新闻，记者往往需要透过表象来层层深入，直到找到事件的本质，挖掘

① 杨继斌：《温州大火七个人的生死一天》，《新京报》2007年12月12日。

到事件背后隐匿的原因。这种结构方式，由浅入深，思路清晰，能引发读者思考，同时也更具说服力。这种结构更适用于说明某种社会现象和社会问题的报道。

除了以上三种结构，还有很多衍生的结构，即组合式结构。或是时空交错，或是倒叙与时空拼接，多侧面的场景、多线索的故事，形成了立体感和纵深感，清晰的脉络包裹着层层深入的真相，使复杂的新闻事实“井然有序”。

《人间正道是沧桑——献给中华人民共和国70周年华诞》[1]这篇通讯是新华社纪念新中国成立70周年华诞系列报道的扛鼎之作，站位高、视野宽、跨度大、布局巧。从革命圣地到改革前沿，从田间地头到工厂企业，包罗各行各业的劳动者、专家、企业家、干部群众等。通讯以“青春之中国、奋斗之中国、人民之中国、世界之中国、未来之中国”5个小标题结构全篇，每一个小标题均辅以精准解析。全文在70年时间纵轴的不同横切面，选用大量事件和人物，这些取材或是从梁启超、李大钊的奋力疾呼到毛泽东《论十大关系》、“小平小道”上对改革开放的思考等标志性人物的关键细节，或是祖孙三代司机“一碗馄饨”诠释铁路发展等重大成就的崭新注脚，或是设计师程不时从“纸飞机”到“大飞机”，中国女排在日本“首次夺冠”到“十连冠”等同一人物或事件的今昔穿插对比，全文共有43个有名有姓的人物，构成的故事细节颇有“大珠小珠落玉盘”之效，从不同角度折射70年沧桑巨变，正如业界专家评价：“一篇写尽70年风云”。思想内涵丰富，结构立体巧妙，文笔隽永，感染力强，值得我们反复学习揣摩。

（三）开头与结尾的写作

通讯的开头和结尾都是通讯的重要组成部分，有头有尾，造就了通讯的完整性、整体性。通讯的开头拉开文章的“序幕”，吸引读者的阅读兴趣；通讯的结尾收束全文、深化主题，引发读者思考。因此，好的开头与结尾对通讯来说非常重要。

通讯的开头要打开写作思路，引起读者的阅读兴趣。一般来说有以下几种常见的开头方式。第一，开门见山，引起阅读兴趣。与导语开头告知新闻事实、概括新闻内容相似，“开门见山”式的通讯开头能让读者迅速知晓新

---

① 《人间正道是沧桑——献给中华人民共和国70周年华诞》，新华社，2019年9月29日。

闻概况，引起阅读的兴趣。第二，抛出问题，引起下文的探究。开头摆明新闻中出现的矛盾和问题，给读者设置阅读悬念，让读者带着疑问到下文寻求答案，这种开头方式能让文章中心事实突出，勾起人们阅读的欲望。第三，重现现场，营造“身临其境”的氛围。通过现场的场景重现，例如直接引语的使用，人物、事件的细节刻画等方式，将某个“最精彩”的情节或场景提前，以起到激发阅读兴趣的效果。

通讯的结尾要总结收束全文并能深化主题，引发读者思考。通讯的结尾常常有以下几种方式。第一，总结全文，点名深化主题。通讯是围绕主题组织材料的文体，主题有明示和暗示两种强化手法，这两种手法都可以在通讯的结尾中体现。明示是在文章中直接表明态度、发表看法，暗示是借他人的观点、做法来表明态度。第二，议论抒情，强化升华主题。通讯在写作中可以利用记叙、抒情、议论等多种表达方式，结尾的议论和抒情能让文章的主题得到进一步强化，给读者留下回味的余地，引发深度思考。第三，留白式结尾，让文章回味无穷。通讯以提问、反问、设问进行结尾或让新闻事件戛然而止，从而带给受众更大的想象空间。

四、通讯的表达技巧

表达技巧指表达文章的内容时所运用的写作原则、规律和方法。通讯中表达技巧的使用能让记者在采写过程中更好地传播消息、表情达意，能让通讯的接受度和认可度进一步提高，所以说通讯的写作需运用恰当的表达技巧。记者需要在采写实践中不断学习、积累表达技巧。

（一）紧扣主题

通讯的主题是通讯选材和组织的标尺，也是通讯表达时的依据。记者在下笔之前以及写作过程中，必须明确牢记文章表达的主题。表达方式、表现手法的应用都必须紧扣文章主题，才能达到作者想要的效果。

（二）重视写作层次

层层深入、步步推进的文章更易让读者接受，也更具有说服力。要让新闻作品的层次感更分明，就要从材料安排和文章结构上下功夫。在材料安排方面，与主题相关的内容详写，与主题间接相关的内容略写，与主题无关的内容要舍弃。在结构方面，可以利用设置悬念、铺垫、伏笔、开门见山、承上启下、首尾照应等结构技巧，来增强文章的层次感。

2019年年中，“夜经济”在我国各地繁荣兴盛，多家媒体都敏锐意识到“夜经济”将成经济发展的新动力。《“夜经济”点燃中国发展新引擎》①一文紧扣时代前沿，稳稳抓住“夜经济”这一亮点关键词，结构巧妙，层层深入，在国内外舆论场均产生了良好反响。

报道以盛夏之夜天津民园广场的热闹场景开头，截取夜市中特有的场景、普通的人物，将读者拉入“夜经济”现场，使文章有了“烟火气”，一下吸引了读者的注意力，也为下文主题的展开做了铺垫。通过直接引语、他人评价等方式，巧妙过渡，将文章分为三个层次。“夜间经济正在成为提升城市活力、拉动中国发展的一个新引擎。”“要吸引人、留住人，实现城市发展的‘再中心化’，就要从供给侧发力，做好制度性和政策性安排，提升服务品质。”“发展夜间经济不仅是一道经济命题，更是一道治理考题。”三句话，将“夜经济”是经济增长的新引擎、消费升级和供给侧结构性改革的新载体、关乎城市治理的新课题三个层次依次铺开，增强了报道的感染力和可信度，有效提升了报道立意和思想内涵。最后以成都宽窄巷子的深夜场景收尾，呼应开头，一动一静。全文融知识性解读与社情民意描摹于一体，既体现出夜间经济发展的历史纵深感，又横向展现出了今日中国不同城市“夜经济”的繁荣景象。该报道以细节描写的小切口烘托时代大主题，立意精巧，导向高远，为经济社会发展营造了良好的舆论氛围，是一篇佳作。

（三）表现手法的应用

通讯作为一种生动灵活的新闻文体，可以使用一些表现手法，来让通讯的行文措辞和感情表达更具可读性和感染力。通讯的真实性要求通讯与文学作品中经常使用的表现手法不同，一般来说，通讯中常用的表现手法有铺垫、烘托、对比、悬念、动静相衬、欲扬先抑、以小见大、正侧面描写相结合等。有时，为了让文章生动形象、浅显易懂，还会用到一些修辞手法，如比喻、双关、借代、反复、排比、反问、设问、拟人、对偶等。

随着中国社会经济、政治、文化、科技等方方面面的发展，大众传媒渠道的改变，信息传播技术的发展，受众心理的变化，未来的通讯写作会朝着更加丰富多元的方向发展，会不断采用年轻人的话语方式，也将更适合大众阅

① 王明浩、李鲲：《“夜经济”点燃中国发展新引擎》，新华社，2019年7月23日。

读。新题材、新体裁、新叙事角度、新语言风格不断进入通讯写作技法的范畴，一些原有的写作技法也不断成熟更新，给受众带来新的阅读体验。融媒体时代，新闻通讯的表达将会变得更加自由，技法将更加成熟，受众也将会以新的方式定义阅读。

第七章　特　写

第一节　特写的定义

特写是指借鉴摄影中“镜头感”的传播功效，以描写作为主要表现手段，截取新闻事实中富有典型意义、最具新闻价值的部分，做形象化的再现与放大的一种新闻体裁。

特写是从消息和通讯之间衍生出的一种报道形式。有学者追溯特写的源头，认为电台记者的现场报道功不可没。在西方新闻发展史上，文字记者在报道新闻时倾向于对事件进行来龙去脉的把握，而电台记者更擅长将他看到的、听到的、感受到的原始真实的新闻现场用鲜活形象的方式予以记录和讲述。电台记者常用的这种“即景”式的现场报道被文字记者广泛借鉴采用，经逐步演变形成了独立的文体——特写。

据考证，新闻特写在我国出现于20世纪二三十年代。因其对新闻场面的生动再现，或是对被报道主体的细节铺陈，大大增加了报道文章的可信度和感染力。这一优点使新闻特写很快成为中国受西方影响较深的老一批新闻工作者常用的一种报道体裁。中国著名的新闻工作者萧乾对特写的特质以及表现方法有着自己独到的理解。他在坚持真实性的基础上，广泛利用白描等文学手法，并将记叙、议论和抒情相结合，使新闻特写更加充实饱满。我国著名女记者彭子冈，作为《大公报》招牌记者，以其文学色彩浓厚，笔触细腻生动，强烈的文体意识和自觉追求，促进了特写这一文体的繁荣，为后人的特写实践起到了示范作用。[1]

进入21世纪后，我国新闻事业迅速发展，广播、电视、网络媒体快速成长与兴盛，纸媒为寻求生存空间，更多的借助文字表现手法的丰富与之抗衡。新闻特写以其镜头感、现场感、立体感强等特点，越来越多地见诸新闻媒体。特写作为一种独立的新闻报道体裁，在新闻传播实践中日益显示出其重要作用。

在新闻实践中，很多人容易把特写与消息、通讯的概念混淆。其实，它们三者之间还是有着明显的共性与区别的。特写和消息、通讯一样，都是及时、准确、真实地报道新闻事实，如果说消息和通讯是新闻事实的“远景”和“全景”的话，特写就是新闻中典型且精彩的“近景”。与简明扼要反映新闻事实的消息相比，特写是抓住新闻中的一个片段、一个场面、一个镜头，进行细致、突出的刻画；消息更多是精练概括事件的全过程。特写与通讯都通过文学手法，让报道更加生动形象；一般来说，通讯是新闻的“纵切面”，展现新闻事件完整的过程和因果；特写是新闻的“横切面”，通过视觉化、现场感吸引读者的目光。

例如，报道一场火灾，消息会以简明的语言概括事件中最令人关心的情况，如人员伤亡情况、火灾事件地点、扑救情况等。特写则可以截取现场救援的画面，通过白描等手法强化现场感，让受众关心关注火灾事故和救援情况。事件发生之后，可以通过通讯报道调查事件原因、追踪事件后果、科普预防策略等，为公众提供更加完整的信息和更加具有深度的事实真相。

随着媒介技术的进步和传播途径的多样化，信息的数量激增，新闻传播的速度也越来越快，传统的新闻形式很难满足当代受众的需要，新闻工作者需要用更加鲜明、有感染力的方式将新闻价值展现给广大读者。新闻特写作为一种灵活多变的新闻体裁，以其独有的特点显现出强劲的生命力。

第二节　特写的特点

一、镜头感强：巧妙的截取，适当的放大

新闻特写是借鉴电影电视特写镜头的表现方式，在客观记录事实的基

① 参见高晶怡：《彭子冈新闻特写研究》，南京大学硕士学位论文，2016年。

础上，用文字表现镜头美、画面美的一种报道形式。因此，一些学者认为特写可以从两个维度进行分析，新闻中的特写和新闻的特写。[①] 新闻特写通过“巧妙的截取”和“适当的放大”找到了新闻性和文学性之间的平衡点，让受众不仅能获得需要的信息，还能获得艺术欣赏的愉悦感。

与全面翔实的通讯相比，特写篇幅简短，更加注重新闻选取的角度。对于一个完整的新闻事件来说，特写往往会进行镜头式、拍照式的截取，选择一个片段、一个切面，甚至是一个角落、一个瞬间作为内容。虽然是新闻事件的局部，但截取的这一幕却能以小见大，具有新闻价值，并能映射新闻的主题。巧妙的截取让特写和通讯相比更加细腻、凝练，给读者留下更深的印象。

截取新闻的横断面之后，特写会用富有文采的语言、精巧的结构来对新闻事实进行适当的“放大”。特写要将选取的内容进行文学化的处理，用丰富多样、饱含深情的艺术手法去描绘和渲染场面与细节，给受众留下深刻的印象。

特写通过“截取”新闻片段、“放大”特定事实，让新闻的呈现更加立体化，更具镜头感。虽然在“新闻”语境下新闻性与文学性似乎是对立的两个概念，但在新闻特写中二者可以相互配合，相辅相成。

二、现场感强：增强真实性，产生冲击力

特写是一种新闻文体，因此具备一般新闻报道的基本功能——告知。特写的告知方式与其他文体不同，更讲究现场感，注重新闻中人物、事物、场景的局部和细节。也正是由于现场感的要求，需要记者在采写新闻时一定是从新闻现场出发，用自己的眼睛去观察、采访，收集第一手的新闻素材，以保障写作时的现场感和真实性。

特写的现场感是视觉感受和心理感受的统一。特写会通过现场场景的描述和细节的刻画，为读者构建起一个镜头拍摄一般的空间，用文字让读者觉得自己就是新闻现场的目击者。同时，记者在写作时不仅会用叙述重塑真实的现场，还要把现场的氛围也带给读者，给读者带来情感上的波动。这种从视觉到情感的冲击与震撼会带来比新闻事件陈述更强烈的影响力。

特写的现场感所体现的重大新闻价值与意义，有时会远远超过事件事

---

① 参见吴雨蓉：《新议新闻特写的新闻性和文学性》，《新闻知识》2013年第2期。

实本身。《纳粹战犯伏法记》是被西方新闻推崇为“现场观察式报道”的名篇。金斯波里·史密斯(Kingsbury Smith)作为唯一获准进入行刑现场的美国记者,用纯纪实手法写出的这篇特写,获当年普利策奖。金斯波里·史密斯所记录的那个特殊的现场,其新闻价值和意义远远超过了事件本身。正因为有了那些现场细节,即便在今天我们依然能感受到文字中透出的恐怖,依旧能从其中得到警醒与反思。

三、聚焦高潮:重铺陈渲染,托事件高潮

与纯新闻报道的消息相比,消息注重报道新闻事件发生发展的全程,而特写则是聚焦新闻事件中人和事的典型片段和高潮瞬间。特写抓住的高潮一般是新闻事件中最精彩的片段或者是有意义的瞬间。因此,在选材时会注重所选角度与新闻整体的关系,那些反映新闻主题、具备新闻价值,有趣味性、新鲜性、有张力的素材,更能引起读者的兴趣,更能让文章出彩。

特写的特点决定了它在记录新闻时不可能面面俱到,而是要抓住反映事件特征和高潮的片段集中铺陈。在注重对场景、气氛的渲染和铺垫,引领受众进入有景有意的新闻现场后,要集中力量、聚焦关键、细察局部,整篇文章紧紧抓住新闻事实的高潮,把关键部分写深写透,并在高潮中戛然收笔,使人回味无穷。当读者阅读特写作品时,能被吸引着一口气从头读到尾,达到这样的效果,才说明我们的切入点是成功的,文章高潮是足够深入人心的。

四、透视感强:以小的切口,呈现大的主题

透视感是特写的一大特点,指的是文章通过细节描写、从小事切入,却能以小见大,见微知著。特写的透视感,除了上文谈过的选材典型、得当,还得益于细节描写的运用和立意的深远考量。

特写的要旨在于以点带面,以局部反映事件全貌,而不在事物的全貌上泛施笔墨。因此,细节描写是新闻特写中最常见的表现手法,对新闻事件片段和细节的着墨添色,能让读者看到更加立体、更加真实的新闻现场。特写通过细节再现把新闻进行镜头化呈现后,感染力更强,能引导读者进行新闻事实之上的更深层次的思考,从而理解新闻表达的精神和意蕴。所以说,虽然特写记录的都是小切口、小细节,却能透视镜头背后全局性、本质性的大主题。

2016年，我国全面推动供给侧结构性改革，煤炭、钢铁行业“去产能”是改革的重点，煤炭大省山西率先启动供给侧结构性改革，改革带来的“阵痛”很难避免，煤矿关闭后“人往哪里去”成为很多人关心的问题，《别了，白家庄矿》[①]就是记者在与煤矿工人采访接触的过程中有感而作。作者敏锐地捕捉到一座80年老矿中两对矿工父子这样的“典型煤矿的典型代表”。用特写的方式，通过小切口反映大事件，通过小人物诠释大情感，以“煤矿的告别”和“人的告别”为新闻的主副线，以“矿的新生”和“人的新生”为内核，将“去产能”的重大意义灌注于两对父子的故事中，饱含希望，寓意深远，反映现实，打动读者。

第三节　特写的类型

一、人物特写

人物特写是绘声绘色地再现人物在特定情景中的活动片段，并从中透视人物性格、个性或品质的新闻文体。与一般的人物通讯一样，人物特写要求在写人物时不失真实性和新闻性。不同之处在于，新闻通讯呈现的是人物的多面性、复杂性，多是通过讲述人物故事和经历来表现人物的先进性。人物特写则更加集中凝练，并不表现所报道的人物各个方面的情况，而是抓住人物的亮点、特点着重描摹，有更强烈的画面感和动感。

很多记者都说，在新闻报道中最难写的是人物，最吸引人的也是人物，因此人物特写在新闻特写中占有重要地位。选材方面，人物特写的选材范围广泛，与人物通讯的选材有相似之处。一些报纸杂志会选择一部分备受关注的新闻热点人物和政界焦点人物进行新闻特写，在揭露事件真相的同时，呈现人物和人物事件背后的社会现象。近年来，越来越多的人物特写开始关注普通人，记录普通人的喜怒哀乐，而对这类人物的刻画也更能反映出社会现实问题和人间百态。在形象塑造方面，特写人物的形象往往通过人物的动作、语言、行为等方面的细节表现出来，因此人物特写常常通过典型动作、语言甚至心理描写来塑造人物。这样的人物特写才能把人写活，给人留下深刻印象。

---

① 张临山、冷雪：《别了，白家庄矿》，《陕西日报》2016年12月28日。

《"李保国又来了!"——记一位扎根太行山的科技工作者》[1]是一篇人物特写，报道了一位推动科技与经济结合的一线科技工作者的感人事迹，成功树立了为社会经济发展作出重要贡献的科技工作者的典型形象。文章主题鲜明、结构精巧、细节感人，既有可读性又有感染力。

文章以"李保国又来了"这个"中心句"为线索，讲述了李保国扎根太行山，全身心投入基层工作的三个故事，前后照应，文气贯通。为刻画人物形象，文章中用了衬托、细节描写、场景勾勒等方式，让人物更加灵活生动。

一个黑乎乎、笑嘻嘻的人朝地里走来。安小三家的小孩正在嬉耍，一见这人，立刻蹦着喊道:"李保国又来了!"

充满镜头感的外貌细节，寥寥数语勾画出人物踏实亲民、广受欢迎的形象。

> 李保国1996年随河北农业大学科技救灾团初到岗底时，特大洪涝刚过去，3天把一年的雨都给下了。地没了，山烂了，路垮了，岗底村党总支书记杨双牛一面流泪一面不忘招待李保国，"我们岗底苹果好吃，吃吧吃吧。"李保国接过杨双牛手上的苹果一看，干巴巴的小黑蛋子，心里很不是滋味。他给杨双牛留下电话说，"你要是愿意，我们把苹果做起来。"……
>
> 李保国先来岗底住了半个月，每天早上5点起床，带着干粮凉水就上山，一天走8公里山路，把岗底的山爬了个遍后，做了全村发展规划，其中第一产业就是苹果。

日常小事、行为细节、场景再现，增强人物的感染力和亲和力，使受众产生情感上的共鸣，亦展现了李保国专心科研、吃苦耐劳、一切为了人民的精神世界。

二、事件特写

事件特写是以报道刻画典型新闻事件为内容的新闻特写。通过生动形象的语言和故事情节，引起受众对事件的关注，并产生阅读兴趣。事件特写注重描写和刻画新闻事件中最有特色、最有典型性、最激动人心的一个场面、一个瞬间、一个细节或一个片段。

---

① 董碧娟:《"李保国又来了!"——记一位扎根太行山的科技工作者》,《经济日报》2014年6月。

在写作事件特写时，首先要注意选材典型性和具体性，不能像新闻消息那样概括笼统，也不能像通讯那样把来龙去脉详细地交代，而是要抓住事件最有意义、最有特征的局部，不求详尽，但求鲜明。第二，在报道中可以通过顺序、倒叙、插叙等方法合理安排表达顺序和文章结构，要注意侧重于事件过程中画面感的呈现，以事件为中心，处理好写人写事的关系，做到文章结构紧凑而集中。第三，要注意主题上的引导性，融情融理于事，让读者从新闻故事中有所思考，有所感悟，有所回味。

《别了，不列颠尼亚》就是一篇经典的新闻特写。

别了，不列颠尼亚

在香港飘扬了一百五十多年的英国米字旗最后一次在这里降落后，接载查尔斯王子和离任港督彭定康回国的英国皇家游轮“不列颠尼亚”号驶离维多利亚港湾——这是英国撤离香港的最后时刻。

英国的告别仪式是 30 日下午在港岛半山上的港督府拉开序幕的。在蒙蒙细雨中，末任港督告别了这个曾居住了二十五任港督的庭院。

4 时 30 分，面色凝重的彭定康注视着港督旗帜在“日落余音”的号角声中降下旗杆。根据传统，每一位港督离任时，都举行降旗仪式。但这一次不同：永远都不会再有港督旗帜从这里升起了。4 时 40 分，代表英国女王统治了香港五年的彭定康登上带有皇家标记的黑色“劳斯莱斯”，最后一次离开了港督府。

掩映在绿树丛中的港督府于 1885 年建成，在以后的近一个半世纪中，包括彭定康在内的许多港督曾对其进行过大规模改建、扩建和装修。随着末代港督的离去，这座古典风格的白色建筑成为历史的陈迹。

晚 6 时 15 分，象征英国管治结束的告别仪式在距离驻港英军总部不远的添马舰军营东面举行。停泊在港湾中的皇家游轮“不列颠尼亚”号和临近大厦上悬挂的巨幅紫荆花图案，恰好构成这个“日落仪式”的背景。

此时，雨越下越大。查尔斯王子在雨中宣读英国女王赠言说：“英国国旗就要降下，中国国旗将飘扬于香港上空。一百五十多年的英国管治即将告终。”

7 时 45 分，广场上灯火渐暗，开始了当天港岛上的第二次降旗仪式。一百五十六年前，一个叫爱德华·贝尔彻的英国舰长带领士兵占领了港岛，在这里升起了英国国旗；今天，另一名英国海军士兵在“威尔士亲王”军营旁的这个地方降下了米字旗。

当然,最为世人瞩目的是子夜时分中英香港交接仪式上的易帜。在1997年6月30日的最后一分钟,米字旗在香港最后一次降下,英国对香港长达一个半世纪的统治宣告终结。

在新的一天来临的第一分钟,五星红旗伴着《义勇军进行曲》冉冉升起,中国从此恢复对香港行使主权。与此同时,五星红旗在英军添马舰营区升起,两分钟前,"威尔士亲王"军营移交给中国人民解放军,解放军开始接管香港防务。

0时40分,刚刚参加了交接仪式的查尔斯王子和第28任港督彭定康登上"不列颠尼亚"号的甲板。在英国军舰"漆咸"号及悬挂中国国旗和香港特别行政区区旗的香港水警汽艇护卫下,将于1997年年底退役的"不列颠尼亚"号很快消失在南海的夜幕中。

从1841年1月26日英国远征军第一次将米字旗插上海岛,至1997年7月1日五星红旗在香港升起,一共过去了一百五十六年五个月零四天。大英帝国从海上来,又从海上去。①

文章用国旗和游轮这两个物体的特征和变化来反映英国在香港的统治。特写将镜头对准了下降的米字旗和远去的邮轮"不列颠尼亚"号,具有代表性和典型性。时间线索非常清晰,"晚6时15分""7点45分""0时40分"具体的时间点,让读者仿佛感受到了时间的流逝,同时,辅以镜头化的场景描写,使读者置身其中。特写中描写了一副"日落仪式"的背景,"停泊在港湾中的皇家游轮'不列颠尼亚'号和临近大厦上悬挂的巨幅紫荆花图案",这个场景是宁静平和的。而随后笔锋一转,描写了"查尔斯王子在雨中宣读英国女王赠言"这个场景,一静一动,对比强烈。

三、场景特写

除了人物特写和事件特写之外,其他的特写都可以用场景特写来概括。因为在进行工作特写、风情特写等文体写作时,都是通过截取某一个或者一些关键性的典型场景来完成的,取材的基本方法非常相似,不必再做详细的区分。

---

① 周树春、胥晓婷、杨国强、徐兴堂:《新华通讯社90年90篇精品选》,新华出版社2021年版,第287～288页。

在选材上，场景特写的取材范围广泛，既可以是重大的场面、特定的空间，也可以是日常生活的片段。场景特写是在现场直观观察后摄取、再现重大事件的关键性场面，因此在场景特写写作时，要抓住最精彩、最关键的场面来为表现主题服务。写作方面，要将记者的情感和报道场景画面相交融，以景写情，借景抒情，一篇优秀的场景特写，可以通过场景的细致描摹，体现出浓浓的人情味，折射出时代的光彩。最后要注意，在场景特写中虽然包含人物、事件，但人物和事件不是细致描写的重点，而是作为必要的背景和铺垫。

2012 年 12 月 17 日《人民日报》上刊发的《“这次会议真的不一样”》①是一篇场景特写。这篇特写以描述与会者看到的、感受到的场景为主，体现了中央领导同志身先士卒、切实改进会风文风的雷厉风行的作风，凸显“提倡节约，反对浪费”的主题，让读者有所感悟、有所思考、有所行动。

第四节　特写的写作技巧

一、精心选材，巧妙“截取”

新闻特写的选材灵活、内容丰富，几乎所有的新闻都可以用特写这种文体来呈现。一般来说，特写选择的材料需要具备以下几个要求。

第一，新闻特写强调现场感，现场采访是写好新闻特写的前提和基础。记者必须要从新闻事件的现场选材，这就要求记者必须在确定特写主题后第一时间到达现场，通过现场采访、取材，将新闻素材和作者现场目击感受结合在一起，作为背景材料。

第二，现场采访后，并不是所有的新闻事实都要写进特写之中，而应该选取合适的“镜头”，这是特写与其他新闻文体的重要区别，也是一个需要认真选择和舍弃的过程。多次采访产生的海量素材，很容易让记者迷失其中，能不能找到特写镜头，可以说是检验记者新闻灵敏度和洞察力的一个重要标尺。好的选材对于作品新闻价值的提升有着十分重要的作用，如何找到一个最合适的特写镜头呢？新闻特写有镜头感强、现场感强、聚焦度高、透视感强等特点，只有截取有这些特征的片段或场景，才能更好地抓住新闻的

① 江夏、许志峰：《“这次会议真的不一样”》，《人民日报》2012 年 12 月 17 日。

价值，达到特写以小见大、出奇制胜的效果。比如在重大历史事件的报道中，可以通过抓取一两个典型场面展开描写，集中而生动地表现感染力强的点，既能避免雷同，又更容易写出新意，还能让读者有身临其境之感。当下社会，新闻不仅仅要记录关键时刻、国家大事，更要落于生活，从寻常人物、事件、场景中发掘有新闻价值的细节，这种看似是“小事”的新闻，通过细节表现、主题升华，往往更能温暖人心，产生良好的传播效果。

2015 年 12 月 17 日新华社播发了《“暗物质卫星”升空记》这篇新闻特写。作者在现场亲历亲闻，有条不紊地把中国暗物质粒子探测卫星“悟空”号发射的全过程描述了出来，体现了我国在太空探索领域取得的巨大成就，读后不禁让人产生自豪之感，迸发进取的激情。作为科技成就类选材，卫星发射的新闻报道有很多，但这篇文章视角独特，用现场感、亲历感强烈的特写来呈现，新颖生动，值得学习借鉴。

二、“放大”细节，生动叙事

新闻特写在抓准“镜头”聚焦之后，需要将局部适当“放大”，达到以小见大的效果。同时，不论是写人还是写事，都要捕捉动态，才能让叙事生动形象，让新闻特写立起来。

特写善于聚焦，并“放大”新闻事件中的关键细节，这里的细节是指叙事作品中描绘人物性格、事件场景、自然环境、展开情节等最小组成单位。细节描写是新闻作品表现主题的重要手段。新闻作品中，精彩的细节能在细微之处见精神，让新闻事实的场景更加真实，深化主题，打动读者。

新闻特写中不但有细腻精彩的细节，还可以使用丰富的描写手法，通过白描、工笔等手法来表现事件，刻画人物。白描简单勾勒，工笔细描精雕细刻，两者浓淡相宜，就能使特写有声有色，给人以身临其境的感觉。

生动形象是特写的特点之一，要让文章生动起来要从多个方面努力。第一，要让新闻特写中的人物“活”起来、事件“立”起来、场面“动”起来，就必须捕捉到动感、动态、动势；善于从典型片段中选择富于变化、立体独特的材料，用鲜活的形象、场景说话。第二，新闻特写的语言也要鲜活生动，简洁易懂，少用或不用晦涩难懂的语言，让读者易于跟随，读得明白，有所思考与收获。第三，新闻特写要重视叙事的故事性，将精选的片段用精练的语言叙述出来，辅以铺垫、悬念等表现手法，既增加了报道的趣味性，又深化或衬托了新闻主题。

2020年3月27日《光明日报》刊发的《一名护士长的“速度与激情”》[①]一文，是抗击疫情报道中优秀的特写。文章描写了在抗击新冠肺炎疫情期间，奋战在一线的李晓莉护士，她以干练严谨的工作作风、充满柔情的护理态度，给读者呈现了一个既有“速度”又有“激情”的军人形象，为抗击疫情注入了信心。文章通过情景重现、细节刻画让李晓莉的个人形象丰满真实。

> 个头娇小，短发齐耳，说话如蹦豆，走路带阵风，干事就一个字：快！

短短几个字的外貌描写就将李晓莉最重要的特点“干事快”写了出来，文中也交代了她这样的行事风格是“在部队一点点练出来的”。

> 在护士站，有个小小“督导栏”，里面每天贴着不同的纸条，这是李晓莉查房后列出当天存在的问题和不足，次日逐条逐项“挂账销账”。
>
> 采访中，李晓莉拿起一张纸条，上面写着12条“提示”：首次入院评估有缺项、手消毒液开瓶日期未填、62床深静脉置管需重点监护……李晓莉逐一检查，又开始记下当天的“问题清单”。她说：“别看问题小，弄不好都会‘针尖大的窟窿刮起斗大的风’。”
>
> 采访中，记者发现一个现象，护士进病房从不叫床号，而是叫爷爷奶奶、叔叔阿姨，患者听了喜笑颜开。护士倩倩说，李晓莉的这个“特殊规定”，已经坚持10多年了。
>
> 92岁的王奶奶，是李晓莉重点护理的患者，出院当天，李晓莉惦记着临别前跟她说上几句话。一进病房，发现王奶奶已坐在床边等她：“闺女，我今天出院啦，老婆子就想看你一眼。”

这部分选取了李晓莉工作中的两件小事，“纸条”的故事反映出李晓莉对待日常护理工作一丝不苟的严谨态度，“以亲人相称”背后是对患者的“关爱”与“柔情”。两个小细节，以小见大，让李晓莉的形象更加真实鲜明。

三、结构紧凑，突出高潮

新闻特写借鉴了很多电影艺术的手法，把控节奏、制造冲突是电影艺术家的看家本领，这个特点体现在特写中就是作品结构紧凑，高潮突出。特写多是非线性叙述，这一特点决定了它不可能像通讯那样面面俱到。在行文与结构上，特写比其他新闻文体更为紧凑。记者通过起承转合、张弛有度的

① 温庆生：《一名护士长的“速度与激情”》，《光明日报》2020年3月27日。

结构设计，始终牵引着读者的思绪。

新闻特写入题较快，应尽量避免大段文字的背景交代，不拖泥带水。叙事简明清晰，画面感强烈，才能引起读者的阅读兴趣并吸引读者的注意力。

新闻特写的主体部分选取人物或者事件的某个典型、有意义的细节或者片段进行叙述或描写，着力进行形象化的处理。具体来说就是要求写作者抓住新闻事件特征和高潮的片段集中铺陈，调动读者的视觉、听觉、触觉将新闻高潮写深写透，让受众与作者产生情感共鸣，以达到所预想的张力和感染力。叙事时要尽量避免平铺直叙，合理设置悬念，让新闻波澜起伏，层次丰富，合情合理推动事件发展，使读者产生联想与共鸣。

特写的结尾要凝练隽永，戛然收笔，适当留白，让人回味无穷。新闻特写虽然在字数上没有固定的要求，但一般而言，以不超过千字为宜。

四、情景交融，表情达意

特写要在新闻性的基础上注重文章的表情达意。当新闻发生时，很多媒体争相进入第一现场，将最新鲜及时的消息传达给受众，与此同时还有一些记者能从事件中脱离出来，找到最合适的角度，确定新鲜、独特的立意与定位。传达真相是新闻的任务，传达真相背后的情感与价值观也不能被忽略。对于作品情景交融、表情达意的追求，既是特写报道镜头感、透视感的要求，也是记者真正需要寻找表达的东西。

特写是新闻文体中极具感染力的一种，其感染力很大一部分来自记者在写作时情感的渗透。作为一种描述性新闻，记者要把在新闻现场目击采访到的内容描述出来，还要结合当时当地产生的感情感悟，这样的特写才是真正地再现新闻现场。这里说的感情感悟不是指记者空洞突发的感慨，而是要将新闻事件发生时现场原始、真实的场景和人物复杂、丰富的感情表现出来，把描写、抒情、写景有机地结合起来，做到借景抒情、情景交融，创造有景有意的新闻现场，“移情”给读者，增强作品的感染力。当读者看到有感情有激情的新闻作品时，才能感受到作者所传达的价值观和精神内核，才会受到感染，得到启发，并主动去思索新闻背后更深层次的问题，这样的特写才算是优质的、有生气的。

五、善用背景，完美衔接

作为截取剖面、放大细节的新闻文体，特写能从几处精彩的描写反映新闻的全貌，但是细节之间需要有机衔接，精彩的高潮亦需要有材料来铺垫烘托。因此，需要善用已知的背景材料来补充、衬托新闻事实，支撑起整篇文章的主题。

首先，每个新闻事件发生都有特定的时间、地点、环境，都有其历史背景。因此，在新闻采写过程中新闻工作者要找准故事的自然背景、历史背景等，严格遵循新闻真实性原则，这样更有助于读者了解认知新闻背后的真相。

其次，特写主要是事件的横切面，因此一些事件的缘起始末可能被省略，我们可以通过补充一些背景材料，让事件更加完整丰满，更易于读者理解新闻事件。

最后，背景材料的运用能起到烘托气氛、突出高潮的作用，通过背景材料与细节描写的有机结合，可以创造新的镜头感，让文章的典型细节更加的立体，增强了文章的透视感和纵深感。

以文学色彩见长的新闻特写在网络新媒体蓬勃发展的今天越来越在新闻报道领域占有一席之地，因镜头感强、感染力强适应了当下受众对于新闻报道的挑剔口味，吸引了更多的目光与流量。但有一点不能忘，那就是特写不是文学，而是新闻。这是特写不能越过的界限。在新闻特写的实践与创新过程中，很难画出一条明确的红线，但记者们要用专业精神和经验智慧不断探寻，找到文学性和新闻性之间的平衡点，用自己的努力，让作品无限接近真实，传递真相。

第八章　其他报道类型

第一节　调查性报道

一、调查性报道的定义

调查性报道指的是记者对于损害公众利益的行为、事件以及社会问题进行独立的调查求证后，通过大众传播媒体传播的以揭示事实真相和事件原委为目的的一种新闻报道样式，属于深度报道的一种。

调查性报道缘起于西方新闻界，至今已经近百年的历史，从调查性报道的萌芽到今天的成熟，其影响力不容低估。

在西方，调查性报道一产生就与揭露被隐藏的政治丑闻或其他犯罪行为紧密相关。20世纪初，美国新闻界的“扒粪运动”可以说是调查性报道的开端。立志改革的记者、作家创作了大量的新闻和文学作品，广泛揭露了社会丑恶现象，活跃了公众话语，对新闻舆论起到了监督作用。1964年普利策新闻奖设立了“调查报道奖”。20世纪70年代初，美国总统尼克松因为《华盛顿邮报》揭露水门事件的调查性报道而辞职，让世界认识了调查性报道在监督权力运作、揭露社会弊病方面的巨大威力；同时，调查性报道在英国、日本、澳大利亚等国也大显身手，揭露了大量社会进程中存在的问题。此后，新闻界开始大范围运用调查性报道，声望也达到顶峰。

20世纪80年代，中国逐步引进调查性报道的概念，各大报纸都开设了带有“调查”字眼的专栏，像《人民日报》的《调查汇报》《信访调查》，《工人日报》的《调查附记》，《中国青年报》的《调查报告》等，这些专栏都刊登有一定数量的调查性报道。1987年《中国青年报》先后刊发的《红色的警告》《黑色的咏叹》《绿色的悲哀》，被认为是中国调查性报道的标志性作品。除报纸外，也出现了《新闻调查》等电视专栏节目。

西方理论界学者在界定一篇新闻是否属于调查性报道时，会有以下几个方面的考量。首先，重题材，政治黑幕、商业黑幕是最常见的选择；其次，调查性报道需要由新闻工作者相对独立、系统科学地完成调查采访，在有人试图掩盖真相的情况下，独立调查尤为重要；最后，调查性报道还有篇幅长、分量重、耗时多、危险大、影响广等特点。在中国，调查性报道的概念出现较晚，中国学者对调查性报道的理解也有所不同。甘惜分在《新闻学大辞典》里定义道："调查性报道是一种较为系统、深入地揭露问题为主旨的报道形式。"他认为调查性报道类似于中国的"批评报道"。除了这一定义之外，更多中国学者对调查性报道的定义更加宽泛，而事实上我国的调查性报道也有很多选择非揭露题材、中性题材的内容。综合各种定义可以认为，调查性报道是新闻工作者对损害公众利益的行为、事件以及社会问题进行独立的调查求证后，通过大众传播媒体传播的，以揭示事实真相和事件原委为目的的一种新闻报道样式。这样定义更适合概括中国特色的调查性报道，虽然它仍强调对损害公众利益行为的曝光，但是显然其视野比西方传统定义更加宽泛，更能将大量社会问题的调查采访纳入其外延之中。

近十几年来，我国社会转型发展带来了一系列社会问题。人们的思想观念不断更新，社会利益冲突更加复杂，社会的两极分化、地区发展的不平衡、体制机制的不健全、道德底线的缺失、信息的不透明等问题影响着中国的发展。作为媒体最具杀伤力的报道形式，调查性报道成了社会弊病的照妖镜，在推动社会改革、揭露社会矛盾中大展拳脚起到了不可磨灭的作用。

在融媒体生态下，多元化、多样化的移动互联媒体数量激增，全媒体兴盛，传统媒体首当其冲。传统纸质媒体在新的竞争中，缺陷显而易见。没有速度与信息量的优势，但在深度、广度上能略胜一筹，许多媒体也开始尝试以调查性报道去应对新兴媒体的冲击。在假新闻泛滥、后真相盛行的今天，媒体工作者应该意识到，调查性报道不应是媒体无力负担的奢侈品，而应该是绝不能放弃的必需品，媒体当以全面严谨的事实追寻去应对后真相时代的众媒狂欢，去重新审视调查性报道的力量与价值。

二、调查性报道的特点

虽然调查性报道在我国出现较晚，但是经过几十年的淬炼，已经发展成为一种比较成熟的报道样式，具有区别于一般报道（消息、通讯、特写）的鲜明特点。

1.主题：关注公众利益，常带批评色彩

在对新闻题材归类时，常分为正面、中性、负面三种，正面题材多为好人好事，报道社会积极的一面，传播正能量；负面题材多针对消极的、恶劣的人或事，如战争、灾难、腐败、犯罪等；中性题材介于正面题材和负面题材之间，一般没有明显的价值判断和感情倾向。调查性报道作为一种以揭露问题、监督批评为目的的报道，所选新闻主题多为负面题材，具有批评色彩。

我国调查性报道不仅有对丑闻的揭露，同时也有很多对于社会问题的关注，特别是一些涉及人员众多、波及范围广大的事件。这些事关公众利益的报道，社会影响力广泛，反映了人民的愿望和情绪，是舆论监督的重要部分。调查性报道只有对损害群众利益的事件进行客观、准确的揭露与批评，才能发挥媒体的监督权利，保障人民的意志与利益，推动社会的改革与进步。

粮食问题一直是牵动农民乃至国家的大事情，河南作为小麦大省，2016年再获丰收。记者在基层采访时却发现，虽然小麦连年丰收，部分地方却出现卖粮难，不少面粉加工企业表示“守着粮仓缺麦子”，难以买到符合要求的小麦。小麦市场何以出现这种“两难”并存的奇怪现象？记者对这一大众关注的问题进行了深入调查。

《产粮大省何以出现“买粮难”》①一文条理清晰，逻辑清楚，从河南“卖粮难”这一公众关注的社会问题出发，执果索因、层层递推，通过扎实的采访和令人信服的数据揭示了当前粮食生产中存在的结构性矛盾，具有较强的说服力和决策参考价值，体现出调查性报道关乎现实、关注民生的品质，具有广泛而深远的社会影响。

2.内容：具有揭示性、深刻性

一般来说，新闻作品是将事实的原貌重现给受众，但是调查性报道题材十分特殊。在揭露社会存在的时弊、曝光损害公共利益黑幕的过程中，责任方或是受益方不会轻易将信息和真相公之于众。因此，调查性报道就需要透过表相看到更深层次的问题，并通过调查、推理、取证等方式，消除遮蔽事实的阻碍，把被权力、被利益、被已有观念和偏见、被社会舆论包裹着的真相

① 孙志平、李钧德、宋晓东：《产粮大省何以出现“买粮难”》，新华社，2016年10月13日。

原原本本地呈现出来，这说的是调查性报道内容的揭示性。

在揭露真相的过程中，需要对新闻事实有全面、透彻的理解和认知，这说的是调查性报道的深刻性。首先，要做到对人物、事件认知的深刻，记者需要对事件、人物有全面的了解和把握，不仅把握既有现象，还能了解背景因果；不仅了解当事人、知情者、目击者，还要了解权威人士的见解和考量。其次，需要有深度的思考和判断。不能停留满足于已有观点和事实，记者要挖掘事实真相，从更深层次、更广维度去思考事情的因果与影响，从而引导受众深入思考，理解背后的真相。

科技创新是社会发展的重要推动力，2015 年，在简政放权及创新驱动发展战略大背景下，科技创新链不通畅的问题备受社会关注。《十几年搬不掉一个“筹”字》[①]一文紧扣国家实验室筹建十几年迟迟未验收这一反常案例，敏感捕捉到国家实验室十几年“筹”字难除这一具有典型意义的反常新闻事实，巧妙反映了制约国家创新驱动发展战略实施的突出问题。文章以小见大，从国家实验室建设中的细节问题挖掘到导致科技创新链不畅的管理陈弊和执行问题，并指出简政放权，疏通科技创新链上的“堵点”，使科技成果顺利转化，才是当下中国产业转型升级的关键。

3.采写：呈现独立性、科学性、艰难性

调查性报道的独立性是指新闻媒体和调查记者的主体意识。调查记者在掌握新闻线索后，需要独立完成调查分析，从已有资料出发，但不能轻信、盲从。既不能完全依靠信赖一方提供的资料，也不能偏信一方持有的观点。只有独立完成的报道才能不受利益的制约，才能呈现、揭露事件的全貌与真相。

在调查性报道的采写过程中，记者需要坚持科学的原则和方法。在采访时，追踪采访、观察采访、暗访是常用的采访技巧。在写作中，调查性报道中的观点和结论都应有事实证据的证明，因果和推断都要有详细、逻辑清晰的过程，用事实说话是调查性报道鲜明的特点。数据、图表、示例的使用能让调查性报道更具说服力和公信力，也是科学性的体现。

正是由于调查性报道独立性、科学性的要求，决定了调查报道过程的艰难。新闻工作者为了完成调查性报道，需要花费大量时间调查取证，挖掘隐藏的“秘密”，难度大、要求高；在采访中，还有可能面临采访对象不配合，甚

① 柯进：《十几年搬不掉一个“筹”字》，《中国教育报》2015 年 4 月 27 日。

至出现对记者威逼利诱的情况;在写作中,记者需要深入思考,找到独家的视角来完成报道,为了清晰地呈现调查过程和结果,往往会出现大篇幅的作品;最后,费时费力完成的作品还可能遭到质疑,甚至惹上官司。费时、费力、难度大、任务重,还常常遇到危险,调查性报道的艰苦性不言而喻。

《一纸推广证　几多"生意经"》[①]是一篇记者历时4个月明察暗访,揭露一省级管理部门为了敛财滥发科技成果推广证,危害企业创新发展和真正科技成果推广、加重企业负担的问题调查。2016年初,记者从调查一企业投入巨资研发的成果遭受侵权入手,了解到江苏省住建厅科技发展中心涉嫌为了敛财滥发"建设科技成果推广项目认定书"即推广证的线索,随后辗转4个设区市的15个楼盘,发现均使用了不合格、存在安全质量隐患的附框产品,而其生产企业都在缴纳一两万元"技术服务费"后获得推广证。还查出江苏省科技发展中心技术负责人直接参与有关企业"摹仿开发",擅自颁发推广证牟利的证据。又暗访科技发展中心,取得该中心三年来发放两千多张推广证,收费两千多万元的关键证据。创作期间,两次调整采访思路,重新确立主题,并多次删改编辑稿件。

记者敢于碰硬,扎实取证。监督一个省属实权部门难度大、风险高,特别是取证难。记者通过明察暗访,迂回获得零散证据,再通过多方求证,层层突破,获取真相。仅采访记录就有20余万字,录音34份,照片70多张,形成证据链条,确保事实准确。

报道见报后,江苏省物价局组成专案组,进驻科技发展中心进行调查,责令其整改与清退乱收费。江苏省住建厅组成11个小组全省专题调研,针对存在问题制定出多项整改措施。报道及震动还影响到邻近省市也改进建设科技成果推广工作,如浙江省住建部门也出台改进建设领域技术推广工作的文件,从严管理科技成果推广工作,减轻企业负担。由此可见调查性报道在揭露社会问题方面的显著效果和深远影响。

4.原则:强调新闻性,不强调时间性

和其他新闻报道一样,调查性报道需要有强烈的新闻性。调查性报道揭示的是社会中存在的丑恶现象,报道的是当前社会人们最关心的问题。要从新鲜的新闻事件、新闻人物中寻找线索、挖掘真相。对于消息、通讯而言,时间是重要要素,而调查性报道因其调查过程复杂、艰难,对于时间性的

① 陈道龙:《一纸推广证　几多"生意经"》,《新华日报》2016年5月12日。

要求可以适当放宽，很多调查性报道会有连续性报道、追踪性报道。

三、调查性报道的采写技巧

（一）调查性报道的选材

有恰当适宜的选材才会有好的报道。对于篇幅长、难度大的调查性报道来说，不理想的选题会让心血付之东流。因此，选题尤为重要。调查性报道的选题有其区别于其他报道的独到之处。

1.选材的来源

在内容为王的今天，很多媒体把选题放在了最重要的位置。媒体报道的竞争，在很大程度上是选题的竞争。这既是对媒体采编力量的比拼，也是对新闻人经验、资源的考验。一般来说，调查性报道的新闻来源分成三类：知情人爆料、新闻报道以及官方发布。

知情人爆料。根据爆料方式来分，常见的有线人来访爆料、来电爆料、网上爆料等。线人是指事件中了解真相的人，出于某些原因，比如正义感等，主动找到媒体和记者进行当面爆料。来电爆料就是通过打电话的方式，为报社和记者提供新闻线索，这种方式让爆料人和记者不需要见面也能进行详细交流。随着社交媒体的发展，人们常常会在网上发布自己的见闻。网上爆料是指新闻目击者或当事人在网上发布"新闻"线索，记者根据这些蛛丝马迹来筛选潜在的选题。

2016年8月中旬，一位患癌女教师的微博引起了《中国青年报》记者的注意。兰州交通大学博文学院教师刘伶利在微博上表达了生命凋谢时的挣扎和对境遇不公的哀叹。记者第一时间关注此事，并得知刘老师在三天前已去世。当时，青年教师因病被开除或遭解雇的现象频频出现，记者遂两次前往刘伶利家中采访其父母，经允许独家查看了刘伶利生前的微信、微博信息。《大学女教师患癌被开除事件调查》①一文一经刊出，引发了强烈的社会反响。

记者在了解到女教师因患癌被开除这一线索后密切关注、调查跟进，完成了这篇深度报道。报道推动了事件的解决，学校公开道歉，并对刘老师家属给予了应有赔偿。值得注意的是，此篇报道记者没有只盯着这一件事、解决这一个问题，而是从维护青年权益、从道德与法律的层面进行探讨，引导

① 章正、马富春：《大学女教师患癌被开除事件调查》，《中国青年报》2016年8月19日。

青年了解面对类似境况时如何维权，引起了年轻人的共鸣，引发了全社会的反思。

新闻报道。很多调查性报道的选题来自已有的新闻报道。同一条新闻，角度不同、立意不同，效果也会不同。优秀的记者能从已有的新闻报道中继续深挖，作为调查性报道的新线索。

官方发布。这里的官方发布主要指政府部门信息公开发布的内容、法律判决文书、企业报表以及学术论文报告等。这些纸质材料一般来说内容充实、数据准确、用词严谨，让记者能够全面、详细了解事情全貌并深究细节，因此可以在这些官方资料中找到合适的材料来作为调查性报道的选题。

2.选材的标准

不像西方的调查性报道集中于"揭黑幕"，我国的调查性报道选题更加广泛，也更具有中国特色。在我国，调查性报道是调查事件来龙去脉、揭露事件原委的报道，因其关乎公共利益、聚焦社会问题，在选材时要主动向社会热点、难点、盲点靠拢。

广受关注的热点。调查性报道是一种极具现实意义的新闻题材，其现实意义来自对当下热点的关切。那什么是热点问题呢？一是时效性，突发的、刚刚发生的或仍在进行中的，热点是发生于那个时期的最受关注的事件，时间一久热度可能会衰退，热点也可能被遗忘，如突发的地震、泥石流灾害等。二是关注度。热点是影响大众的利益、受到公众密切关注的事实，如影响人们生存健康的食品安全问题，影响人们生活的住房问题，影响人们发展利益的社会保障问题等。三是重要性。重要性指的是热点问题，往往是牵一发而动全身，影响力大，影响范围广。例如，环境污染问题影响复杂，不仅当时危害严重，对以后也会有很大影响。

众说纷纭的难点。社会难点主要有两个方面的指向。首先是社会中存在的关系复杂、积弊已久的问题。这些问题牵涉人员广、涉及领域多，要剖析调查问题的真相，受到的阻碍自然也更大。其次是众说纷纭、有争议的问题。这类问题矛盾突出，一般有明显的观点对立，记者在调查中能否保持客观中立，能否厘清因果关系至关重要。越是社会难点问题，报道取得的传播效果和影响也就越大。

真相不明的盲点。所谓的盲点就是社会中某些未被揭露、性质严重的丑恶现象。这是调查性报道缘起于最常选取的题材，也是最难完成的题材。

对于这些社会阴暗面，如果记者不根据线索情报进行调查报道，受众就可能会一直被蒙在鼓里，也许永远也不会得知事情的真相。如贪污腐败的问题、经济骗局的问题，媒体报道揭露了这些“盲点”，形成了舆论强势，对促进问题的解决，促进社会的清朗、进步起到了积极的作用。

医疗问题一直是公众最为关心的话题之一。看病难、挂号难等问题，亟待破除。在我国医改的过程中，《经济参考报》尽心策划、调查暗访，发布了《拿什么拯救你，一“号”难求》[①]一文。这篇文章紧扣百姓看病挂号难的问题，从普通患者、医务工作者的“平民视角”，以及医院管理者、政策制定者的中观、宏观视角，揭示了“挂号难”“看病难”背后所折射的医疗资源不平衡、供需矛盾尖锐、制度设计不完善等问题，回应了民生关切，提出了中肯建议。稿件采访扎实，记者亲身体验各类挂号方式，暗访“黄牛党”“炒号”生意，从医疗卫生机构获得大量数据资料，保证了写作时资料的准确、充实，让读者感受到问题的真实、急切。文章视角深入，揭露深刻，建议到位，收到了良好的社会传播效果和社会舆论反响。

（二）调查性报道的采访

调查性报道的采访运用的是调查式采访，调查式采访的要求比其他新闻采访的要求更加严苛。首先，在搜集新闻素材的过程中，调查记者需要到达第一现场，从现场发现一手的线索和细节，确保信息源的可靠性；其次，在获得材料后，记者要敢于质疑，对新闻素材进行鉴别，保存好证据，验证信息真伪，甚至要通过再次采访、找专家解读、实验验证等方式，保证材料和信息的真实性。最后，记者要舍得付出时间和精力，和采访对象沟通要耐心真诚，材料整理时要仔细清晰，这样完成的采访才能给调查性报道的写作提供足够的底气，这一点尤为重要。

三农问题一直是国家、百姓关注的焦点问题，随着农村经济的发展，金融的运转越来越受到重视，如何保障农民的金融需求？如何将金融服务传递到“最后一公里”？《天津日报》记者历时两个多月，深入基层采访调查，积累了大量的一手素材，完成《便民银行开到村民家门口——本市打通农村金

① 周宁、卢国强、张森森、李德欣、孙蕾、贾娜、李亚红：《拿什么拯救你，一“号”难求》，《经济参考报》2016年11月14日。

融服务“最后一公里”调查》①一文。

记者辗转走访了宝坻、宁河、蓟县等多个村镇，深入田间地头，与村民、农村基层干部、普通金融工作者打成一片，调查了解天津农村金融服务的思路与做法，深入解剖涉农金融的“天津模式”。该报道行文视野开阔，调查深入翔实，干货满满，刊出后被《人民日报》等多家媒体转载，还吸引了多省来津学习，让更多农民受益。

常见的调查性报道的采访方式有三种：追踪采访、观察采访、暗访。

追踪采访是调查性报道经常采用的采访方式，指记者对新闻事件进行透视和剖析，追踪、探索新闻事件的来龙去脉，向受众全面、准确、详细展现新闻事件全过程的一种采访方式。

观察采访就是记者在采访过程中用眼睛观察的方法获得新闻素材的一种方法。采访不是一个采访对象答什么，记者就记录什么的简单过程，而是一个记者打开自己的所有感官捕捉采访对象一切言行举止的过程。这样采访所获取的信息放在稿件中，才能让读者更易理解报道的内容。

暗访，也称隐性采访，是指在采访对象不知情的情况下，通过偷拍、偷录等方式或者隐瞒记者身份以体验或者其他方式，不公开获取已发生或正在发生而并未披露的新闻素材的采访形式。暗访的方法隐蔽，可以收集到常规采访无法获取的信息，也最能还原事件本身，具有真实性，报道发出后往往具有轰动性、震撼力。不公开记者采访身份、不公开采访目的、不公开采访手段是暗访的三大特点。

（三）调查性报道的写作技巧

调查性报道的写作和其他新闻文体的写作有很多共性，如都有真实、准确、客观方面的要求。除此之外，调查性报道还有很多特殊的要求和写作技巧。

(1)在表达方面，要求叙事严谨，表达准确，易于理解。调查性报道大都人物多、历时长、关系复杂，因此在进行内容呈现时要做到叙事严谨准确，脉络条理清晰，让读者能够跟随记者思路，了解事情全貌。

一般来说，我国调查性报道的表达方式以叙事为主，以描写来烘托气

① 岳付玉：《便民银行开到村民家门口——本市打通农村金融服务“最后一公里”调查》，《天津日报》2015年1月18日。

氛，也有夹叙夹议。在写作时，单一的事件可以以顺序方式拉出大框架，理清其中的人物和事件关系，交代清楚事件全过程，再辅以其他表达手法，增加文章的生动性和可读性。而复杂的、头绪较多的事件则需要根据事情的轻重缓急合理选择叙事方式。

在早期调查性报道中，有记者认为调查性报道需要笔锋常带感情，用鲜明的观点担负起监督的责任，因此会在文章中进行抒情和议论，但随着新闻理论的完善和新闻实践的发展，记者意识到，不管如何润色文章，仍要坚持准确性的原则，用清晰准确的表达来体现观点和主题。

在信息碎片化、海量化的今天，记者还要不断提高自己的表达能力，学会取舍，用简洁明了、接地气的表达让受众读懂报道，看清真相。

(2)在内容方面，要求逻辑严谨，因果合理，有理有据。调查性报道作为揭露真相的武器，常常会触及一些人或一些团体的利益，为了避免陷入麻烦之中，记者需要在写作时力求逻辑严谨，有理有据。首先是材料方面的要求。调查性报道的材料要准确，特别是重要信息的完整，如当事人的姓名、年龄、职务等，要准确严谨，避免模糊和差错。在引用语言、行为等素材时，要考虑引用的完整和用词的恰当性，防止出现歧义。记者要在辨明真伪后，再将其运用到文章当中，用材料作为证据，为事实的揭发提供依据和支持。其次要因果合理，推理逻辑正确。调查性报道多为事后报道，记者往往是由现象倒推追溯原因，理清因果关系，是对记者逻辑能力的一个考验。只有以事实为依据，以合理的逻辑来推理，调查性报道才能经得起受众的检验，应对的了当事人的质疑。

(3)在立意方面，要求客观平衡，不可偏激，力求深度。调查性报道是调查记者独立进行调查、思考完成的作品，因此，很多文章可能出现强烈的个人观点，这是不可取的。客观性是新闻的生命，为了使采访写作不偏不倚，记者应作为一个“中立者”“旁观者”来完成调查性报道。对于采访未竟、情况未明的地方，绝不可用想象的方式补足。

在写作过程中，记者要保持克制，尽量避免偏听偏信，要尽可能地了解感知事件全貌，过度宽容和过度批评的观点和看法都不可取。虽然调查性报道诞生之初是为了拨开迷雾，揭露黑暗，但在我国，调查性报道在揭露社会弊病功用的同时，在表现中性或正面题材方面也大有可为。只要处理得当，调查性报道也能起到推动社会改革和进步的正面效果。

光明日报的《三十年回望塔元庄》[①]一文,就是通过调查性报道进行经验推广,是正面立意调查性报道的典范。

文章以30年前习近平对其发展作出重要指示的冀中农村——塔元庄为例,呈现了当地如何沿着"半城郊型"的经济发展路子,开创了生产发展、生活富裕、生态文明的社会主义新农村建设局面。报道选材精巧、谋篇布局精当,结构严谨,段落层次鲜明。全文文字精练,对仗工整,大段落的每一个小标题,均以诗歌的句式体现,读来朗朗上口。文章将中央精神与基层实践有机结合,以"沾泥土""带露珠"的语言绘就一幅新农村建设的全景图,生动展示了作品的思想性与人文性,是一篇扎根泥土、叩问历史、反映当今时代主题的好作品。

作为追求深度的新闻报道类型,记者在调查性报道写作的过程中要时刻保持警醒,深入思考每个材料、每个细节背后的深意,步步深入,这样才能让文章的立意深刻,鞭辟入里。

调查性报道因为其有深度、影响力大,一直以来都是学界和业界研究的热点话题。在当下的传播环境中,信息碎片、海量,各家媒体争抢时间,比拼速度。调查性报道仍保持着独立性、深入性和权威性,满足了人们对高质量深度信息的需求。在新闻专业理念和新闻发展规律的共同作用下,调查性报道在新媒体时代的生命力更加旺盛。但与此同时,我们也应该注意调查性报道存在的问题与不足。媒体融合发展使新闻内容生产和传播渠道都得到拓展,调查性报道也需要用新的技术和理念来丰富自身,加快优质内容与技术创新深度融合,利用交互媒体、数据新闻等手段丰富报道的呈现方式,给用户以全新的阅读体验。

第二节　解释性报道

一、解释性报道的定义

解释性报道是以解释新闻为主要目的的新闻报道形式,是一种充分运用背景材料,分析、说明新闻前因后果,揭示新闻的实质意义的报道,有时会把单一的、孤立的新闻和其他事件联系起来,预测其发展方向、趋势和意义。

① 杜飞进、耿建扩:《三十年回望塔元庄》,《光明日报》2016年8月24日。

解释性报道能帮助受众消除疑惑与忧虑，加深人们对新闻事件的深层理解，引导社会舆论方向。

解释性报道和上篇讲到的调查性报道都属于深度报道的一种，但又区分于其他报道的类型。调查性报道是对新闻事件过程的展开，揭示的是被隐藏的因果和真相；而解释性报道是报道并解释新闻的价值、本质或有关的知识。因此，解释性报道关注的是解释什么，怎样去解释，为什么解释。

对于解释性报道的缘起问题，西方新闻界大多认为，解释性报道是1929年经济危机的产物。其实，第一次世界大战爆发就给美国新闻界带来巨大震动。一战时，通讯社记者对战争的报道仅限于事件信息的传递，只有新闻事实，没有解释、分析和评论，美联社等媒体虽然有了解情况的专家，却没有挖掘悲剧成因的报道。战况的惨烈与社会的动荡，让不安的人们更加渴望知道战争的起因和趋势，"新闻必须解释"的观点应运而生。

20世纪20年代以后，世界各大通讯社在致力于报道客观新闻事件的同时，开始尝试解释、分析新闻，还增派国际问题专家顾问常驻新闻中心。1929年经济危机来袭，席卷整个资本主义世界的大萧条让表面繁荣的经济泡沫突然破灭，人们开始陷入恐慌。是什么让社会在一瞬间深陷恐慌？问题的根源在哪里？怎样才能摆脱当下的困境？时局混乱、经济动荡、社会问题复杂，记者和民众开始对当时的新闻环境不满，他们需要媒体的新闻不仅要报道发生了什么，更应该报道新闻事实为什么会发生，对新闻进行正确的解释和分析。20世纪40年代，读者的阅读兴趣进一步向深度报道转移，解释性报道逐渐被视为必需品，所占版面也越来越多。20世纪60年代，解释性报道基本上取代了客观报道，成为美国新闻业新的时尚。

在我国，民国时期就出现过很多具有解释性报道形态的新闻作品，但一般认为，解释性报道是改革开放后的产物，《邓小平与十四大》《中国采取紧急措施拯救大熊猫》是当时的代表作。随着融媒体时代的到来和发展，新闻工作者在进行解释性报道时渠道更加多元，技术更加丰富。新闻网站提高了解释性报道比重，社交平台为解释性报道提供传播渠道，数据新闻成为解释性报道的新形式，更强的时效、更多的互动、更有趣又清晰的解释，吸引着更多读者的注意力。但在媒体整合转型的时期，受众对优秀解释性报道的需求不止于此，依旧需要媒体不断创新，提供更加高质量的解释性报道。

二、解释性报道的特点

(一)侧重对新闻进行解释和分析

解释性报道的主要任务在于对于新闻事实进行解释和分析,不仅要把新闻要素报道完整,还要帮助读者进一步理解并加深认识。通俗来说,解释性报道要向读者讲清一件复杂的事,解读新闻方方面面的影响。

要想把事件讲清楚,就要求报道找出难点,化繁为简,准确专业。解释性报道是要把复杂的、难理解的问题向受众解释清楚,因此,记者要能敏感地判断出新闻的难点,回应公众所期盼的、解答公众所疑惑的。化繁为简就是经常用到的解释方式,对于复杂的概念或问题,记者要用通俗的语言进行解释,有时可以引用图例、数据等资料来解释说明。如果读者在读完报道后还是觉得一头雾水,那么这篇报道一定是不合格的。虽然解释性报道要求通俗易懂,但也要追求"专业"的表达,不能以人云亦云的态度做解释性报道,这样的分析是没有报道价值的。真正好的解释性报道是将专业知识通俗化,准确明了地向受众进行解释分析。

解释性报道不只要揭示新闻的含义,还要分析事件对方方面面的影响。解释性报道的价值在于它给受众提供了、揭示了新闻事件的关键信息、隐藏信息,在于它比官方信息更加丰富、具体、清晰,在于它对事件原因、意义、影响的解读剖析,在于它挖掘了新闻背后更加厚重、更加深远的影响。可以说解释性报道不以报道新闻事实为主要目的,而是更喜欢挖掘新闻背后的东西。

(二)充分运用背景材料来解释

运用背景材料进行解释是解释性报道最鲜明的特点。背景材料指的是事件发生时的历史环境、现场环境、关联环境的说明。新闻背景也就是新闻事实发生时的各方面信息,也是新闻的一部分,新闻背景能补充事件内容,烘托新闻主题。例如,历史性背景材料能给读者提供新闻发生的历史背景,补充解释新闻的来龙去脉;环境性背景材料包括新闻发生时的自然环境和社会人文环境,能让读者有身临其境之感,更能深入"第一现场",理解新闻事件的本质和真相。如果我们将新闻背景忽略不讲,就很可能导致受众对新闻的理解产生歧义,造成理解困难,影响新闻的传播效果。

人们常把解释性报道中的背景材料称为"新闻背后的新闻",背景材料的运用与解释性报道的呈现相辅相成。在消息报道中,背景材料往往是作为新闻内容的补充出现,是零散的、插叙的,起到的是烘托的作用,为防止喧宾夺主,还可能压缩背景材料;而在解释性报道中,背景材料在整个报道中的作用很大、分量很重,是一篇报道的框架与支撑,新闻内容的展开靠的是背景材料的推动和铺陈。新闻报道的主题和观点一般不是由记者直接在文章中提出,而是依靠新闻事实来说明,解释性报道主要是依靠背景材料的解释来阐明观点,发表议论。

(三)用事实说话

用事实说话是所有深度报道题材都需要坚守的最重要的原则,解释性报道也是如此。在解释性报道出现的早期,人们辨析过解释性报道和新闻评论的概念,有学者认为,新闻评论是一种用观点和论据进行"解释"的文体,个人特征鲜明,带有浓厚的主观色彩。也有学者认为解释性报道不是独立的新闻报道题材,而是一种评论性文体,因为"解释"一词有按照作者的信仰与利益进行解释的内涵。但随着新闻理论和实践的发展,新闻界更加认同解释性报道"要用相关事实来解释,而不是用观点来解释"的观点。新闻评论是观点鲜明的、主观色彩强烈的文体;而解释性报道是一种隐藏观点的"评论",它将观点和立场隐藏在事实材料中,通过各类事实的引用来隐藏说服的意图,从而增强了说服力,让报道产生更好的传播效果。

用事实说话中的"事实",除了上文中提到的历史性、环境性的背景材料,还有很多"事实"的形态。在解释性报道中,可以通过简历性、里程性事实,勾勒人物的人生轨迹和成长经历,交代事件发展的时间脉络,让读者阅读时能感受到思路的清晰和通畅。在需要突出变动、对比差距类的报道中,可以利用数据性、图表性的事实,让读者一目了然地发现其中的变化和差距。在一些专业性强、带有官方色彩的报道中,记者可以加入引用性事实,通过相关部门官方发布的事实材料,知情人、专家等的表态、评论,来表达自己的立场和看法。

(四)找到事件背后的关联,预测事件的发展

解释性报道作为深度报道中一种有全局性、前瞻性的报道类型,善于把单一的、孤立的新闻事件与其他事件相联系,结合新闻背景和已有经验,对事态的变化和发展趋势进行预测性报道,这是解释性报道区别于其他报道

文体的一大特点。

任何事件的发生都有因果关系的串联，顺蔓摸瓜，尽力找到新闻事件的发展脉络和关系。记者只有从全局上把握新闻事件，才能用事实建造起解释新闻的逻辑结构，才能在解释的时候保证叙事的准确性和逻辑性，才能更加透彻地向受众解释新闻的事实和前粘后连，让文章更有深度和广度。

基于对新闻事实和背景材料的把握，记者可以结合已有经验和专家学者的建议，对于事件的发展趋势或未知状况作出预测，从而为受众更好地认识世界、了解世界提供佐证。

2015年通州作为北京市行政副中心的消息一出，迅速引发全国关注。中国国土资源报《视点》版敏锐地觉察到，通州“升级”的背后是京津冀协同发展、破解“大城市病”两个宏大命题，适合进行解释性报道。

文章《北京通州：行政副中心如何“治病救城”?》[①]以通州建北京行政副中心为切入点，深入探讨了京津冀协同发展框架下的北京城市建设问题，选题重大，切入点巧妙；记者多次探访通州，采访了城市、规划等方面的专家，从专业视角观察、解读、预测，并对通州行政副中心集约用地、优化升级从而发挥纾解功能等问题提出了建设性意见，是一篇有深度的报道。

三、解释性报道的选题与立意

解释性报道能够对新闻事件形成全局把握，以透彻的分析、准确的判断帮助受众消除疑惑与忧虑，引导社会舆论方向。因此，解释性报道适用的范围广泛。下面从党政类、经济类、社会类等多个方面来探讨解释性报道这一文体能够承担的选题。

（一）党政类解释性报道

在党政新闻中，各级领导机构做出的重大决策部署，因影响广、关注度高、概括性强，适合也需要做好解释性报道。在报道过程中，要对政策本身有正确的理解，了解其历史沿革、出台背景、法律支撑、未来影响等方方面面，然后及时、准确地用通俗易懂的新闻语言表达出来。

（二）经济类解释性报道

经济新闻也是解释性报道选题的重要类别之一。过去，人们对经济新

---

① 陆芬：《北京通州：行政副中心如何“治病救城”?》，《中国国土资源报》2015年8月3日。

闻的认识比较狭窄，认为它就是经济理论加数据报表；但随着人们对经济认识的加深，财政、金融、税收、投资，越来越多的内容被归入经济类选题，这些选题涉猎广泛，对公众有切实的影响，记者会就某种现象或问题进行分析、解释，以点带面，由小见大，最终探索整个经济事件的深层含义，解读其背后的政治、经济意义。

（三）社会类解释性报道

这里的社会类新闻是一个外延较广的概念。主要包含了三个方向的理解，社会进步成果报道、社会弊端揭露报道和重大突发事件的报道。

社会进步成果是社会发展的第一生产力，既有理论层面的进步，也包含实践层面的突破。这些进步成果推动了社会的进步，改变了人们的生活。通过解释性报道，这些社会文明进步成果能更好地发挥作用，激发人们为了美好的生活而不断努力。

对阻碍社会发展的弊端和问题进行解释性报道，能够让公众认识到社会中存在的不易发现的弊病和顽疾，能够起到良好的社会监督作用。深度报道往往与批评监督联系密切，解释性报道是舆论监督的重要武器。揭露社会弊端的解释性报道适用于比较重大的题材和矛盾纠结、内容繁杂、不易发现问题实质的对象。这些报道能够帮助读者了解自己所处的社会环境，促进权利的正确使用，曝光社会中的不公现象，推动国家系统有序运行，遏制有损于社会行为的蔓延。

重大突发事件指的是不在人们预料范围内突然发生的造成人员伤亡、损失惨重的事件。这些事件往往会对人们产生猛烈冲击，引发广泛的探讨与议论，牵动公众的关注和情绪。一旦有重大突发事件发生，就需要媒体快速做出反应，通过分析、解释，传达有关信息，消除公众疑虑。

综上所述，要判断一个选题能不能做解释性报道有三个标准：公众是否对事件存在疑问？公众是否对事件存在误解？公众是否对事件有深刻理解？如果一个新闻事件在报道后仍存在这些问题，记者就可以考虑通过解释性报道进行分析、解释，来帮助受众解答疑虑、纠正错误、加深理解。

2015年5月，为推进体制机制改革，集聚和用好各类人才，营造良好创新环境，上海市委市政府公布了《关于加快建设具有全球影响力的科技创新中心的意见》（简称《意见》）。上海理工大学太赫兹项目是《意见》发布后上海科创中心第一个"按照科技成果转化收益归属研发团队所得比例不低于

70%”操作的项目。记者在报道中发现，太赫兹项目研发团队的股权奖励卡壳，市科委等部门已为此事召开两次专题协调会，于是记者跟踪此事进展，采访多位政府部门负责人，还通过内参促进问题解决，在第三次专题协调会召开并达成一致意见后，写下了《“先投后奖”走通股权奖励路》[1]这篇独家报道。

这篇解释性报道讲述了股权奖励遇到的障碍、三次协调会的经过，以及在上海首次走通“先投后奖”之路的法律和政策依据，作为全国首个走通“科技成果作价投资，科员人员获股权奖励，享受递延纳税政策”的案例，具有重要的示范意义。

四、解释性报道的写作技巧

（一）选题：关切民意选题，聚焦热点

一目了然的东西不需要解释，存疑、有误解、复杂、难理解的新闻才需要解释性报道。关切民意、正中热点的素材才是解释性报道适合的选题。

解释性报道是以帮助受众消除疑惑与忧虑，加深人们对新闻事件的深层理解，引导社会舆论方向为目的的新闻报道。记者的人脉、信息资源优势，逻辑分析能力与表达说明能力，能为受众还原新闻事件的起因、真相与发展全过程，探究新闻事件造成的社会影响和背后隐藏的根源问题，从而为社会发展与制度改革带来启示，起到社会监督与舆论引导的积极作用。近年来，解释性报道关注的领域越来越广泛，除了解读党政要闻、经济形势的解释性报道，涉及民生问题、社会问题的解释性报道出现的频率也越来越高。记者在采访中，常常能获得大量素材，要把受众的关心关切作为一把标尺，找到读者关心的问题进行解释，才能发挥解释性报道的最大价值。

记者要保持敏锐的洞察力和新闻敏感性，找到公众的关注点、疑难点，给出有力、有效的回应。

注意力经济的时代，谣言和真相齐飞，鱼龙混杂的信息让受众很难分辨，消息的传播速度和广度提升，谣言的危害、威力也更难遏制。解释性报道需要在第一时间用事实说话，传递真相破除谣言。2015 年，“北京市场购买 8 份草莓样品均检出致癌物乙草胺超标”这一未经验证的消息经新媒体发酵后，造成消费者极大恐慌。当时，全国种植草莓 200 多万亩，涉及200 多

---

① 俞陶然：《“先投后奖”走通股权奖励路》，《解放日报》2016 年 8 月 10 日。

万农户，产值400多亿元。《农民日报》记者根据从业多年经验判断，此报道不实，并意识到如不及时澄清将对草莓产业带来毁灭性灾难，农民也可能遭受巨大损失。为此，记者求证了北京草莓种植基地、新发地市场、全国草莓协会、农业主管部门负责人，以及农药植保专家、科研院所研究人员等20多人。客观集合各方观点写作《草莓农残超标致癌，是真的吗？》一文[①]，待北京市权威部门抽检175个样品得出结果——"均未检出乙草胺"后于次日刊发。

文章第一时间答疑解惑，用事实和数据说话，既求证又科普，让各方面专家发声，澄清了此前报道中有关乙草胺使用、检测等方面的谬误，回应了各方关切，引导消费者理性看待涉及食品安全的不实报道，保护了草莓产业，维护了农民利益。

（二）内容：解释准确，通俗易懂

解释报道要合理利用已有素材，进行合理解释，注重解释的逻辑性、引用的准确性和语言的通俗性。

1.善用背景

解释性报道作为深度报道，有时主体的新闻只是一个引子、一个由头，借助各种背景材料尽显内容的深度才是报道的目的。能否掌握事实背景资料是写作能否成功的关键。要全面、充分地搜集背景材料并综合起来理解事件发生的背景环境，不能忽视时间、空间层面暗含的背景材料。在引用背景材料时，要客观真实、引用准确。不能为了使用材料生硬链接，要有铺垫、有映衬，让背景的使用自然生动。

2.解释合理

在解释时，要认真思索解释的内容和位置，把握好解释的逻辑和深度。不能在该解释的地方不解释，不该解释的地方乱解释。什么地方需要加入背景材料，什么地方需要加入事件动因、条件，什么地方需要联系现实，什么地方需要点名主旨和深层含义，都需要记者根据经验来判断。

解释的逻辑性也需要重视，一切复杂的关系都应该通过事实的描述予以展现与说明，你需要判断哪些事实能够说明新闻的真相，进一步决定这些事实在报道中如何排列、如何展开，以便读者了解新闻的意义。需要强调的

① 高杨、郭少雅：《草莓农残超标致癌，是真的吗？》，《农民日报》2015年5月1日。

是，解释性报道中的逻辑不是记者主观臆测的，而是凭借材料和事实进行的分析和解释。

3.语言通俗

大多数读者阅读解释性报道是在接触一个较为陌生的领域，因此记者在行文时，一定要注意语言的通俗性，尽量避免使用专业术语、行话。要尝试将专业性话语用日常的、通俗的话进行翻译；把不常见的、生僻的现象类比成常见的、易理解的故事，让读者能真正理解解释性报道所分析、叙述的事件和含义。

4.引用准确

解释性报道是对新闻事件发生原因、产生影响、如何防范等问题进行事实说明与理论分析，因而记者常常会引用各行业专家的观点作为理论支持，这样的做法可以提高解释性报道的说服力、公信力。但要注意的是，虽然引用专家的观点能增强解释性报道的知识性和专业性，但要注意引用的准确性，不能断章取义。除了专家的意见，公众的声音也可以作为解释性报道的引用来源，当事人、知情者的感受和看法，亦能对还原新闻事实有很大帮助，从而增强文章的可信度。

（三）善用数据、短视频等融媒体技术

在新的媒介环境下，受众已经不再满足于以往传统的视觉听阅读体验，转而寻求一种更为临场化、立体化的接受体验。解释性报道适应受众更高的需求，开始越来越多地运用数据、图表、短视频等方式进行分析报道。特别是近几年，解释性报道的实践形态越来越多样化，文字、图片、视频、动画等多元的呈现方式让内容更加灵活、个性，可视化图表、虚拟现实技术、人工智能等传播技术的更新让解释更加直观、清晰，数据新闻、视频新闻、互动新闻等新的报道模式的运用让传播更加精准、有效。

融媒时代的解释性报道需要有更宽广的视野和更开放的思维，在我国解释性报道理论与实践的发展有着自己的鲜明特色，如何拓展报道内容和研究视域，如何整合报道思维和传播路径，是融媒时代解释性报道发展值得关注的问题。作为记者，在完成深度报道的过程中要保持稳定、良好的报道心态，也要具有敏锐的洞察力、坚决的执行力，敢于跟社会难点痛点较劲，勇于承担社会责任，努力实现解释性报道的价值目标。

第三节 特稿

一、特稿的定义

特稿是一种用讲故事的方式来呈现新闻的文体，除了具备新闻基本特点之外，还要有文学性和原创性。特稿是一种有深度的新闻报道题材，也有观点认为消息之外的新闻报道都可以称作特稿。

特稿在中国是舶来品。西方新闻写作教材一般把新闻分成两大类：消息（突发性新闻或硬新闻）和特稿（软新闻）。对特稿的定义，长期以来都有很多不同的声音，要搞清楚特稿是什么，充分理解其含义，就需要先了解特稿的历史来源。

艺术性、文学性、戏剧性长期以来都是文学作品的首要追求和本质特点。在之后的发展中，真实性渐渐被引入文学作品，产生了报告文学、新写实小说、纪实文学等真实与虚构交融、补充的作品形式。20 世纪 60 年代的美国，社会动荡不安，“每天的现实变得甚至比最好的小说更离奇动人”。一些小说家的写作观念开始转变，针对现实进行写作、让作品回归真实，这类小说被称为“非虚构小说”，美国作家杜鲁门·加西亚·卡波特（Truman Garcia Capote）通过采访一个真实的故事，同时用新闻报道的写作手法，讲述了一场凶杀案，这个“非虚构小说”被称为整个非虚构写作历史的一个里程碑。

战争的残酷、社会的变革，简单的消息报道不能满足读者对新闻的需求，新闻写作开始吸纳主观性，产生了解释性报道、调查性报道等以深度挖掘为基础的报道形式。20 世纪 60 年代，传统的客观性报道已经无法真实地展现错综复杂的现代社会，以主观性为代表的“新新闻主义”出现。新新闻主义大胆地借鉴文学创作，将文学手法大量应用于新闻写作，报道包含大量人物的主观感受和心理描写，虚构色彩浓厚。新新闻主义因动摇了新闻的真实性原则而饱受批评。

“新新闻主义其实为新闻特写与通讯体裁的写作提供了全新的借鉴范式，甚至可以说提供了变异的可能性。”[①]新新闻主义退潮，其中合理的部分

① 李良荣：《西方新闻事业概论》，复旦大学出版社 2006 年版，第 156 页。

被特稿继承了下来。1979 年,《巴尔的摩太阳报》记者丹尼尔·富兰克林(Daniel Franklin)创作的一篇题为《凯利太太的妖怪》的报道,被普利策新闻奖评为首届特稿奖获奖作品,自此特稿正式得到美国新闻界的认可。随着新闻实践的不断发展,特稿的含义变得越来越丰富。当然,不同于新新闻主义,这里的特稿指的是文学性服从于新闻真实性和专业规范的作品。直至今日,特稿在西方新闻界也没有确切的定义和范畴,富兰克林认为:“特稿是一种非虚构的短故事形式。”所以,特稿写作广义上也可称为非虚构写作。

20 世纪 90 年代,国内新闻界在理念和实践上都受到西方新闻思潮的影响,为了适应行业的发展,越来越多的媒体开始尝试“生动的新闻”。1995 年 1 月《中国青年报》推出《冰点》特稿专栏,1996 年四川《华西都市报》成立特稿部,开辟专门版面刊出特别报道,《南方周末》也尝试探索中国式特稿,涌现出南香红、李海鹏等以写作特稿见长的记者。

新媒体时代,特稿或者说广义上的非虚构新闻写作,再次成为我国新闻业写作中的“风口”,引发学界和业界的关注。新媒体公众号如网易的“人间”、腾讯的“谷雨”、界面的“正午”以及“故事硬核”“真实故事计划”等如雨后春笋般涌现,特稿这一新闻体裁焕发出蓬勃的生命力。

二、特稿的特点

特稿是一种深度报道,许多人会把特稿与调查性报道、解释性报道等报道类型混淆起来。如果不分清楚,或者当成一回事,那特稿的价值就无法被发掘出来了。所以,我们通过将特稿这种文体与其他新闻写作体裁进行比较,找到特稿的独有特点,来加深对特稿的理解。

(一)讲一个好故事

特稿首先得是一个好故事。从牙牙学语时起,我们就有喜欢听故事的偏好。一位美丽的公主、一座奇幻的城堡、一段冒险的旅程都是故事中让人兴奋的元素。好的特稿作品离不开个性的人物、逼真的环境和波澜的情节。与传统的新闻消息和通讯相比,特稿会通过故事化的叙事让读者沉浸其中。传统新闻报道的主体是事件,而特稿更倾向于聚焦人物,记录鲜活独特的人或群体;传统报道注重事实的陈述,而特稿则更多引用对话,更细致入微地重塑事件的场景和细节;传统报道常常概述事件始末和过程,而特稿会通过悬念、铺垫让情节扣人心弦。人物、场景、情节缺一不可,符合以上这些特征的报道，才能是一篇好特稿。

《普利策获奖：特稿卷》评价道："本专集收录的代表作堪称文学的纯正典范，他们的作者都是会讲故事的人。"掌握了一个有头有尾、完整的好故事后，记者就会化身故事的编导，通过戏剧性和冲突性让故事的讲述更加精彩、更加动人。讲故事的方法表现在特稿之中有很多形式。在文章开篇，特稿可以抛却传统新闻简洁概括事件的导语写法，用场景重现、细节描写、趣事前提等方式吸引读者注意；行文描述中，要利用谋篇结构让故事有平叙、有冲突，产生高潮迭起、环环相扣的效果；在文章结尾，要讲究结局与故事的氛围情绪完美结合，引发读者共鸣思考。完整的好故事，搭配戏剧性的讲述方法是一篇优秀特稿最鲜明的特征。

（二）高度的文学性和创造性

普利策新闻奖特稿奖的评选标准简明扼要：一篇优秀的特稿首先要关注的应该是高度的文学性和创造性。这是特稿最突出的两个特点。

（1）文学性。作为中国特稿开拓者之一的记者李海鹏曾说："特稿很难定义，不过可以描述为一种文学性的新闻，题材不强调硬度，截稿时限更宽松，通常不超过一万字。"在中国，特稿其实早就在尝试，报告文学就是。可是报告文学有两个弱点：一是不够真实客观，二是文学性偏弱。在特稿与报告文学的对比中，我们可以看出，真实基础上的文学性是特稿应具备的特点。特稿在文字表达上突破简洁、理性的传统模式，可以将生动的语言和文学的笔法运用到创作中。形容词、副词的大胆运用，修辞手法的丰富多样，氛围感、画面感的重点着墨，语言的细腻、诗意，这些都让特写有了高度的文学色彩。

值得注意的是，文学和新闻是有界限的，特稿的文学性是建立在真实性基础之上的。《南方周末》著名记者南香红说："特稿以文采见长，这是显而易见的。特稿也许是具有文学色彩的新闻，但特稿并不是文学，它是新闻，这是特稿不能越过的界限。特稿的珍贵之处就是真实。这是特稿最重要的不可缺失的本质。只有在真实的新闻事实下的优美表达，对特稿来说才是有价值的。"①

"木卡姆是刀郎人的皇冠，没有木卡姆就等于没有了生命。"《没有木卡

① 南香红：《南香红谈特稿之特》，2012 年 7 月，https://www.douban.com/note/225953687/。

姆就等于没有了生命》[1]是南香红的作品，记录了刀郎人和木卡姆音乐的故事。文中细节的刻画、诗意的语言让读者似乎也来到了刀郎琴师演奏的现场，感受木卡姆的神圣魅力。

(2)创造性。特稿不仅要有文学手法的应用，还要写出作者的特点特色，努力形成自己独特的风格和话语方式。特稿是带有情感色彩的，因此特稿常常是在准确、真实的基础上显示出丰富、多色彩、多向度的表达。记者常常通过个性的描写来表达对新闻人物、新闻事件独特的认知和情感，以求引起读者的共鸣。

(三)引发情感共鸣和深层思考

特稿被划归软新闻，它不只有信息的传递，还要有情绪和态度的表达；不只要完成告知的任务，还要起到引发深思、引导舆论的效果。

特稿不是冷漠生硬的，好的特稿往往充满人情味，饱含人文关怀。在创作中，人情味指的是亲民性和趣味性。文章的素材新鲜且新奇，能够吸引更多的读者阅读；文章的语言生动通俗，易于受众理解、接受，从而产生情感波动和共鸣。除了趣味性，特稿还重视表现人，通过对人物形象的刻画、对人物情感的描摹来表现普通人的思想情感和人文情怀。

在立意方面，特稿守护公共利益，传递正确的价值观，引导读者帮扶弱势群体，关注社会问题，深入反思，以推动更好的社会环境的形成。很多特稿都从小事、普通人着手，以小见大，来折射更广阔的社会视角，通过小主题来表达背后更有深度的思想观念和情感精神。当下，只有立足国情，关注生活，将中国的时代背景下的大问题以微观角度切入，将新闻与时代背景相结合，才能让特稿满足人们日益增长的精神需求，发挥好新闻的舆论引导作用。

三、特稿的选题

特稿在选题方面题材广泛，政治冲突、建设成就、社会矛盾、政府举措、刑事犯罪以及人们关注的热点新闻事件都是特稿的报道对象。

(一)人物类

人物类新闻报道是特稿中最常见的。

---

① 南香红:《没有木卡姆就等于没有了生命》,《南方周末》2006年11月30日。

人物类特稿在人物选择方面视野开阔，包罗各行各业。在传统通讯写作中，人物类通讯的选材偏重于典型人物和新闻人物，对于普通人、“失败者”、有争议的人关注较少。在写作重点方面也是把有新闻意义的典型人物的言行、事迹、思想作为报道的中心。特稿的选题则更加丰富多面，普通人、争议人物、受难者都可以成为报道对象，通过真实地记录他们的生活、言行，反映他们真实的生存状态和生活环境，让读者看到角落里、城市背面的故事。包容的态度，平等的视角，耐心的倾听，真实的记录。特稿中的人物身上可能没有英雄的事迹、没有熠熠生辉的功绩，但他们是中国最朴实的写照，或是灰色地带里向上求索的奋斗者，或是高楼大厦间忙碌奔波的打工人，是他们推动了现代化建设。

除了人物类型的区别，特稿在展现人物时使用的技巧方法也更加灵活。在人物通讯中，往往要展示人物的完整性、多面性，通过丰富的人生经历、多维度的故事，让人物形象立体丰满。但人物特稿经常抓住人物或生活片段或情感价值观的某一面进行特写，不是完整记录事件过程，以事写人，而是通过人物“前传”、生活背景来勾勒人物形象。

与人物类似的还有社会群体类特稿，这里的社会群体指的是人们通过一定的社会关系结合起来进行活动的共同体。社会中的小众群体和弱势群体是特稿的常见对象，他们也是社会历史发展与变迁的重要推动者和见证者。《两个男人的 20 年“婚姻”》《艾滋遗孤：跟我回家》是社会群体类特稿中的佳作。

（二）事件类

事件类特稿是通过选取事件某一侧面或角度进行深度报道，一般发表于新闻消息和通讯之后，故事的切入点和讲述方式是事件类特稿成功与否的关键。

事件类报道往往是热点新闻的延伸，事件已经被报道过了，但是事件的原因、影响、事件背后的故事还没有涉及，这就可以用特稿来补充。因为特稿的时间要求没有消息和通讯严格，因此就有了更多的采访及收集资料的时间。

事件类特稿和事件特写有相通之处，通过场景的展现、细节的再现，能把重大的、复杂的新闻事件化解成可触可感，轻松易懂的故事，让读者更直观地感受事件的背景和氛围，体验在场的震撼与悲欢。

为了让事件类特稿更具故事性和启发性，记者在确定要报道的新闻事件后，要进行深入的思考，要能看到事件的多个方面，从不同立场角度进行观察，找到最适合的切入角度，这既是事件类特稿的难度所在，也是事件类特稿的优势所在，不同的立场、角度呈现出的包容性和延展性能给读者提供更大的思考空间。

不追求时间优势，避免了哗众取宠；小切口、精细节，让事件真实可感；多方面的观察思考，让语言更加深刻。事件类特稿需要在实践中不断探索发现视角与故事。

（三）话题类

作为社会瞭望塔的媒体，不能沦为猎奇、娱乐的工具，也不应该是单纯传递消息的媒介，而应该更多地承担起监督批评的责任。改革开放以来，我国经济建设取得了举世瞩目的成就，但不平衡、不协调的问题仍然存在，媒体应能够就社会矛盾和冲突，也可以说是社会热点话题，进行及时准确、客观全面的报道和解读，以获得公众的信任。

有一些新闻话题，虽然可能不具备突发性、重大性的特点，却涉及公共利益，对社会民生有着长期的影响，如三农问题、教育问题、社会保障问题。这些问题从大处着手，多是政策解读，经验推广类的通讯，容易让人产生审美疲劳且很难发掘存在的问题，不能直击要害；一些故事被媒体关注，只落脚解决某一个人的某一件事，没有结合社会背景深究根源，对于不合理的问题没有起到除恶务尽的效果。

话题类特稿的选材多是与读者息息相关的话题或现象，这些现象可能就在读者身边，甚至已经习以为常，虽然有人注意到矛盾和争议，但没有被很好地挖掘报道。通过话题类特稿，记者对形形色色的现象进行分析解读，用读者感兴趣的故事和易读懂的语言来讲解，回应了社会关切，记录了社会的变迁。

语言是人类无形的文明遗产，几乎每一种语言都积累、传承了数千年甚至上万年，它们都是人类共同的文化财富。一种语言的消失不亚于一个生物物种的消亡。满语背后隐藏着一个已经被遗忘了的世界。

《满语消失的最后一瞬》①记录了满语方言最后的时光，会说方言的人老

---

① 李海鹏：《满语消失的最后一瞬》，《南方周末》2008 年 4 月 4 日。

了，方言中的习惯和习俗消失了，方言的保护有些晚了……作者真实记录了满语和说满语的人最后的故事，通过文化的消失与悲哀唤起人们对保护语言文化、保护文化多样性的重视。

四、特稿的写作技巧

特稿是讲故事的文体。和通讯相比，特稿更注重切入角度的独特；和调查性报道相比，特稿更加生动形象，更具人文关怀。如何让特稿写作有特点、有新意，既在宏观上高屋建瓴，也在微观上细致入微呢？这不仅要在选题上下功夫，更要在文章结构、细节描述、场景还原、价值判断多个方面思考斟酌。要让文章扣人心弦、一波三折、形神兼备，可以尝试以下写作技巧：

（一）学会讲好故事

讲好一个故事，要有一个完整的故事线，在故事线的基础上合理安排情节，通过悬念、推演等方式，让故事像小说一样，有冲突、有高潮、有氛围和情感。

特稿作为深度报道的一种，需要有一条一以贯之的线索来推动新闻的展开，可以看作一条故事线。读者对于未知的情节有一种好奇的心理，故事线可以牵引他们把注意力放在故事上。故事主线的确定也给情节的安排提供了依托。

2018 年 9 月 12 日《冰点人物》刊发了《我劝你活着》[①]一文，这篇文章主要讲述一名因为想弄清楚儿子自杀缘由加入儿子生前所在的“约死群”的父亲的故事，在这一过程中“父亲”胡建明拯救了许多徘徊在自杀边缘的青少年。文章以主人公的内心活动为主线，以心理活动引发的行为为推动，让故事叙述环环相扣、高潮迭起。

在传统报道中，倒金字塔结构是最为常见的，特稿的结构安排则更为灵活。在安排结构和情节时，要关注文章的节奏感。从开头到结尾平铺直叙，虽然可能完整清晰地交代了新闻信息，但读起来死板枯燥。如果将顺叙与倒叙、插叙结合，利用好场景变换，动静结合就会让文章更有节奏感、电影感，缓解信息量带来的疲劳，更愉快轻松地接受整个新闻故事。

设置悬念是讲故事最常用到的表现手法，常用的悬念有两种：整体悬念

① 王嘉兴：《我劝你活着》，《冰点人物》2018 年 9 月 12 日。

和局部悬念。整体悬念是在正片开头设置，让读者带着期待阅读全文，随着事件发展产生情绪上的悲喜，达到良好的效果。局部悬念是在行文时抛出，一个接一个，带领读者像探案一样，步步推理，最后真相大白。利用好两种悬念能让读者在万字长文的阅读中保持积极的兴趣和主动的思考。

矛盾和冲突是小说的高潮，也是最精彩的地方。正因为有了对立和冲突，才会引发读者的关注。特稿写作要抓住所写事件的冲突点，这个冲突可能是人与人之间的对立，可能是阶层与阶层的对立，也有可能是自我的挣扎与矛盾，这个冲突越复杂越激烈，越值得挖掘，越值得写细写深。

（二）文学表达方式的应用

一篇好的特稿也是一篇赏心悦目的文章，让读者在获取信息的同时也享受阅读的过程。高度文学性是特稿的特点之一，高度文学性体现在文章中就是文学手法的应用和语言表达的优美。

新闻故事化要求记者在写作的过程中要抓住细节，因此细节描写在特稿中极为常见。用细节刻画人物，通过对人物的衣着、动作、神态的细节描写来表现人物内心活动，渲染人物性格，突出故事内涵，使得稿件有血有肉，生动翔实；用细节描写刻画场景，还原现场，营造氛围，使故事的呈现更有时间上的延续性和空间上的承接感，让新闻更逼真。

特稿更多的笔墨在细节描写上，而细节的描写又对烘托氛围、刻画人物的性格起着关键作用。但需要注意的是，细节描写不是越多越好。大量无关主题的细节可能让文章变得冗杂繁复，恰当精准的细节才能起到画龙点睛的效果。

特稿在借用文学和小说手法的同时，也常常借助其他文学表达方式，如画面感、镜头感、冲突、情节、结构的安排等。

除了手法的应用，独具特色的语言表达也是传播的利器。在保证客观真实的基础上，特稿记者在事实的选择、场景的描述中有时也会显示明显的感情倾向，借助优美的文字、诗意的语言，抒发自己的情感，让读者在获取信息的同时也更容易产生情感上的共鸣。

隐喻指用某种象征物喻示某种特定的含义或精神，是文学创作中常用的手段，特稿作品亦可以借鉴。

（三）真实性的坚守与把握

真实性和客观性是新闻的基本要素，也是新闻专业主义的必然要求。

记者在特稿写作中要守住真实性的底线。

在创作特稿时要平衡文学性与真实性，可以参考以下三个标准。第一，记者要在面对新闻素材时保持中立的态度，可以从旁观者的角度纵观全局，选择真实、不带情感的事实作为写作依据。第二，要全面，要以包容的态度获取各方的观点，不能偏听偏信。第三，在写作时要将事实和观点分开，既要避免武断地下结论，又要通过文章体现自己的立场。

当下特稿写作中有一种过度人文主义的倾向，记者为弱势群体代言，容易产生道德上的优越感，这将会对新闻的客观性产生影响。虽然很难避免感情上的倾斜，但要努力平衡文学与真实、情感与事实，无限接近新闻的本质与真相。

《灾后北川残酷一面》①是特稿中的经典之作，记者李海鹏用真实、细腻的笔触，记录了“5·12”汶川地震后北川县城的受灾惨况，记录了灾难背后的人心与人性。

文章以时间为线，从5月15日到5月19日，记录了作者震后一周在北川的所见所闻。从黄金48小时的“甜、臭和焦煳”的死亡气味到“声音在消失”；从废墟之上偶有爆发的悲痛到绝望的麻木、疲惫的麻木；从主动参与救援的厂工，到还在收敛不义之财的人；从抱着孩子痛苦的母亲，到汽车喇叭执着的哀鸣。真实的记录，朴实的文字，仿佛把我们又拉回了那段举国皆痛的日子，地震带来的伤残与痛苦历历在目，生命的渺小、人性的复杂、人心的温暖震撼牵动着每一个读者的心。没有评论，没有抒情，只有真实的记录，这就是特稿的力量。

（四）更深层次的关怀

新闻不仅要传递信息、传播真相，更要表达一种命运、状态或者境遇。人性、正义、伦理、价值观、文明冲突、人类命运，我们应该思考，在特稿中的故事和问题以外，能否抵达更具哲学色彩、相对永恒的层面。

关注公众利益、关注社会矛盾，说到底是对人的关注、对人的关怀。这份人文关怀关乎生命，亦关乎尊严。天灾人祸面前，生命渺小，在写作过程中就更应该给予保护和关怀。在创作时，避开极端、暴力的事故过程，选择平缓、揪心的人物命运；避开二次采访带来的伤害，用陪伴和观察表达对生

① 李海鹏：《灾后北川残酷一面》，《南方周末》2008年5月22日。

命的尊重。在社会大背景下，不同的阶层、不同的群体，他们不一定是风口浪尖的改革者，不一定是庞大的人群，但为他们发声，尊重他们的生活习惯和价值观念，亦是作为记者能给予弱势群体的温暖。

融媒体时代，特稿要呈现出更丰富、更细微、更加多元的社会图景。这种写作方式无论给作者还是给读者都留足了空间，它没有约定俗成的写作套路，相对宽泛的写法让其有足够的尺幅去延伸，读者可以不受拘束地根据自己的理解去解读。

特稿写作在媒体界的再兴起，背后折射出整个新闻界和新闻从业者群体观念的变化。读者对精神世界的追求，社会的加速变动，媒体的更新迭代都给特写提供了新的发展空间。不过作为记者要警惕新闻作品尺度带来的变化，毕竟真实才是新闻的生命，只有回归新闻的本质，把握住真实的作品，才会更有生命力。

第九章　专业领域报道

第一节　时政新闻报道

时政新闻报道在新闻报道中具有特殊性，主要报道党和国家政策方针、领导人活动和与政治相关的事件等。时政新闻作为宣传国家精神和国家意识形态的重要输出口，在新闻报道中常常占据着非常关键的时段位或版位。

一、时政新闻概述

时政新闻也称为"政治新闻""时事新闻"，是对国家政治生活中新近或正在发生的事实的报道。在《中国新闻实用大辞典》中，政治新闻是"报道国家、政党、社会团体、知名人士在国内、国际方面的政治主张、行为与活动，以及社会上的政治思潮、政治事件、政治人物更迭等方面的新闻"[①]。时事新闻是媒体报道的单纯事实消息，是在国家建设、社会公共管理和百姓生活等领域发生的重要新闻。

时政新闻往往报道的是国家或地方领导以及党政部门、社会团体近段时间开展的重点工作，以及影响范围广、影响力度强的重大事件。这些工作和事件涉及政治、经济等公共生活的方方面面，是受众欲知未知而应知的事实。尤其是政府决策、行政法规的出台，会给人民群众的生活带来深刻影响，它往往集时效性、重要性和广泛性于一身。受众从时政新闻报道的国家动向、大政方针和公共事务信息等内容中了解国家大事和利益关切，从政策

① 冯健主编：《中国新闻实用大辞典》，新华出版社1996年版，第77页。

调整和重大政治事件中判断社会发展趋势，从对突发时政问题的处理中认识政府的执政能力和执政魅力。时政新闻是最受受众关注的一类新闻，在各类报道中占有“主角”地位，各类媒体都把时政新闻放在重要位置，特别是重要时政新闻，在各级党报的版面上，一般都占据头版头条位置，在电视台、广播电台以及网络媒体、手机媒体等电子新闻媒体报道中，也会放在突出位置，安排在“黄金时段”或重点区域。

时政新闻承担着向受众传递重要政治信息的职责，常被视为“硬新闻”，其报道要求精准恰当，对记者和编辑的政治素养、思想认识水平、新闻敏感度和业务能力都有较高要求。

二、时政新闻报道的类型

时政新闻从地域范围上可以分为国际时政、国内时政与本地时政，我们通常所讲的是本地时政。

时政新闻报道从内容上一般分为以下几种类型：

(1)领导人活动和会议新闻报道。领导人的活动有：参加会议、调查研究、走访慰问、座谈讨论、突发事件处理、外事活动等。领导人的重要活动通常有两大类：一类是会议，一类是下基层做调研。这类新闻主要是挖掘会议传达的政策趋势和领导人活动透露出的高层动向，以满足受众对时政热点和相关领导人动态信息的需求。

(2)重大政治事件和公共政策报道。重大政治事件有：党的施政纲领、政治思想等发布，重大成就、重要会议、重大政治庆典、重大社会新闻、外交事务、法制建设等。如每年召开“两会”，有关经济、科技等领域的重大突破，宣传国家和地方的建设成就等新闻报道。党和国家重要法规、政策、举措的决策制定、执行过程和执行结果，也是时政新闻报道的内容。时政记者“肩负着一个重要使命，即传达、解释、宣传和监督党和政府各项方针政策贯彻和落实。之所以重要，是因为它们关系着国家、政党和民族的发展和命运”[①]。报道针对的内容与人民群众的切身利益和关切关系越密切，新闻价值就越高，例如与住房、教育和医疗相关的政策，都是时政记者重点报道的内容。重大政治事件和公共政策新闻是帮助受众认识社会发展历史、预知政策趋势的手段。

---

① 张柏兴、汪宗保、龙长征编著:《专业新闻报道》，浙江大学出版社2005年版，第172～173页。

(3)日常政治工作报道。这类新闻报道主要侧重于普通政策新闻和政治经济文化活动的报道。一般媒体时政新闻部门会根据对应的行政机构部门细分记者的报道领域,如跑“政府线”的记者,负责当地政府部门的新闻报道;跑“市委线”的记者,负责当地党委部门的新闻报道。这类新闻涉及社会公共领域管理的方方面面,内容与群众生活息息相关,与社会现实关联紧密。

(4)突发时政新闻。这类新闻主要是报道突然发生的对国家或社会产生重大影响,引发强烈关注的事件,如公共危机事件、大范围的自然灾害、国际突发事件等。对突发时政问题的处理显示着一个政府的执政能力和执政魅力,关系到社会稳定和民心安定,关系到国家的国际形象。特别是在公共危机事件的处理上,信息公开、保障人民的知情权已经是时政报道的最基本的理念。关于突发事件的重大政治新闻,要及时报道事态的发展变化,防止引发各方猜测甚至社会混乱。

(5)典型报道。多为以宣传正面形象和正面事件为报道目的,宣传国家和地方建设成就。

三、时政新闻报道的要求

(一)注重报道的权威性和影响力

时政新闻报道体现国家的意志和声音,传递的重要政治信息与国家形象塑造、社会管理建设以及百姓的生活息息相关,得到受众高度关注。由于时政新闻政治倾向鲜明,反映国内政治的报道,要有正确的思想观点,鲜明的政治立场,高度的政策观念,符合党、国家和人民的利益,发挥正确的舆论导向作用。每当国家发布重要政策、决议或者发生重大新闻、突发事件时,时政新闻必须第一时间关注,对政策及背景进行正确发布解读,将事实真相及时、准确地报道,通过这种方式迅速占领舆论制高点。正是由于长期形成的权威性,受众对主流媒体的时政新闻报道信任度高、依赖性大。

时政新闻报道的权威性和影响力,首先来自报道思想观点的高度和深度。要与党和政府保持高度一致,充分体现执政党的主义、主张、思想,能够高屋建瓴,体现社会发展大势,发现问题本质,抓住主要矛盾,突出社会发展特点,和时代同频共振,准确掌握舆论导向,满足受众所需,保障时政新闻报道的高度和品质。习近平总书记在党的新闻舆论工作座谈会上对新闻工作者提出要求,要“努力推出有思想、有温度、有品质的作品”,“有思想”是检验新闻作品的重要指标，更是让时政新闻更好发挥影响力的重要保障。

时政新闻报道“有思想”不能仅仅着眼于当前“点”上的事实，更应基于“面”上的情况，要跳出时政写时政，把“点”置于社会发展大背景之下去判断，才能发现新闻更大的价值。第11届中国新闻奖一等奖获奖作品《法警背起生病被告》（原载《北京青年报》2000年12月16日一版头条），全文不到700字，所记录的“法警背起生病被告上法庭”也是一件平凡小事，但这件“小事”的背后，却包含着法警对人权的尊重，无形中是对西方舆论攻击中国人权状况的有力回击。除了法庭上这幕动态场景，报道还提到了“罪犯在未受到法院判决前一律改称犯罪嫌疑人；抚顺推出了‘零口供’；有些地方刷有‘坦白从宽，抗拒从严’字样的墙壁被画上了山水画”等事实。司法界连续出现的这些意义深远的变化，就是中国民主与法制进程中深刻变革的重要体现。报道以小见大折射出中国司法制度的变革和创新，是中国社会的进步和历史的发展。《中国新闻出版报》曾评价说：“记者对新闻现象的认识不能只停留在表面，还要透过现象抓住更本质的内容，努力挖掘新闻背后的新闻。《北京青年报》的《法警背起生病被告》一文，就是认真观察、勤于思考的典型。”

法警背起生病被告

前天，西城法院正常开庭。法警11083号把一个行动不便的女被告背上了三楼的法庭。当旁听的市民见到法警背上来一个戴着手铐的被告时，大厅立刻安静下来。据目击者吴小姐介绍，她在1月29日去西城区法院办事时就看到过这一幕。当时女被告深埋着头，不时地发出啜泣声。背进三楼休息室时，法警的额头已渗出了汗水，女被告则流出了眼泪。

昨天，女被告告诉记者，今年6月她被确诊患有椎管狭窄症，两腿走路十分困难。被法警背起时，她问过法警的姓名，可法警没回答。

11083号法警叫贾文家，今年26岁，在西城法院已工作6年。昨天，记者采访了他。“我没觉得这个举动有啥大不了，她一个老太太，得了病走路很困难，虽然是被告人，但作为法警帮她这个忙是我的职责。”据他介绍，那天背着老太太从楼下上来时，正赶上大厅里有50多个等候旁听的市民。见他背着个戴手铐的，本来乱哄哄的大厅顿时安静下来。“那会儿，我听见背上的老太太哭了，我能感觉到她低下头，把脸靠在我肩膀上。”

目前，该妇女已被宣判犯有贪污罪，判处有期徒刑11年。宣判结束后，已成犯人的中年妇女仍由法警一步步地背下楼梯。

记者注意到，在此之前，我国司法界连续出现了一些意义深远的变化。诸如：罪犯在未受到法院判决前一律改称犯罪嫌疑人；抚顺推出了“零口供”；有些地方刷有“坦白从宽，抗拒从严”字样的墙壁被画上了山水画等。这从一个侧面昭示了我国司法制度正在进行着一场前所未有的变革。

为此，本报记者采访了最高人民检察院民事行政检察厅杨立新厅长。杨厅长认为，从罪犯到犯罪嫌疑人称谓的改变以及法警背着行动不便的被告人到庭，反映了我国司法体制改革的进程，更重要的是体现了对人的人格的尊重。[①]

时政新闻报道的权威性和影响力，还来自权威的新闻信息源。受众对信息来源的认知会影响其对信息可信度的判断。时政记者具有接触核心权威信源的条件，去领导活动现场或重大新闻发生的现场、跑相关职能部门、采访有见地的权威人士、接触文件材料等，这些信息源都是受众信任的。特别当出现认识混乱或谣言四起的时候，来自权威信息源的消息就是揭示真相、消除混乱最好的武器。2011 年 3 月 11 日，日本东海岸发生 9.0 级地震，地震造成日本福岛第一核电站 1～4 号机组发生泄露事故。事故发生后，中国的网络上出现了关于“海盐受污染不能食用”“中国的盐储备不足”等谣言，谣言越传越盛，搞得人心惶惶，进而在一些地方引发“抢盐潮”。为了澄清真相，《人民日报》等主流媒体采访了中国盐业总公司及有关管理部门和专家，通过权威部门发布的数据告知民众国内食盐储备充足，并且通过专家之口向公众解释食用盐与日本核辐射无关。这些报道用清晰的事实和权威的声音粉碎遏制了谣言，产生了很好的舆论引导效果。受众对于时政新闻的信任很大程度上也是源自对信息源的信任。时政新闻采访要利用好权威信息源，用事实说话，靠精准取胜，对信息要进行反复核实，多方验证，务求新闻的权威、准确、客观。

记者要有责任意识和把关意识，警惕部门或者企业集团出于利益考虑说虚假不实之言，也要警惕采访对象说假话或者片面的一己之见，避免被人牵着鼻子走。报道中的事实、引据和数字以及领导姓名、职务身份等，不能有丝毫差错，稍有不慎就有可能造成严重失误。

---

① 杨永辉：《法警背起生病被告》，《北京青年报》2000 年 12 月 16 日。

(二)追求宣传价值与新闻价值的统一

我国的时政新闻有两种属性:一是政治宣传性,二是新闻性。

马克思主义新闻观认为意识形态属性是新闻媒体的第一属性。1995年《中共中央宣传部关于进一步做好新闻舆论工作的若干意见》明确规定:“我们党和国家的报纸、通讯社、广播、电视是党和人民的喉舌。”“喉舌论”强调新闻引导舆论的功能,即我们常说的宣传。宣传、贯彻党的路线、方针和政策是媒体宣传的根本任务。同时,时政新闻又是新闻报道,是对具有一定新闻价值的信息进行采集和传播,本质上要依照新闻规律来报道新闻。

因为具有很强的政治色彩和政策制约,时政新闻的传播、运作有着较强的规范性、程序性。这种特点给时政报道造成了许多困难,导致传统时政新闻报道的内容简单化,表现手法单一、刻板等弊端。有时甚至为了某种政治需要,新闻价值较低的“新闻”也上了版面。在很长一段时期,时政新闻只侧重简单展示而不是讲述,不去深入研究事件的主题和内容,充分挖掘新闻的价值,最终使时政新闻的价值在传播过程中大打折扣,宣传效果也不尽如人意。

政治宣传性要求时政新闻必须充分体现执政党的主义、主张、思想,必须重大势、重准确到位。而新闻性则要求时政新闻必须有鲜活的事实,必须重实效、重出彩创新。它们看似各有侧重但又相互统一,时政新闻完全可以在坚持新闻性的前提下做好宣传工作。

近些年,主流媒体在坚持实事求是、展示真相的底线原则基础上,注重新闻传播规律和公众利益并重的价值原则,讲究“传通”和社会效益双赢的效果原则,在坚持正确的舆论导向前提下满足受众的需要。

使用与满足理论认为,媒体对受众产生影响的前提是受众必须愿意接受一定的媒体,它提醒新闻工作者要关注并尊重受众。宣传价值和新闻价值统一是挖掘呈现事实本身所具有的新闻特质与事件蕴含的社会意义、受众关切的交集。事实能否构成新闻,以及能否构成有影响力的新闻,不仅需要新闻价值“五要素”(时间性、重要性、显著性、接近性、非常性)判断,还要加入事实价值判断。事实价值才是舆论形成的核心。

什么是事实价值?从某种意义上讲,事件的新闻价值表现为一种实用意义的社会关系。[1] 新闻事件的"事实价值"是新闻事件中的核心事实所蕴含的独特社会意义，这种意义有可能是以政治价值、文化价值、历史价值或经济价值的单一方式呈现，也可能是以多重方式呈现。[2] 新闻事实所呈现的"政治价值"是新闻事件中最重要的价值，即事件的"政治意义"和"公共意义"。

"政治意义"主要体现在从宏观角度和政府执政角度关注"国家发展与利益""民族自豪感""社会秩序"。例如，中国发射"神十"飞船，从事件内容来看，是科技新闻，但是事件所呈现的是国家科技创新能力，强烈体现了"国家发展与利益"和"民族自豪感"，它的政治意义无疑是更具社会价值的，因而在新闻报道中会视为重要的时政新闻。

"公共意义"主要从民众角度关注公共领域的"社会秩序"，以及对政府官员领导权的监督等。例如，《人民日报》(海外版)2012 年 11 月23 日以《保障房何时向农民工敞开?》为题，报道了来自第二届保障性住房发展高层论坛有关官员的观点，以及相关的政策和现实背景。这则新闻是从政策受惠者的角度关注政策变化，以民众需求、民众关切作为切入点，易于引发社会关注。

"社会秩序"表现为两个方面:一是社会秩序的建立，如会议新闻中有关工作的安排部署、国家法律法规的颁布执行，体现了社会秩序建立的过程和必要性。而在自然灾害和社会公共事件发生时，新闻报道所关注的国家和地方政府的应急处理以及社会各界的救援，也体现了社会秩序的"再建"。二是社会秩序的失序，是从公众角度关注公权领域的道德失序，如政府官员的贪腐、城市治理缺少伦理关怀导致的冲突等。[3]

"政治价值"是公共舆论形成的重要内涵和组成部分，时政新闻报道要注重新闻主题的"重大性"，既包括从国家和政府利益角度考虑"政治性"，也包括从公众价值角度考虑"公共性"。"政治价值"是时政新闻占据重要版面、时段的立足之本。时政新闻报道要想获得预期的社会注意力和影响力，关键是能够挖掘并呈现某种具体的政治或公共意义的价值，以及更多的事

---

① 参见陈立丹:《新闻理论十讲》，复旦大学出版社 2008 年版，第 32 页。

② 参加龚彦方:《当代新闻编辑——从宏观思维到微观实践》，中山大学出版社 2015 年版，第 19 页。

③ 参见龚彦方:《当代新闻编辑——从宏观思维到微观实践》，中山大学出版社 2015 年版，第 21～22 页。

实价值。特别在公共价值方面,时政新闻还大有文章可做。如上面提到的《保障房何时向农民工敞开?》,反映出当前政策报道的一种转型趋势,即新闻从政府主体向"政府+民众"主体转移。这种趋势也反映在会议报道、政府日常工作报道中。时政新闻报道中的公共价值主题越来越被重视,民生问题中的热点、难点问题已经成为时政报道的重点、关注点,时政新闻的民生化提升了时政新闻的传播力。

(三)做好守正和创新的辩证统一

党的十九大报告指出:坚持正确舆论导向,高度重视传播手段建设和创新,提高新闻舆论传播力、引导力、影响力、公信力。新媒体时代,网络已成为"观点的自由市场",各种噪音、杂音也充斥其中,谣言不时出现,事实和真相往往被淹没在真假难辨的信息海洋之中。此时,主流媒体就显得弥足珍贵、不可或缺,在关键时刻和关键问题上必须"在场"。社会主流群体对时政新闻的需求仍然是刚需,时政新闻要提供优质内容的本质没有变。同时,随着各种先进传播手段和信息化技术的普及,以及与之对应的互联网思维的建立,传播格局已经发生改变,时政新闻报道的内容和传播方式等都面临着转型创新。做好守正和创新的辩证统一,是新闻媒体当下需要探索的课题。

守正就是牢记初心和使命,在坚持新闻性基础上发挥好主渠道、主阵地的作用,当好党、政府和人民的声音传播者,宣传好党的路线、方针、政策,弘扬主流价值观,提高新闻舆论传播力、引导力、影响力和公信力,守住传统的话语权和号召力,在重大事件、重大活动、重要会议、重大主题上报道不缺位,在舆论热点事件特别是关涉国家形象、社会管理、民众利益、社会公共道德等问题,声音嘈杂、是非不明的时候,要敢于和善于亮剑,澄清事实,亮明观点,以正视听。

创新则是如何以新的报道点呈现新闻信息,以新的角度、方式和报道结构将"硬"新闻变"软",以更丰富的传播方式"抵达"受众,提高传播效果。守正是前提,是新闻报道的立身之本,也是主流媒体提升传播力、引导力、影响力、公信力的基础,只有做到守正,新闻报道才能发挥正向价值;创新则是在媒体融合环境下提升新闻影响力和传播力的必由之路,是新闻报道应对挑战的需求。①

---

① 参见张贺:《融媒体时代党报时政报道如何守正创新》,《传播力研究》2019年第3期。

创新既需要从内容上创新，也需要从传播方式上创新。在内容方面，改进和创新会议、领导活动报道，重视时政新闻的民生化，在选题、报道角度和报道形式上都要贴近受众，增强可读性和感染力，注重挖掘和解读信息，增加新闻的深度和厚度。目前众多媒体在内容创新方面积极探索，取得了良好效果。如当前政策报道呈现三种转型趋势：第一，新闻报道核心从以往的政策内容转向政策的执行与落实过程。第二，新闻主体逐渐从政府或政策颁布机构转向政策执行者、政策受惠者和政策影响者，即从以政府为核心主体转向以“政府＋民众”为核心主体。第三，新闻立场逐渐从正面报道转向问题报道、建议式报道以及反思类报道，发现政策在执行过程中出现的问题，寻找原因，并提出可行性的调整建议。这三种趋势亦反映在会议报道、政府日常工作报道中。[①]

在传播方式上，顺应受众的需求和媒体使用习惯，让时政新闻传播不仅“有意义”而且“有意思”“有意味”，让受众体会到参与传播的乐趣，在新闻和信息的生产、传播及消费过程中增强亲身体验的舒适度。“两会”报道创新是时政新闻创新的代表。

2015 年全国“两会”上，《人民日报》打造了“中央厨房”全媒体平台，通过报道流程平台化、报道内容定制化、报道形式可视化，全景多维立体展现“两会”议程、议题和风采。“中央厨房”制作了一大批新媒体新闻产品，包括图片、图表、视频、H5 等。据统计，“中央厨房”一共推出了18 个H5 产品，平均阅读量达到数十万，其中《有话问部长？点开填写》一天的点击量达 80 万次，《必有回响，代你问总理》的阅读量超过了 200 万次。

2018 年全国“两会”期间，报道形式升级，现场 5G 技术、高清 4K、AR、VR 技术全景拍摄以及 AI 主播、H5 等新媒体技术的运用，增强了新闻传播的场景化，使新闻的形式更加丰富，人工智能、众筹 MV 和大量融媒体产品应运而生。新华社“媒体大脑”从 5 亿网页中梳理出“两会”舆情热词，生产发布视频新闻《2018“两会”MGC 舆情热点》。山东广播电视集团推出《机器人“闪电侠”的大数据时间》，利用 AI 大数据实时收集“两会”大数据和“两会”热点，实现机器人新闻播报。《人民日报》、新华社、央视均在移动客户端推出 VR 看“两会”，360 度直击“两会”重大现场，将报道从“我说你看”拉入身临其境的三维空间，网友裸眼即可观看体验，营造出传播的沉浸感。除此

① 参见龚彦方：《当代新闻编辑——从宏观思维到微观实践》，中山大学出版社 2015 年版，第 159 页。

之外，微视频与新闻的完美“嫁接”，也成为当年的热门报道模式。《人民日报》新媒体推出的国家形象系列微视频《中国一分钟》，将国家发展成就场景化，对宏观数据进行拆解，微信平台推出不到半小时阅读量破10万，全网点击量超过3.5亿次，成为“两会”期间现象级爆款。①

2021年全国“两会”报道，新华社推出全球首个5G沉浸式多地跨屏访谈，让北京演播室的记者和身处各地的代表委员“面对面交流”。中央广播电视总台创造性地将AI融入直播，推出系列节目《C+真探》，上线了3D超写实虚拟小编“小C”，通过云连线代表委员，完成多场采访直播，打造人机交互的全新趣味场景。信息可视化也从静态逐渐走向动态，《人民日报》推出原创评论类视频产品《“两会”屏评看》，由评论员出镜评论，采用人物绿幕抠像、AR包装技术等，让重点评论信息呈现在屏幕上，从而突破了图文评论的平面限制。

新技术的运用大大提升了报道效率、丰富了产品体系，也使得节目样态和表达形式更新潮。从2015年的H5产品，到2019年的5G+4K直播、5G+VR直播、VR+AR产品，再到2020年的5G沉浸式多地跨屏访谈、虚拟小编、5G+4K/8K直播、AI交互产品等，这些在“两会”报道上涌现的新产品、新样态，无不是技术赋能传媒行业，塑造传媒业态，驱动“两会”“智慧”报道的生动体现。②

“时政报道是中国新闻报道中最后一个堡垒，一旦时政报道能突破，中国的新闻传媒可以与世界任何媒体抗衡。”③中国的时政新闻报道正以极大的热情探寻创新出彩之路。

四、时政新闻报道案例分析

十八洞的19张笑脸(节选)

2013年11月3日，习近平总书记在湖南省湘西土家族苗族自治州花垣县十八洞村首次提出“精准扶贫”的方略。

---

① 参见张意轩、尚丹：《深度融合、技术助力、内容创新——基于对2018年全国“两会”媒体报道的观察》，《青年记者》2018年第12期。

② 参见王晓东：《2021年全国“两会”融媒体报道创新观察》，《传媒》2021年第9期。

③ 李良荣：《当前中国新闻改革的基本特点——纪念新闻改革25周年》，《现代传播》2004年第5期。

经过4年艰苦奋战，2017年2月18日，十八洞村宣布成功脱贫。

十九大召开前夕，十八洞村，19张笑脸，如花儿一般绽放。

“大姐”石拔专

锅里煮的花生冒着热气，喷香。68岁的石拔专，习近平总书记亲切称呼为“大姐”，她身体仍然很硬朗，在家养猪、卖点自己种的花生、接待游客，一个月收入上千元。女儿、外孙女常回家，享着天伦之乐，一口笑总挂在脸上。她用苗家话说：“总书记，大姐的生活现在过好咯。吃的好，穿的也好，有钱花，谢谢总书记！”

“形象大使”龙德成

三间木房，宽敞的前坪，人流如织。这里的主人——苗家阿婆龙德成每天都“很忙”：与游人合影，与大伙分享习近平总书记来家里的幸福时光……日子越来越红火，越过越有滋味。儿子施全友脱了单，与妻子开了“巧媳妇”农家乐，还买了近10万元的小轿车，一个月前，77岁的她第一次搭了飞机，坐上了高铁，看了北京城……脸上满满的都是自豪和幸福。

“养鸡养牛专业户”施关保

把手中的谷子抛向200多只抢食的土鸡，50岁的施关保笑开了花。他家的牛栏里还有30头黄牛，一年收入至少十万元。2013年，习近平总书记来十八洞村后，他从浙江回来，与扶贫工作队引进的德农牧业公司合作养牛，成为村里“第一个吃螃蟹的人”。第二年就赚了六万多元，脱了贫。今年又建了新房，还准备买小汽车，他说：以前这样的好日子想都不敢想。

记者在十八洞村与拍摄对象同吃同住一个多星期，用图文、音视频记录了19位通过养蜂、种猕猴桃等不同途径脱贫的村民最具代表意义的笑脸，创作了融合当地特色方言、动漫、音视频、H5的融媒体系列产品，并在华声在线新闻网站、新湖南客户端、《湖南日报》同步推出。网络专题《十八洞的19张笑脸》荣获第28届中国新闻奖二等奖。

扶贫攻坚战是一项伟大的工程，也是党和政府的重点工作之一。本报道从小处着手，以小见大，用具体而生动的人物表情细节来切入，通过“笑脸”这一极具典型意义的意象来表达人民脱贫致富的喜悦之情，作为对习近平总书记殷殷嘱托的回应，以村民脱贫后的幸福生活，折射出精准扶贫所取得举世瞩目的成就，表达重大的主题。集照片、视频、文字和音乐于一体，特别是每位采访对象朴素的言语和浓浓的乡音，增强了表现力，使报道更有感染力。采编人员完成图文、视频的一次采集，多次生成，融合图文、动漫、音视频 H5 等表达方式，采用报、网、端一体化的融合传播手段，形成多元立体化传播。《湖南日报》以摄影连版，生动地展现了十八洞村脱贫笑脸。新湖南客户端主推视频 H5 产品。华声在线网站，以网络专题将图文、视频进行集纳传播，同时向微博、微信、头条号、抖音号进行全网推广，真正做到一次采集、多次生成、多平台裂变传播。①

值得一提的是，在荣获第 26 届至第 29 届中国新闻奖的扶贫新闻作品中，有 3 部作品以十八洞村脱贫攻坚为题材。荣获第 28 届中国新闻奖二等奖的网络专题《十八洞的 19 张笑脸》(华声在线)，以“19 张笑脸”为视角，用图文、音视频记录了 19 位(为切合党的十九大胜利召开，选取了19 位)通过养蜂、种猕猴桃等不同途径脱贫的村民最具代表意义的笑脸，19 张笑脸映射 19 个脱贫故事。荣获第 29 届中国新闻奖二等奖的新媒体创意互动《苗寨“十八”变》(新湖南客户端)，记录了 5 位村民 5 年来不一样的“拔穷根”、奔小康的脱贫致富故事，以民间俗语“女大十八变”的“十八变”为切入点(“十八”也暗指十八洞村)，寓意十八洞村 5 年来发生的翻天覆地的变化。荣获第 29 届中国新闻奖一等奖的电视专题《新闻特稿：十八洞村这五年》(湖南广播电视台卫视频道)，反映十八洞村从“等靠要”到“我要干”，锐意进取、积极探索，走出一条习近平总书记要求的“可复制、可推广”的精准脱贫之路。

这三部新闻作品的共同之处在于找到了一个具象的视角和载体，并为之赋能，把宏观的事物微观化，让主题报道的“魂”立起来、“活”起来。深立意、小视角体现大格局、高站位，巧妙呼应党中央精神和重大决策部署。在表现形式上，《十八洞的 19 张笑脸》《苗寨“十八”变》首选都是短视频。前者融合笑脸照片、方言、360 度航拍技术，制作成短视频 H5 融媒体产品，让十八洞村的 19 张笑脸更生动。后者在视频拍摄中，采用竖屏模式，融入当地苗歌、苗鼓等元素，既土味又新潮，让用户眼前一亮。② 同一事件，不同视角、不同主题、不同体裁、不同呈现方式，可以“烹饪”出不同的新闻上品佳肴。

在十二届全国人大三次会议闭幕式上，李克强总理会见中外记者并回答记者提问。这种记者见面会常用的报道模式是交代会议基本要素，如实原文记录见面会上的问答内容，展现会议原始进程，如下：

---

① 参见刘颖：《中央厨房模式下纸媒话语的转型路径》，《传播力研究》2018 年第 17 期。

② 参见周红泉：《让主题报道更“有味”——从新湖南客户端十八洞系列产品谈主题报道创新》，《新媒体研究》2020 年第 6 期。

十二届全国人大三次会议15日上午在人民大会堂举行记者会，国务院总理李克强应大会发言人傅莹的邀请会见中外记者，并回答记者提问。

记者会开始时，李克强说，媒体界的各位朋友，女士们、先生们，在中国“两会”召开期间，你们做了大量工作，很辛苦。“两会”现在结束了，但你们的工作还不能结束，今天又是星期天，也不能休息，向你们表示衷心感谢！我愿意在这个场合回答大家的提问。

英国金融时报记者：……（内容略）

李克强：……（内容略）

……

记者会在人民大会堂三楼金色大厅举行，历时约两小时。参加采访的中外记者近900名。这种全文实录报道，是答记者问常用的报道方式。实录报道的特点是会议产生的内容被“和盘托出”，信息全面完整，但同时也意味着内容面面俱到，信息量丰富庞杂，重点、亮点不突出，可能会给受众带来阅读压力。如仅“简政放权”这一问题的问答，在常规实录报道中大约700字，篇幅相当于一条消息报道。

美国彭博新闻社记者：您多次提过需要有壮士断腕的决心来进行改革，您也说过这个过程可能会很疼。在中国经济放缓的今天，您会继续保持这样的决心吗？您认为中国经济会不会继续放缓？未来会不会更疼？

李克强：你问到疼，确实很疼，而且在加深，面还会扩大。因为简政放权是政府的自我革命，削权是要触动利益的，它不是剪指甲，是割腕，忍痛也得下刀。

简政放权有利于厘清政府和市场的关系，激发市场活力，也可以用它去顶住经济下行的压力。去年我国经济增速放缓，但是就业不减反增，简政放权起了很重要的支撑作用。

本届政府两年内下很大力气完成了当初提出的五年内砍掉三分之一行政审批事项的目标，其中有的是取消，有的是下放。我们推进商事制度改革后，每天就有上万家企业登记，比上年增加了近50%。可见，活力来自民间，而简政放权的减法可以为应对经济放缓产生支撑的力量。

当然，在这方面还有很多不落实的情况存在，推进中还发现了一些新的问题。前两天，我看到“两会”上有提案说，原来批个项目要一百多个章，虽然现在审批砍了一些,但还有五六十道关卡,还会增加创业的成本、抑制创造的热情。所以,我们必须继续下更大力气来推进简政放权。

今年政府要有新作为,重点要抓三个方面的工作:一是全面取消非行政许可,不能法外施权。另外,国家部门授权地方政府审批的事项还有 1200 多项,今年要砍掉 200 多项。不能像开车一样,松了手刹,还踩着脚刹,明放暗不放。二是要推进权力清单、责任清单,今年是在省一级公布,明年推向市县一级,晾晒清单,让社会监督,也让老百姓明白,权力不能滥用。三是要探索事中事后监管的新模式,包括扩大综合执法试点,对假冒伪劣、坑蒙拐骗、食品安全方面以及侵犯知识产权等行为要有有效的监管方式。

人们不是常说,穿鞋要合脚,施政也要利民惠民。[①]

同样是对这次记者见面会的报道,中国网一改常规做法,把实录报道创新为"要点"报道,将李克强总理的问答提炼出核心观点,突出重点、亮点,简洁明了,给人耳目一新的感觉。上面李克强总理答彭博社记者问的内容,中国网《十二届全国人大三次会议闭幕　李克强答问要点》中是这样报道的:

李克强:简政放权不是剪指甲是割腕　疼也要下刀

李克强在回答"壮士断腕的决心改革过程可能会很疼,未来会不会更疼?"的问题时说:你问到疼,确实很疼,而且在加深,面还会扩大。因为简政放权是政府的自我革命,削权是要触动利益的,它不是剪指甲,是割腕,忍痛也得下刀。因为简政放权有利于厘清政府和市场的关系,激发市场活力,也可以用它去顶住经济下行的压力。去年我国经济速度放缓,但是就业不减反增,简政放权起了很重要的支撑作用。[②]

回答前制作一个小标题,主题突出,再用简洁的文字将记者提问的问题融入回答内容中,将核心观点、态度和代表主要观点的个性化语言,作为报道的重点。实录式报道要用 700 字篇幅的内容,要点式报道仅仅用 200 字就完成了,简明扼要,又带有人情味,不仅突出表明了政府在简政放权问题

---

① 新华社:《在十二届全国人大三次会议记者会上李克强总理答中外记者问》,新华网,2015 年3 月15 日。

② 《十二届全国人大三次会议闭幕　李克强答问要点》,中国网·新山东,2015 年 3 月 16 日。

上的决心毅力，也用个性化语言展现了领导的个性魅力。冗长的内容通过“要依法治国　法律面前人人平等”“环保法的执行不是棉花棒　是杀手锏”“7％左右经济增长目标实现起来并不容易”“让偷排偷放企业承受付不起的代价”等小标题的分解、剥离，变得简单明了，内容条理，重点突出，篇幅紧凑，可读性强，阅读压力小。

这种创新给会议报道带来一定启发：

第一，要找准新闻与宣传的“黄金结合点”，切实从宣传导向和受众需要出发，把会议当作新闻线索富矿，进行深入挖掘和精心打磨。

第二，要抓会议重点，突出实质性内容。“会”是形式，“议”是内容，会议报道要多写“议”少写“会”，不要简单罗列议程、领导的讲话等，而是要吃透会议精神，从议程、内容及领导讲话中捕捉到最有新闻价值的信息。

第三，要抓会议亮点特色，善于捕捉会议过程中出现的生动有趣的活材料，可以是发言者的话，也可以是会场与以往不同的变化。记者的视角必须由领导视角、部门视角、工作视角转化为受众视角，立足于百姓最关心、最需要知道的问题。

第四，要突破定式，通过灵活报道角度，创新语言风格，把单调枯燥的会议写活，以增强报道的可读性，使会议新闻富有吸引力。

第二节　财经新闻报道

随着人们生活水平和收入水平的提高，财经类信息与公众生活的方方面面变得越来越密不可分。财经新闻报道也得以迅速发展，成为相对独立的专业新闻领域。如今，从传统媒体报纸、广播、电视到新兴媒体客户端、微信公众号、微博等，专业的财经栏目比比皆是。受众对财经信息的需求旺盛，也对财经新闻提出了更高的专业化要求。

一、财经新闻是什么

财经新闻有广义和狭义之分，广义的财经新闻覆盖全部的社会经济生活，与经济有关领域包括从生产到消费，从城市到农村，从宏观到微观，从安全生产到服务质量，从经济到政治、社会生活中的相关领域，包括宏观经济政策和形势报道、区域经济报道、行业报道、资本市场报道、公司报道、消费市场报道等。而狭义的财经新闻重点关注资本市场，是对金融与资本市场的报道，关注“资本市场对公司运作、资源配置方面以及投资领域的影响”[①]，用一位资深记者的话解释，就是“钱是怎么赚的？怎么花的？怎么赔的？怎么被‘偷’的？”财经新闻重视对市场发展中新闻事件的深度剖析、趋势判断，力求为消费者展示方方面面的联系。

随着经济社会的高度发达，人们要消费、投资、生产，每一个人都是经济人，但是能够直接体验的经济是很有限和微观的，对更大范围内经济的认知，在很大程度上要依赖于大众媒介。通过大众媒介，了解社会经济发展、行业企业运营状况、全球各国经济情况、货币贬值或升值等，从而做出投资或消费决策，从这个意义而言，媒介极大影响了人们对外界经济的认知，规范并改变着人们的经济行为。财经新闻已经成为公众进行经济选择和经济行为的重要依据。

与社会新闻、娱乐新闻的受众相比，财经新闻的受众对新闻的需求主要表现为三个方面：第一，发生了什么事（当前国内、国外的经济形势怎么样、股票市场、消费市场发生了什么变化）；第二，这些事情与受众何干（媒体告知的经济新闻与受众有关系么）；第三，在这种情况下受众该怎么办（媒体提供了这么多有价值的信息，受众下一步应该做出怎样的经济决策）。

二、财经新闻报道的特点

财经新闻作为新闻的分支，具备新闻的基本特征，讲求真实性、客观性、及时性、重要性等，除此之外，它有着独特的特点。

（一）专业性

与时政新闻、社会新闻、文化新闻、娱乐新闻等相比，财经新闻的内容相对抽象，专业性十分明显。例如，描述一个地区的宏观经济状况，通常会用数字、术语、图表、曲线等，没有一定的财经知识积累和财经新闻阅读经验，可能看不懂或无法深入理解。财经新闻采编人员需要掌握一定的经济学、管理学理论，能够从财经资讯的数字和术语里看清其中所包含的复杂的经济情况，才能选择有新闻价值的事实进行报道。各种财经现象或指标之间存在密切而无形的联系。这种联系或是直接相关，或是长远相关，仅仅报道一个特定财经事实的变化，很难把它的意义、影响说清楚，这时就要加以历

① 周乃菱：《国际财经新闻知识与报道》，清华大学出版社 2009 年版，第 1 页。

史维度、空间维度的比较，才有可能让受众更准确地理解，而这个从财经现象和数字指标入手，经过深入解读，以新闻报道形式输出的解码—编码的过程，既需要财经专业能力，也需要新闻传播专业能力。

（二）复杂性

财经新闻往往包含复杂的经济情况和丰富的经济学知识，而且国内的财经现象往往与国家改革开放政策、产业经济多元化发展以及历史文化等相关联，因此财经新闻需要尽可能提供多维角度新闻解释和分析。从采写要求来说，财经新闻不能用简单的事实呈现，而需要用经济规律解读经济现象，在对新闻事实的选择上，既要反映成就还要发现问题，对经济发展起预警作用。在新闻事实的认识视角上，既要把握经济现象又要反映经济规律，对经济活动起指导作用。

（三）严谨性

财经数据是对一个国家、地域、行业、企业经济（运营）运行是否健康的判断依据，财经新闻要用数字化的表述呈现事实真相，事实必须真实准确，判断预测应该科学严谨。相比突发事件、时政新闻、社会新闻的报道，财经新闻报道“现场无法再现”，财经新闻的采写更多地面对抽象信息，报道者需要根据经济学相关知识、经济市场的发展规律、中国市场的特殊条件等因素，对各种文本信息、数据信息等新闻素材进行严谨的分析和判断。

（四）可读性

一方面，财经指数、经济环境的变化影响着人们的经济选择和日常生活；另一方面，生涩的经济学原理和复杂的图表又让人们摸不着头脑。因此，财经新闻提供的经济信息就是二者之间的桥梁，既要遵循经济规律，如实反映经济状况和变化趋势，又要解释准确，让人能看懂、了解。要遵循新闻传播规律和财经规律，要把财经问题转化为人们能够理解、能够感兴趣的新闻表达方式，以最大限度地发挥财经新闻的社会功能。

三、财经新闻报道的三个原则

高质量的财经报道应该坚持三个原则：实用性原则、建设性原则和前瞻性原则。

(一)实用性是财经报道的立足之本

财经新闻作为专业性新闻,受众一般不会出于兴趣去阅读收看,更多是出于投资、消费、研究等实用目的。财经报道的受众,无论是经济政策的制定者,还是生产者、投资者、消费者,他们看中的不是新闻的刺激性、娱乐性带来的满足感,而是这则新闻能否使自己“受益”。

财经新闻的目的是让受众做出理性的经济决策,其实用性表现在提供信息的有效性上。受众对财经报道中资讯的时效性要求高,希望在第一时间得知市场的动态,以最快的速度做出消费、投资的判断和决策,因此财经新闻必须“又快又准”。仅仅有时效性和准确性还不能保证财经新闻的有效性,传播的目的是“抵达”,是让受众能看得到、读得懂。但财经资讯本身并非通俗易懂,一方面,财经新闻涉及很多数据和专业术语;另一方面,经济领域本身就是一个很复杂、很抽象的领域。财经数据背后可能隐藏着复杂的经济理论、利益博弈,而财经新闻受众的知识背景和认知能力又参差不齐,这就要求财经新闻要写透彻,令专业人士读得深入、普通受众看得明白。

(二)建设性是财经报道的价值所在

财经新闻不仅为受众解读经济发展趋势、了解财经领域动向提供新闻信息,也为政府经济政策的制定提供依据。2000 年 10 月,新华社发表《假典型巨额亏空的背后——郑百文跌落发出的警示》文章,全面揭露了郑州百文股份有限公司做假包装上市、内部管理混乱、严重资不抵债的黑幕。该文发表后,引起中央有关部门的高度重视,委派有关部门组成调查组展开调查,开了证券市场监管的先河。

在此前后,以《财经》杂志为代表的财经媒体推出多篇深度报道,如《财经》2000 年 10 月刊登的报道《基金黑幕》、2001 年 2 月刊登的《庄家吕梁》、2001 年6 月刊登的《谁在操纵亿安科技》、2001 年 8 月刊登的《银广夏陷阱》,这一系列财经深度报道通过揭露基金公司的违规操作,报道部分绩优公司编造虚假财务报表的重大丑闻,直面批评当时中国股市的种种乱象,促成了国家一系列监管法律法规的出台,对于中国股市的制度建设、市场完善和监督体系的健全起到了积极的促进作用,市场经济日益朝向法治化轨道迈进。

另外,财经新闻还有守望经济环境、监测社会经济活动正常运转的功能。2018 年初，黑龙江亚布力阳光度假村董事长毛振华控诉亚布力管委会欺负投资者一事，引起舆论热议。同时，东北雪乡又频频爆出“宰客”新闻。多家财经媒体抓住报道背后蕴藏的东北经济低迷、投资环境不良等发展难题，深入解析东北经济陷入困顿的原因及出路，引起社会广泛关注。通常，一个地域的经济问题总是与社会、政治等诸多领域相互交织，在日常社会事件中蕴藏的经济现象，亟待记者进行深入挖掘。对于经济领域的各种情况，能够提出自己的见解，指出解决之道，或者指出解决问题的方向，正是财经新闻的价值体现。

（三）前瞻性体现财经报道的品质

人们常将政府的宏观调控比作看得见的手，将市场比作看不见的手，如果说对政府宏观调控的报道体现了建设性的原则，那么对于市场这只看不见的手的报道，前瞻性就显得尤为重要。

从受众角度出发，前瞻性财经报道是最有用的，如果一篇财经报道通过市场中的数据、现象，预计到央行要加息，那么受众可以依据这篇报道调整投资策略，从而规避投资风险。正因如此，最能引起受众注意的就是前瞻性的财经报道，而预测准确的前瞻性报道最能体现财经新闻的品质。[①]

在全球优秀的财经报道中，我们经常能看到这样的报道。1979 年，中国经济的大门刚向世界打开，著名杂志《经济学人》就提出了一个很有前瞻性的问题——中国的崛起会不会对现有的国际市场构成冲击？并且在同年 3 月 3 日发表名为《中国有多少可以出口》的报道，这篇文章提道：“作为一个与美国和（前）苏联类似的大陆型国家，中国的长期出口增长率足够使中国在 1990 年前后成为中等规模的贸易国，尽管从眼前看，中国需要大量进口，这将刺激工业发达国家的生产，但从长远而言，大规模的中国出口将成为必然，中国将开始被视作同今天英国地位相当的中等贸易国家，西方应努力忍受这一现实。”到 2008 年，中国制造的商品已经遍布全球各个角落，中国也一跃成为全球领先的出口国。

由此可见，前瞻性的新闻报道一方面要在一个新兴产业、一个新兴经济现象萌芽但未成为人人关注的“热点”时，敏锐地做出反应，做出判断；另一方面，前瞻性报道也要在产业、经济现象正盛时揭露其中的矛盾以及可能的

---

① 参见石研：《金融危机下财经报刊需应对的几个问题》，《编辑之友》2010 年第 3 期。

隐患，在报道中尽可能为产业的健康发展营造有利的舆论条件。这体现的是财经新闻报道者强烈的社会责任意识。

当然，经济问题十分复杂，任何人都不能保证预测正确。前瞻性并非让记者对某一财经现象或者政策追求预测的准确，而是具备从未来的维度观照现实的意识。在报道时，既要将事实研究、分析清楚，同时还要将当下的现实与未来的关系做一个考察。不是就事论事，而是为受众提供可能性的解读。

四、怎样做好财经报道

（一）题材紧扣时代脉搏

党的新闻舆论工作要围绕中心、服务大局，做到思想上有高度，工作上有力度，弘扬主旋律，传播正能量。财经新闻反映国家建设和经济变动，更要有新闻嗅觉，把准时代脉搏，紧跟发展步伐，能够发现那些有重大意义的选题，找到能推动社会前进的重要事实，这是优秀新闻作品的品质保障。比如，在供给侧结构性改革的大背景下，山东广播电视台《“僵尸企业”重生记》敏锐地抓住“僵尸企业”创新性改革重组的线索，对企业、政府、银行、职工等进行深入采访，对各种矛盾冲突和企业重生的过程进行了充分展示，完成了一篇有深度、有温度的经济报道。“一带一路”倡议也是新闻素材的“富矿”。深圳广播电影电视集团《海上丝路看深商》秉承“小切口、大时代”的创作思路，立足地方、反映现实，以“深商”为样本，展现他们在海外追求各自“中国梦”的故事，并重点诠释“一带一路”互利共赢的理念。[①]

（二）找独家新闻

在政府的政策文件中，第一个发现一家上市公司正在渐进式的回购股权，或者第一个发现关于市场地位的表述从基础性作用变成决定性作用都是独家新闻。现代人独居独处现象普遍，相关报道不少，但第一个提出孤独经济的概念并从供给侧改革的角度去报道，这也构成独家新闻。

所谓独家，既指独家的选题，也指独家的角度。记者既要积极寻找独家选题，也要善于挖掘与众不同的角度，传达出与别人不一样的信息。针对经

---

① 参见《这些作品为何获大奖——第二十七届中国新闻奖获奖作品探究》，中国记协网，2017年12月28日。

济事件、经济现象辩证分析，从中寻找对事物的新的认识点和报道点。比如，某种农产品价格出现大幅度上涨，原因是什么众说纷纭。如果记者能够运用相关知识，从影响价格上涨的各种因素中分析出哪些属于必要条件，哪些属于充分条件，哪些反映的是共性，哪些反映的是个性，也许就能抓住问题的主要矛盾，从而确定更实事求是、更高屋建瓴的报道主题。

对于一些新闻事件，不同媒体会从自己的视角进行观察报道，财经记者也可以从新闻事实中挖掘那些与经济关系、经济活动产生联系的主题。2010 年 1 月到 5 月，深圳富士康科技公司连续发生员工跳楼自杀事件，引发社会关注，多家媒体跟进报道。综合类媒体《南方周末》的报道《富士康“八连跳”自杀之谜》(《南方周末》2010 年 5 月 18 日)详细记录了富士康企业工人的工作与生活细节，呈现中国制造业工人的生存状况，指出它们的生存危机问题，从“产业工人”视角折射社会意义。而财经类媒体《21 世纪财经报道》则从经济角度进行关注，《富士康迁徙》(《21 世纪财经报道》2010 年7 月3 日)报道危机发生后富士康的应对处理办法，是采用“用转移工厂来代替产业转型”，用内地更低的人工成本取代不断增加的沿海人工成本，以应对制造业危机。该报道观察的是市场经济的价值取向，同时也关注到“迁徙”对区域经济产生的影响——“对于深圳而言，这家年出口额超过 500 亿美元的‘巨无霸’企业，每年在深圳的出口当中仍占据 10%～15%的比重，它的去留对深圳亦举足轻重”，体现了财经媒体的特点。

如果“独家选题”可以形象化地表述为人无我有，“独家角度”则是人有我优。互联网时代要做到人无我有的确很难，但财经报道专业性强，报道门槛高，财经记者具有做到人无我有的优势。

人无我有的独家新闻离不开独家信源。财经新闻具有较强的时效要求，因此掌握一手、独家的信源很重要。记者需要用心维护和拓展信源渠道，多跑权威信源单位，与业内人士、政府相关负责人、专家学者等保持紧密联系，密切关注公司财报、行业情况通报、股市指数以及第三方机构评估等公开信息，都能帮助记者及时、有效地掌握财经信息，“抓到大鱼，找到鲜货”。

(三)从数据中发现选题

在金融经济领域，数据的重要性不言而喻。每个月、每个季度、每年政府机构、商业组织等都会发布对外贸易、房地产、信贷行业等各个领域一段时间内的数据情况。记者通过处理数据，预测一段区间内的经济发展走势，可以形成常规性新闻报道。而异常数据的出现,更是发现选题的敏感信号。一段时间内起伏变化剧烈的工业指数,某公司连日飘红的股票价格,突然改变趋势的经济数据等,异动的数据里就往往藏着有价值的新闻。财经记者需要具备高度的敏感性,从数据异常中发现问题,并通过调查找出答案。2018 年初,獐子岛集团股份有限公司发布的《2017 年度业绩预告修正公告》显示,"三季度公布的盈利 1 亿元预期调整到亏损 5.3 亿到 7.2 亿",并发现"部分海域的底播虾夷扇贝存货异常"。数据异常及"扇贝跑了"的解释引发社会关注,多家媒体对事件疑点进行了调查报道。

通过数据之间的横向或者纵向对比,也能够发现选题。如《21 世纪经济报道》推出《872 家上市公司中报透视:宏观经济到底如何?》就是对现有大数据进行整合,挖掘信息价值,建立数据背后的逻辑。

财经报道看重用数据说话,财经记者要熟悉至少要能理解财经领域的常用统计方法、重要的数据指标、宏观经济概念,如同比、环比、GDP、CPI、PMI、基准利率、债务置换、关联交易、资产负债率等。要善于运用这些方法、概念、规律,对经济事件、经济现象进行数据分析。如上市公司的财务报表堆满了数据,记者得会看,而且不仅要看数据,还要借助数据看懂报表后面的附注,发现其中有价值的变动或隐藏的秘密。

(四)报道内容要"接地气"

财经新闻经常给人这样一种印象:偏重政策面分析,更多宏大叙述,而且新闻与评论难分难解,让人觉得有点"高大上",不够"接地气"。如何让财经新闻更贴近百姓?这要求要学会从百姓视角观察报道经济工作,从百姓的日常生活中发现经济新闻。

经济新闻不总是高屋建瓴,它与民生息息相关,就在百姓身边。小区门口打扑克牌的人、交易大厅外面的停车场、餐厅服务员年龄大小等生活细节都可以作为判断经济景气与否的指标。市民大厅的房产窗口人们排起长队,说明房屋交易活跃;证券交易大厅外面的小车多自行车多,说明股市大厅热闹,股市景气,百姓信心足。《宁夏日报》刊发的《从马铃薯价格看西吉县马铃薯产业规模发展》,从人们熟悉的马铃薯价格说开,分析马铃薯产业"产加销"一条龙发展走势,以及广大农民通过马铃薯产业规模种植脱贫致富。该文既充满生活气息,又向读者传递了重要的经济信息,由浅入深,由表及里,引起读者的阅读兴趣。

该报纸另一篇报道《宁夏股民每笔交易多掏五元》,标题一下子就能激发读者的兴趣。文章把涉及印花税和佣金、沪市异地委托费、交易费率标准等专业术语,通过调查的方式、通俗易懂的对话、现场细节描写简洁明了地讲清楚。通俗易懂的表达既有助于受众理解,也能拉近与读者的距离。这篇财经新闻曾被评为宁夏新闻奖一等奖。

如今人们越来越多融入经济生活中,房价的涨跌、股市的波动、菜价的变动都与人们的生活息息相关,我们需要把财经报道做得更接地气,要巧做财经报道,为读者提供营养丰富的财经套餐,满足读者需求。①

五、财经新闻的写作技巧

财经新闻由于专业性特征,许多专有名词夹在其中,外行很难看懂,往往可读性差。要想提高财经新闻的可读性,可以在写作时采取一些技巧。

(一)运用故事化手法

美国联合通讯社的知名记者布鲁斯·席尔瓦(Bruce de Silva)曾说:"采用说故事的方法向人们传达一个信息可以更好的被人们接受和理解。因为这样的方式可以使人更加轻松、愉悦,这样的新闻能够更好地吸引读者的眼球,因为读者看到的是现实生活中一些有趣的事情,而不是简单枯燥的事实罗列。"

讲故事的方式是最容易让人接收和理解的,通过讲故事的形式,融入人物元素可以使生硬的财经新闻鲜活起来,用形象来表达抽象,吸引读者的眼球,激发他们的阅读欲望。

2011 年我国物价上涨较快,百姓生活受到很大影响。2011 年 7 月 12 日,《新安晚报》刊发了一篇报道《CPI"破 7"下的"囧生活"》,新闻背景是 6 月CPI 跳过"6"时代,直接进入"7"时代,这是多年未出现的现象。记者抓住了这个典型数据,通过三个镜头,将数据还原到生活中。报道开头是这样写的:"本来要给全家人做一盘红烧肉,却因为肉价太高而少买了肉,肉不多土豆来凑数,变成了一盘土豆烧肉。在别人眼中还算个中等收入的小白领,却连单独租一套小公寓的心愿都不能达成,原因只在房租不断上涨。夏天到了,孩子想吃点冷饮,老公想喝点啤酒,却也因生活成本的增加而不得不

① 参见时明霞:《怎样把财经报道写得有看头——以〈宁夏日报〉财经新闻为例》,《传播力研究》2017 年第 12 期。

压缩这些可有可无的开支……上月，CPI跳过‘6’时代直接进入‘7’时代，记者采访到一些有点‘囧’却很真实的生活镜头，这些人中，有大学生、低收入群体，也有一些收入较高、工作体面的市民，CPI对市民的影响无处不在。”CPI涨幅超过7%，这意味着什么？相信读者看完这篇报道就会明白：当物价上涨的时候，所有人的生活都将受到影响。①

故事化手法也可以应用到标题中，如《一个民间借贷者的获罪路径》《卡斯特代理迷局》《那些为艺术品发疯的投资者：一个别针能换一个别墅》等，借用形象的词语或强烈的暗示，让文章可读性更强。除此之外，还可以通过对文章内容展开具象化描写，使新闻标题更吸引人。

(二)做好“术语”翻译

财经新闻涉及的报道领域，各有行业特点，有行业术语，如“贴现债券”“掉期利率”“外汇储备额”等，这些术语外人不易看懂，或者说不能准确理解。如果新闻报道充斥着大量专业术语，会对普通受众造成困扰。财经新闻报道要站在普通受众的角度看问题，用通俗易懂的、易于理解的话语表达专业名词，切忌将一堆数据呈现在读者眼前，尽量避开经济术语和概念，做到深入浅出。记者在写作时，对专业术语一定要做好“翻译”工作。人民日报记者马宏伟在介绍1993年诺贝尔经济学获得主、美国经济学家罗伯特·福格尔(Robert W. Fogel)提出的“技术生理演变”概念时，通过形象的“翻译”，向读者清晰地说明了人力资本投资回报的复杂经济学问题，他用的题目是《为什么休闲多的人反而富有》(《现代商业银行》2006年第9期)。文章用多种手法深入浅出讲解了相关知识，使读者了解到人力资源投资的重要性，“技术生理演变”这个复杂的术语经过“翻译”，受众就很容易理解了。②

(三)引用专家分析

财经报道中，经济事件、现象往往反映一定的影响及趋势，许多财经记者的专业洞察能力以及专业知识水平，与专门从事该领域研究的专家相比仍然有一定的差距，为了增强文章的专业水平，也可以引用专家言论，使新闻报道更加具有权威性。

---

① 参见金宇：《谈都市报财经新闻的选题》，《新闻世界》2013年第8期。

② 参见莫林虎主编：《财经新闻概论》，浙江大学出版社2013年版，第81～83页。

第三节　事故灾难新闻报道

事故和灾难性事件具有突发性和破坏性，往往因其对公众安全的威胁和破坏而备受关注，具有较高的新闻价值，在媒体报道中常常占据重要位置。

一、事故灾难新闻的概念

灾难是由某种不可控制、难以预料的破坏性因素引起的，导致人员或财产安全遭到威胁或损失的事件。灾难性事件常常表现出突发性、震撼性、负面性和社会性的特征，主要包括两类：一类是人类自身造成的灾害，由人为因素或各种社会矛盾导致的重大的、突发性事件，如恐怖活动、战争、海难、空难、交通事故、桥塌、楼倒、矿井瓦斯爆炸等重大刑事案件或重大责任事故等；一类是来自自然界的、人类不可抗拒的力量或非人为因素导致的重大事故或自然灾害，如地震、台风、水灾、旱灾、火山爆发、山体滑坡等。对给人类带来灾害的事件的报道即是事故灾难新闻。根据灾难不同的原因，把事故灾难性事件报道分为事故性新闻报道和灾难性新闻报道。

事故性新闻报道是指媒体对突发事故做出的及时、紧急报道，以快捷、客观、有主导性地对事故报道，正确引导舆论，避免造成恐慌。突发事故是指突然发生的已经造成或者可能造成严重社会危害，造成重大人员伤亡、巨大财产损失的紧急事件。需要采取应急处置措施予以应对的事故灾难、公共卫生和社会安全事件，多具有社会性。

灾难性新闻报道以报道灾难性事件为主要特征，因其意外爆发，具有突然性；冲突剧烈，具有震撼性；后果严重，具有负面性；影响广泛、久远，具有社会性，由此而备受社会的关注且具有很高的新闻报道价值。

事故灾难性事件表现为自然界、社会、社会中人的存在状态的恒常性遭到破坏或发生断裂。这种恒常性的破坏或断裂，对社会群体或者个人既有的安全感、经验和认知产生冲击。人们迫切需要了解发生了什么事（表层信息）和为什么或有什么样的影响（深层信息），以便调整认知结构，趋利避害，实现与自然环境、社会环境、人文价值环境的重新整合。

从法律上说，受众具有对事故灾难事件的知情权。受众知情权是指受众享有通过新闻传媒了解其欲知、应知而未知事实的法定权利。在灾难新闻中，知情权一般有两方面的体现：一是受众作为新闻接受的主体所拥有的对灾难有关情况了解的权利；二是遇难者亲属和灾难受害者对事件全部真实情况与细节了解的权利。

面对灾难性事件特别是特大灾难性事件，公众的信息需求较之正常情况下猛增，对政府和新闻传媒在及时、准确、充分地发布相关信息方面提出了更高的要求。主流媒体拥有权威性和公信力，在灾难新闻报道事件中具有极大的影响力。为了引导舆论，将危机转化为凝聚力，主流媒体应发挥其特有优势，把握时效性，在事件发酵之初就把握好社会舆论的导向。

2015 年 8 月 12 日天津滨海新区爆炸事故震惊全国，特别是在传出爆炸现场存在大量剧毒品氰化钠消息后，各种传言弥漫，给人们造成了极大的恐慌。《科技日报》记者第一时间联系到天津消防所高级工程师付学成，他是事故发生后，一直坚守在事故现场处置的权威消防专家。在与记者的通话中，付学成无意中说出他在现场发现了氰化钠，记者敏感地抓住这一信息，仔细询问发现的过程，现场氰化钠的数量、分布位置、处置方法、是否造成污染等，在反复核对、确认事实无误后，迅速发回了这则消息。稿件 15 日当天第一时间在中国科技网上发出，经过细化和完善部分内容后，《科技日报》在 16 日头版头条刊发消息《700 吨氰化钠已找到　尚未发生大范围泄漏》。作为“8・12 天津滨海新区爆炸事故”事件中最早报道 700 吨氰化钠确切下落的独家新闻，这则消息有效地澄清了有关氰化物的种种不实传言，回应了社会关切，消除了民众恐慌，发挥了在重大公共安全事件中定纷止争、稳定人心的作用。文章刊发后，众多海内外媒体转载引述。“今日头条”大数据统计结果显示：2015 年公众关注度最高的事件是“8・12 天津滨海新区爆炸事故”，而天津滨海新区爆炸事故报道中关注度最高的就是《科技日报》的这则消息，其阅读量高居所有媒体之首。

当灾难性事件特别是特大灾难性事件发生时，公众的信息需求较之正常情况下猛增，因为信息获知不完整和恐慌心理等原因，最容易造成谣言传播。媒体应该用及时、真实和全面的新闻报道回应受众期待，阻击谣言，引导社会舆论。

二、事故灾难报道的原则

（一）体现人文关怀

媒体在报道灾难类新闻时应当体现人文关怀，这是首要的一点。应当表达的主题是正面、积极、希望；尊重悲伤为私人的时刻，不过度侵扰悲剧或灾难受害者，不强迫访问哀痛中的人，同时也要关注受众感受，在呈现事实中杜绝出现血腥、暴力、色情等不适宜传播的内容。

新闻报道主要以“人”为主线，对在灾难中的普通人物进行关注，并挖掘出灾难中的感人画面，表现对生命的尊重和珍惜。2008 年的汶川地震中，《南方周末》专门针对救灾情况和灾民情况进行了深度报道，从不同角度展现了生命的顽强。新华社记者朱玉采访 2008 年汶川地震时，在《被地震摧残的最惨烈之地》一文中写道：“我随手抓了三条编织袋，将 3 位遇难者的面容遮起——中国人，是极为讲究逝者的尊严的，我没有能力当时掩埋他们，但，给他们一点尊重，这是我当时所能做到的。”“从随身携带的东西中，找到了个大橘子。我穿过一排排的救灾帐篷，捧着这个水果，将鲜艳的它郑重其事地放在北川中学的废墟上，鞠躬。”这份人文关怀深深融入报道中，增强了报道的感染力，传播了正能量。

(二)注重新闻时效

灾难事件往往具有突发性的特点。灾难发生后受众具有强烈的信息需求和心理情感需求，要求报道必须是最新、最快的。时效性是灾难新闻报道的基本准则，是满足受众知情权的重要保障。为满足时效性要求，最快抵达现场尤为重要。

这里的“最快”，一是指时间上，事件发生时最快到达发生地；二是伴随事件的进展，每天都能找到并最快到达最有价值的新闻现场。

1998 年夏，长江爆发全流域性特大洪水。8 月 7 日 13 时 50 分，汹涌的洪水在九江段 4 号闸附近冲破大堤。《中国青年报》摄影记者贺延光正在长江九江段采访，忽闻决口的消息，立刻坐车赶往决口处的 4 号闸。江水漫延很快，汽车无法前行，幸遇军分区的冲锋舟，得以赶往出险点，拍摄洪水滔滔、军民奋力抢堵的现场情景，采访国家防总专家、参与救援的干部、群众等，并一次次通过电话往北京的报社发回简短播报。从 8 月 7 日 16 时 5 分第一条简讯发出，到次日零时 45 分，共集纳 8 条标有报道几时几分的短讯，最短的只有 40 个字，长的有 200 余字。冠以《九江段 4 号闸附近决堤 30 米》的标题，用滚动式的简讯报道这一重大突发事件。这组在生死考验的艰险情况下采访到的简讯，是九江决口后见诸媒体的首篇报道，而且报道形式新颖、精巧，现场感强，成为突发灾难性新闻报道的典范之作，在第 9 届中国新闻奖评奖中获得特别奖。

(三)确保真实准确全面

真实性、准确性是新闻报道的根本,事故灾难新闻报道也不例外。媒体报道的真实准确性,给予社会公众一个清晰的真相,有助于正确引导舆情,维护政府和媒体的公信力。特别是在人人都是麦克风的时代,很多事故性事件包括灾难性事件都伴随着自媒体的众声喧哗、强烈噪声,主流媒体应该给公众带来权威信息,是受众最信任的消息源,满足受众知情权。无论新闻战场的较量有多么激烈,时效性压力有多大,都不能放弃去现场扎扎实实做采访、真实准确做报道的底线。

灾难事件发生后,媒体报道经常是人们建立新认知的依据和行为参考,如果报道失真将直接误导群众,造成双重伤害。一般来说,灾难事件引发的连锁反应极其纷繁复杂,会对广大群众的生产生活造成极大影响。新闻报道除了真实准确,也不能忽略信息内容的多样化、全面化传播,引导受众了解同一新闻事实不同方面的内容,避免以偏概全的片面理解。全方位、立体化、多层次的新闻报道,不仅能体现报道的真实准确性,还能起到稳定民心、团结民众的作用。

(四)引导舆论导向

面对自然环境和社会环境的重大变化,民众容易产生惊慌、恐惧的不安心理,媒体有责任通过具体的报道让民众重新认识现状,不仅客观真实还原事件的本来面貌,同时也要成为舆论的引导者。传播学研究表明,大众传播媒介是人们获取外界信息的主要渠道,在很大程度上影响着人们对周围环境的判断。早在20世纪20年代,美国著名新闻学家李普曼认为,大众传媒的报道活动是一种营造“拟态环境”活动,它形成人们头脑中“关于外部世界的图像”,并由此影响人们的行为。

由于偏离正常的发展轨道,事故灾难事件会引发一定的社会动荡。当事故或灾难爆发时,人们对大众媒体会有更强烈的信息诉求。适宜的议程设置不仅能够有效消除公众恐慌,还可以让公众对灾难事件提高警惕,增强防卫能力,激发民众的信心,也可以在很大程度上帮助政府处理危机,反之,则会出现流言四起、民众慌乱的情况,甚至影响社会正常秩序。

快速、准确、适当地报道事故灾难性事件,是新闻媒体履行监测环境、满足受众的知情权等重要社会职责的体现。作为新闻工作者，应该努力做好事故灾难新闻报道，主动引导舆论，以推动事故灾难事件的妥善处理，维护改革与发展的稳定大局。

在社会舆论引导中，有一条公认的定律：先发制人。用媒体设置议程带动公众议程设置，从而把握住舆论的价值走向。

2019 年 6 月 17 日 23 时 6 分，中国地震台网速报发布了第一条正式测定的震级报告：6 月 17 日 22 时 55 分在四川宜宾市长宁县（北纬 28.34 度，东经 104.90 度）发生 6.0 级地震，震源深度 16 千米。

而在速报发出正式测量之前，各主流媒体为满足公众的知情权，早已纷纷依此设置议程，如《人民日报》于当日 23 时 4 分发出微博，报告了“宜宾地震”首条讯息。媒体设置的议程影响了公众议程，诸多看到此条消息的人纷纷带着话题转发，成为第一批意见领袖。在微博上，“宜宾地震”“四川地震”话题冲上热搜，使该信息从线上进一步扩散到线下。

第二日，多位明星转发“宜宾地震”话题微博，为四川祈福，利用自身的影响力，带动新一轮的转发，甚至一打开微博就是关于“地震”的话题，几乎呈螺旋之势。

第一波信息扩散还未完成时，主流媒体便已行动，《人民日报》、新华社等主流媒体纷纷出动，亲赴现场，以直播、短视频的方式报道灾情，实现了灾情新闻的实时报道，进一步满足了对此事关心的公众的知情权。

在此次地震事件的诸多报道中，不断被提及的便是“地震预警系统”。6 月 18 日，《人民日报》官方公众号推文，介绍了这一系统，在满足公众知情权的同时也给其他地方的灾情预警提供了一个绝佳范例。

三、事故灾难事件报道要求

（一）事故灾难的事实要素尽量准确全面

事故灾难新闻报道中的要素要尽可能齐全，尤其以下与新闻主题相关的要素是必不可少的。

（1）事故灾难现场的情况。

（2）遇难者和伤者的姓名、身份信息以及去向（注意要反复核对）。

（3）灾难或者事故相关人员的陈述。

（4）造成的财产损失。

（5）事故或者灾难发生的时间、地点和起因（尽量是来自官方的，而不是受害者或者目击者的陈述)。

(6)救援实施情况和救灾物资供给情况。

(7)事故灾难发生时有无出现特殊天气、特殊环境状况等。

(8)官方的评论。

事故灾难新闻一般是连续追踪报道,根据事件发生、发展和救援进展等变化推进情况,有不同的报道重点。另外,不同类型的事故灾难新闻在报道时除了需要以上信息外,还需要根据实际情况添加新的细节信息。[①]

在对事故灾难的基本情况进行采访确认时,一定要严谨,多方核实,确保无误。

泉州塌楼事故遇难者增至 29 人

新华社福州 3 月 12 日电　记者从泉州塌楼事故现场救援指挥部获悉,12 日 11 时 04 分现场搜救出 1 名受困者,救出时已无生命体征。截至 3 月 12 日 11 时 15 分,现场搜救出受困人员 71 人,死亡 29 人(其中 27 人救出时已无生命体征,2 人送医抢救无效死亡)。

当地政府说,目前已掌握的受困人员已全部救出,现场仍在清理中。3 月7 日晚,福建省泉州市鲤城区欣佳酒店发生坍塌事故,已知当时造成 71 人被困(不含自救逃生的 9 人)。

泉州市 11 日通报:初步调查显示,塌楼事故所涉欣佳酒店在建设、改造、审批等环节存在严重问题。泉州市常务副市长洪自强在新闻发布会上说,泉州市已将相关证据搜集固定,对相关责任人依法采取强制措施和必要的财产保全措施,并将初步调查情况全部提交上级调查组。

他表示,将全力积极配合好上级调查组的调查,无论是酒店建设、改造、经营、监管过程,还是被推荐为集中隔离健康观察点的每一个环节,都不会漏掉,绝不姑息任何违法违规、失职失责单位和个人包括公职人员,给人民群众一个负责任的交代。

事故具体原因调查及善后工作正在进行中。[②]

① 参见高钢、潘曙雅:《新闻采访与写作》,中国人民大学出版社 2018 年版,第 236 页。

② 郃晓安、闫红心、颜之宏:《泉州塌楼事故遇难者增至 29 人》,新华社,2020 年 3 月 12 日。

（二）深度报道灾难事故新闻

一般来说，媒体可以从事故灾难性事件本身、灾难性事故的受害者、灾难性事故引发的政府或社会行为这三个方面进行报道。如果事件背景复杂，可以先连续报道动态消息，即从事件发生到最终处理完毕的滚动报道，争抢第一时间，占领舆论制高点。动态过程结束后，媒体在深入调查的基础上再推出深度报道，对事件的来龙去脉进行深度解读，以契合受众获悉事件表象后想知道“新闻背后的新闻”的心理。

事故灾难新闻深度报道，可以从纵深处挖掘悲剧根源，找出问题症结，探寻人物命运，感受人性温暖和社会力量。深度的灾难报道不仅要提供事故最新的进展情况，更重要的是挖掘事故发生背后的主客观原因。

以浙江温岭槽罐车事故为例。2020 年 6 月 13 日 16 时 40 分许，沈海高速浙江台州温岭出口处，一辆由宁波开往温州瑞安的液化石油气槽罐车发生大爆炸，引发周边民房及厂房倒塌，造成 20 人死亡，175 人入院治疗，直接经济损失 9477.815 万元。这是一件典型的突发性事故，具有较高的新闻价值。随着救援工作的展开，媒体报道对于事故造成的人员伤亡数字和破坏情况也在更新，这是基于显性事实的灾难事故新闻报道。任何事故几乎都不是偶然的，发生事故的过程就是从量变到质变的结果，或者是多种潜伏危险因素相遇的结果，上述爆炸事件可从以下几个维度展开事故深层次原因的挖掘。

其一，围绕事故涉及的主体展开，如爆炸事故中的司机、运输公司等。涉事车辆归属于温州市瑞安市瑞阳危险品运输有限公司，而工商登记信息显示，该公司因未按照规定的周期和频次进行车辆综合性能检测和技术等级评定等，受到过 11 次行政处罚，但这 11 次行政处罚每次罚金不过数百元。违法成本过低是涉事企业无视法规、违规操作屡禁不止的核心原因所在，现有的处罚力度完全不足以对违法企业形成震慑。

其二，搜集同类危险品运输事故展开纵向比较，思考为何事故频频发生。如 2005 年京沪高速上一辆装运液氯的罐车因爆胎发生侧翻导致液氯泄露，导致 29 人中毒死亡。2014 年晋济高速山西晋城段两辆运输甲醇的罐车发生追尾碰撞，后车发生电气短路，引燃地面泄露的甲醇，造成大火，事故造成 40 人死亡，42 辆车被烧毁，直接经济损失 8200 万。导致这些事故发生的原因是什么，这些危险因素为何没有在事故发生前被消除，背后存在哪些违法违规现象，问题到底出在哪些环节上？要根据相关管理规定，查找主体责任，发现监管漏洞。

其三，调查行业现状，探究企业违法违规运输背后的深层原因。让这些危险车辆带病上路或者侥幸上路的背后，也有运输业当前的痛点。

从多个维度思考灾难事故发生原因往往能让报道更加深入饱满。

另外，在灾难事故中，也经常会出现一些英勇无畏的英雄行为或者友爱互助的温情故事，不论是灾情中的普通人、无名英雄还是救援人员，抑或是遇难者背后的故事，都可以进行深度报道。灾后重建、受灾人群的后续生活也是人们关注的内容，同样值得深入采访报道。《钱江日报》的报道《记者跟随天津港爆炸事故幸存者回访牺牲战友家庭》，即是在热点之后探寻“生活在继续”的深度报道。报道分为两部分：“永不回来的兄弟”“孕育新的家庭”，记录了记者跟随幸存消防员张梦凡回访的经过，抓住了最令人动容的新闻点，牺牲消防员的母亲高龄人工受孕。报道在网络传播后得到大量评论，很多网友说“看哭了”。正如知名传媒人朱学东所说，这个时代，更需要真相，更需要追问，更需要温暖。

事故灾难深度报道肩负寻求真相、揭示矛盾、展现人性复杂性的重任。通过展现灾难事故背后更丰富和复杂的事实逻辑线，从纵深处挖掘悲剧根源，找出问题症结，或者探寻人物命运，感受人性温暖和社会力量，让人们认知其社会背景及意义。如社会管理方式、公共治理的逻辑、政治文化生态等，可以促进受众对于社会的深度认知和洞察。

四、采写事故灾难新闻要注意的问题

（一）采写要有所顾忌

事故灾难报道往往会涉及一些不适合传播的内容，或者涉及遇难者或受害者隐私的情况，或者事件本身过于血腥不宜描述等，记者不能一味追求传播效果，采写时要有所顾忌，平衡好新闻价值和新闻伦理的关系。记者在还原事实时要注意保护受害者隐私，警惕采访不当对采访对象造成二次伤害。采访时应避免询问空乏冷血的问题（例如“你有什么感觉”），而应询问具体实际的问题（例如“你希望政府提供什么样的协助”），对失去亲人的受访者避免询问刺激情绪的问题（例如“你看着这些孩子会不会怀念自己的孩子”）；不拍摄采访对象裸露部分身体、衣冠不整的状态，对遇难者遗体不使用特写镜头；不使用特写镜头报道遇难者家属悲痛的情绪、表情或声音，应对其进行遮挡或模糊处理。[①]

(二)采访要冷静有序

事故灾难现场常常是混乱的,记者要遇乱不乱。记者要清晰自己所求,迅速梳理好采访思路,安排好采访顺序和路线。事故灾难突发新闻,一般有四个现场。以火灾新闻为例,爆发火情、烈火燃烧的地方是第一现场;火起后人员自发疏散以及自发救火是第二现场;消防、救护车赶到并实施救援是第三现场;伤员在医院、火灾清理完毕是第四现场。记者需要在事发后第一时间抵达现场,争取赶到四个现场中更靠前的现场。[②]

(三)内容提供增值服务

在事故灾难报道中,可以适当加入科普知识,帮助受众增加认知和经验,提高规避风险和应急处理能力。补充相关背景知识,深度解读,能够让受众更深刻地理解新闻,增强新闻传播力。

(四)写作抓重点、亮点

写作从最核心的事实写起,从最具现场感的情节写起。要呈现细节,写出冲突性,写出时代感。以叙事语言为主,直接引语、白描、短语等手法更容易制造现场感,客观叙述,多用动词、名词,少用形容词、副词。标题要描述事实,突出重点亮点。

天津滨海爆炸事故现场消防专家确认

700 吨氰化钠已找到　尚未发生大范围泄漏

记者 15 日从天津港“8·12”瑞海公司危险品仓库特别重大火灾爆炸事故现场消防专家处了解到,昨日上午 8 时左右,氰化钠生产企业河北诚信有限责任公司老板主动带着一群技术人员来到爆炸现场,协助全力排查氰化钠的分布情况,组织实施对氰化钠的清理回收。

河北诚信有限责任公司(下称河北诚信)官网显示,该公司是全国规模最大的氰化钠及其衍生物生产企业之一,是中国化工 500 强企业。该公司是天津滨海爆炸事故现场堆放的氰化钠的货主。

① 参见《灾难事件中新闻报道的原则与方法》,中央广电总台中国之声,2015 年 8 月 14 日。

② 参见张芹、刘茂华:《突发事件报道案例教程》,上海交通大学出版社 2013 年版,第 102 页。

爆炸事故现场消防专家介绍，15日上午8时左右，现场发现一处白色固体。他们及时将氰化物货主找来辨识，确认后迅速组织相关人员查找氰化钠可能分布的区域。

考虑这里曾经发生过大规模的爆炸，许多氰化钠的包装被炸开，有些氰化钠可能散落。专业人士从爆炸现场开始展开搜索，查找氰化钠的下落。

现场消防专家称，目前已找到氰化钠的分布范围，并以发现氰化钠相距最远的两点划定重点排查区，只允许专业人士在现场作业。在此基础上再扩大1.5倍距离为缓冲区，组织专业人员进行全面排查和处理。

化工专业人士告诉记者，氰化钠为剧毒物品，进入人体后，会释放氰根(CN—)。因为与铁离子的结合能力更强，氰根会争抢细胞中的铁离子，阻断细胞正常的氧化过程，使细胞窒息，组织缺氧，致人死亡。

如何处理已找到的氰化钠？那些已爆炸散落的氰化钠又该如何处理？

现场消防专家介绍，河北诚信已派出专业人员将氰化钠以及可能含有氰化钠的土壤进行回收处理。从目前检测的数据看，尚未发生氰化钠的大范围泄漏。此外，天津市安监部门已准备数百吨双氧水用于分解可能残留的氰化钠。

河北诚信有关负责人说，这批氰化钠是用于出口的，总量约700吨。[①]

---

① 冯国梧：《天津滨海爆炸事故现场消防专家确认700吨氰化钠已找到 尚未发生大范围泄漏》，《科技日报》2015年8月16日。

第十章　融合新闻报道

媒介融合经过十几年的发展已经成为全球信息产业发展的一大趋势，并催生了融合新闻学(Convergence Journalism)。作为新闻报道的重要实践探索和理论研究，融合新闻呈现出哪些新的特征，又延续了哪些旧的传统，面临怎样的挑战与机遇，新闻报道模式发生了哪些变化，融合新闻报道的基础原则是什么，我们如何进行融合新闻报道。这些是我们首先要回答的问题。

第一节　融媒体背景下新闻报道特征

融媒体背景下新闻报道的特征可以从“变”与“不变”两个方面进行观察和探讨。融媒体时代，新闻报道发生了诸多变化：新闻报道由以文字为主向以文字为辅转变，由专业化向日常化转变，写作风格由严肃向活泼转变，写作形态由静态文本向动态过程转变。与此同时，新闻报道也呈现出超越时代变化的稳定性和独特性：新闻报道的产品本质、“用事实说话”的规律、“铁肩担道义”的责任、“好新闻”的内容之本。“变”与“不变”正体现了习近平总书记强调的“新兴媒体发展规律”与“新闻传播规律”。把握融媒体时代新闻报道的“变”与“不变”，尊重这两大规律，是做好新闻报道和宣传工作的前提。

一、融媒体时代新闻报道的“变”

融媒体时代，新闻生产与传播方式、新闻阅读习惯、舆论生态、媒体格局等新闻传播的诸多方面都发生了变化。对于新闻报道来说，变化亦十分显著，主要表现在以下几个方面：

（一）新闻报道由单一媒介向多媒体化转变

传统媒体时代，受媒介技术和传播渠道限制，新闻报道以单一媒介为主，报纸的主要方式是文字和图片，广播主要是音频，电视主要是影像。然而，今天的新闻报道变成文字、音频、视频、动画、数据、网页等多媒体形式。在数字技术和多媒体技术支持下，图表新闻、数据新闻、可视化新闻、短视频新闻、直播新闻、新闻游戏、H5 页面新闻、AR 新闻、VR 新闻……新闻产品形态日益多元丰富。在图像、影像等视觉元素不断增多且在信息传播中日益占主导的情形下，新闻写作甚至可能不是“文字＋”而是“＋文字”，新闻表现手段中文字日趋边缘化、次要化。

（二）新闻报道由专业化向日常化转变

今天，借助互联网平台，除了专业媒体记者，政府机构、自媒体、个人用户也都成为新闻主体，新闻由专业记者的专业化写作日益向社会大众的日常表达转变，新闻逐渐转向社会化的事业。有时，即使是专业媒体生产的新闻作品，其内容也可以完全来自普通大众。比如，2018 年汶川地震 10 周年之际，澎湃新闻推出《我的汶川记忆》，一经发布，便倍受好评。澎湃新闻的成功之处，在于采用了一种创新路径——UGC（User Generated Content，指用户生成内容，然后将自己原创的内容通过互联网平台进行展示或提供给其他用户），通过事先在社交媒体发起记忆征集活动的方式，征集了大量社会人士书写的个人故事和记忆，然后澎湃新闻运用交互地图、H5 技术进行了产品设计和可视化呈现。以往的新闻报道，基本都是媒体人从自己的视角进行报道，是一种 PGC（Professionally Generated Content，即专业生成内容），大多采用一种旁观者视角，因而新闻难以让读者感同身受。2008 年的汶川大地震牵动全国，其作为中国人重要的公共记忆，本身就是一个巨大的记忆库，事件亲身经历者珍藏了一个个故事和记忆。传统媒体时代，普通老百姓缺乏表达的途径，然而互联网为人们提供了随时随地讲故事的渠道。因此，当澎湃新闻为人们搭建了这样一个表达和书写的平台时，在集体的协作下，便诞生了这样一个 UGC 的新型报道视角的作品。

大数据时代，数据挖掘与分析技术的发展为打造 UGC 平台、挖掘用户价值提供了更为有效的手段，随着生产型消费者[①]的日益兴起，由用户驱动的新闻或许会成为未来媒体重要的产品形式。

（三）新闻报道风格由严肃向活泼转变

当新闻写作变成一种全民化日常表达，新闻的语言风格也发生了很大的变化。传统媒体时代，新闻是严谨、严肃的，多用书面语、官方语言。而融媒体时代，媒体面对的是一个信息泛滥、全民记者的环境，为了吸引人们的注意力，迎合网民需求，新闻语言也紧贴时代脉搏，呈现出活泼、开放、口语化的特点。

比如，2016 年 G20 峰会期间国家主席习近平在杭州会见了美国总统奥巴马。对于该新闻，《人民日报》报纸新闻的标题为《习近平会见美国总统奥巴马》，《人民日报》微信公众号推送新闻的标题则为《“夜游西湖”，习近平和奥巴马聊了啥？》。可以看到，从传统媒体到社交媒体，同一新闻事实和新闻内容，其新闻报道风格却不一样。基于社交平台微信的新闻报道用百姓生活中最为常见的聊天方式去解读中美两国元首会面这一重大时政新闻，简单的一个“聊”字大大缩短了与读者的心理距离。

再比如，《“故宫网红”修表王师傅告诉你：这就是中国人的工匠精神！》《明天起，一大波新规将影响你我的生活》《10 省份提出增设地方节假日，你们那能休几天》通过使用第二人称拉近与受众的距离。传统媒体时代，新闻报道为了显示客观，除采访对象以第一人称外，更常用的是第三人称，如据了解、据悉。

《政府工作报告派发今年十大红包，速领！》《感人！重要的事情说三遍，这位老板喊了半年》这些新闻报道则运用了“红包”“重要的事情说三遍”等网络流行语，亦体现了网络时代新闻语言的开放与活泼。

（四）新闻报道形态由静态文本向动态过程转变

互联网时代，当越来越多的普通人介入新闻生产时，新闻便不再是一个封闭的文本作品，而是一个动态的、随时可以进行信息提取和补充的平台和入口。如前面提到的《我的汶川记忆》，现在或未来仍然可以进行补充，随时可以通过点击页面的“写下我的汶川记忆”进一步丰富新闻内容。可见，该

---

① 参见[美]比尔·奎恩：《生产消费者力量》，赖伟雄译，四川大学出版社 2004 年版，第 4 页。

新闻呈现的并不是一个已经完成了的定型作品，而是一个开放的、动态的作品，关于更多人的更多故事还可以再补充。另外，网络新闻中人们的留言、评论也构成新闻的重要内容。在互联网开放、多元的新闻生产机制下，传统媒体时代作为静态文本的新闻在逐渐地向新闻过程转变，今天我们看到的新闻可能会因为打开时间不同而呈现出不同的内容。

伦敦大学金史密斯学院著名传播学教授詹姆斯・卡伦指出："洞察未来新闻业的关键在于用更具开放性的'新闻活动(Journalistic Activities)'取代'新闻(Journalism)'一词。"①传统的新闻更多指向静态的、文本化的新闻作品，而新闻活动则更符合今天新闻的动态化、开放性。陆晔、周睿鸣认为，传统媒体时代，新闻是精英主导的、机构化、专业化、固态化、有清晰边界的新闻；而如今，新闻的边界正不断被打破，新闻成为一种流动的"液态化"新闻。②

二、融媒体时代新闻报道的"不变"

融媒体时代，新闻传播的途径、方式、手段都越发多元化，这的确给新闻报道带来了巨大变革。如果我们拨开表层这些绚丽的变化，就会发现新闻报道同时也呈现出超越时代变化的稳定性和独特性，并且时代变化越纷呈，其深层次蕴含的规律性、本质性也越发显露且重要。

(一)新闻报道的产品本质不变

新闻报道最终呈现为新闻作品，新闻作品的特性决定了新闻写作的本质。从传统媒体到融媒体时代，新闻作品的本质特点没有变化，作为手段的新闻写作同样也会具备坚守和延续性。新闻作品的特点可以归纳为五点：易碎产品、机遇产品、组合产品、选择产品、传播产品。③ 易碎产品指新闻作品时间性极强。这里的时间性包括两方面的要求：一是时效性的要求，新闻报道要快，越快越好；二是时机性的要求，即新闻要注意时机。机遇产品指新闻要受到机遇的制约，如新闻报道要受到新闻事实是否发生、是否为记者

---

① 刘兢：《拓展新闻学的想象力——四本英文期刊"新闻业之未来"专辑的启示》，《新闻记者》2011年第11期。

② 参见陆晔、周睿鸣：《"液态"的新闻业：新传播形态与新闻专业主义再思考》，《新闻与传播研究》2016年第7期。

③ 参见艾丰：《新闻写作方法论》，人民日报出版社2020年版，第2～15页。

报道范围，以及记者是否知道新闻事实发生、能够采访，稿件能否发表等因素的制约。组合产品指新闻发表时与其他新闻报道的组合，如消息、简讯、通讯、评论、特写、来信等不同新闻体裁；或正面报道、批评式报道等不同报道角度的组合；或大、中、小篇幅的组合。选择产品指新闻报道对选题、报道角度、材料等的选取。传播产品则指向传播之于新闻的意义：传播是新闻的活力，是新闻生命力的实现，是新闻的作用形式。

融媒体时代，虽然新闻作品形式发生了变化，但不论从新闻的生产过程还是产品呈现来看，新闻报道仍要把握作品的时间性、时机性、组合性、选择性和传播性。可以说，融媒体新闻的产品本质并没有发生变化。

（二）“用事实说话”的规律不变

新闻之所以有力量是靠事实说话，用事实宣传观点、思想、政策。这是因为人们认识世界的规律是从具体到抽象、从个别到一般。新闻要提供大量的事实，让受众从中得出概念、结论、判断。①

首先是“事实”。影响新闻报道成败的因素中最具决定性的是事实，新闻写作的方法和技巧，其实就是选择和运用事实的方法和技巧。无论是传统媒体时代还是融媒体时代，新闻报道都需要完整地报道新闻事实。如果不基于完整的事实，新闻便容易有失公允和客观。2020 年 2 月 19 日，《长江日报》一篇新闻《歪歪扭扭 7 字遗书让人泪奔》报道了武汉新冠肺炎疫情期间一位叫肖贤友的病人去世的事情，这位病友临死之前在白纸黑字上写到“我的遗体捐国家”，这样一种心系国家的精神让媒体“泪奔”。报道发出之后，却在网络上引起轩然大波，人们一边倒地声讨《长江日报》。人们发现在新闻报道的遗书配图中，肖贤友的遗书完整内容为“我的遗体捐国家　我老婆呢?”，但是媒体在报道过程中却只提到了前面的“我的遗体捐国家”这7 个字，对后面 4 个字“我老婆呢”则刻意回避，网友纷纷认为媒体为了宣传大公无私忽略个人亲情。所以，从事实角度来说，媒体若不基于完整的事实进行报道，其传播的新闻故事便容易让读者产生反感，从而难以实现情感共鸣。

其次是用事实“说话”。虽说事实是新闻的根本，但新闻不等于事实的堆积，新闻是用事实说话。这里的用事实说话，指的是新闻报道中“观点的宣传”“报道活动的倾向”。事实发生后，要不要传播、如何传播，总是与传播

---

① 参见杨青：《新闻是广播电视的主体——吴冷西同志谈广播电视新闻》，《新闻战线》1982 年第 12 期。

者的意图紧密关联的，新闻报道总是有其目的和倾向，所以新闻总在“说话”。2020年新冠肺炎疫情期间，新华社记者廖君凭一己之力69天完成590篇稿件，被称为“媒体人的神”，然而与廖君获得国家表彰、享受荣誉称号相伴的却是网友对她的诟病，微信公众号文章《“神人”记者廖君，你对得起武汉这座城市吗？》《新华社记者廖君，李文亮想约你聊聊》在社交媒体大量传播。仔细翻阅廖君的稿件，“据武汉警方通报”“据武汉市卫健委通报”等字样随处可见，廖君更多的是记录和转述了官方话语，于是人们质疑她为“大喇叭”，认为她只是发挥了官方话语传声筒的作用。这一质疑其实是对新闻“说话”本质的质疑，探讨的问题是记者通过新闻报道到底要说什么？是在为谁说话？

（三）“铁肩担道义”的责任不变

不论是传统媒体时代还是融媒体时代，新闻都肩负着重要的社会功能，要传播正确价值观，引导舆论。因为新闻的一个重要属性就是公共属性，我们必须考量新闻作品是否真正反映了人民群众的利益和呼声，是否代表了国家和社会的主流声音。互联网时代，在人人都能当记者、信息超时空传播的情形下，从国家、社会发展和公众利益角度来说，专业媒体报道的价值更加突出，新闻的社会责任更加重大。疫情期间，信息嘈杂，网络上谣言四起，在这样的情形下，我们更需要专业媒体的报道，披露真相，传播真知，所以我们看到很多媒体人先后奔赴武汉疫情一线，冒着危险，冷静客观地报道疫情。然而，需要注意的是，新闻承担的“道义”既包含国家利益也包含人民群众利益，新闻在宣传报道时要以公共利益和人性价值为底线。以2020年疫情期间媒体的一些报道为例，《医护夫妻以车为家25天》《“哭完还是好汉”，流产10天后她重回战“疫”一线》《医务工作者怀孕九个月坚守一线战“疫”：“这是最好的胎教”》，还有央视将采访护士生理期相关内容剪掉，这些新闻报道都不同程度地受到了网友的抨击，其中一个很重要的原因是上述新闻对报道对象作为普通民众的基本需求、利益、人性价值关怀的缺失。

（四）“好新闻”的内容之本不变

媒体融合中，技术为王、渠道为王、用户为王、产品为王等说法此起彼伏，但内容为王的地位始终没被撼动。尽管超链接、自媒体、大数据、物联网、人工智能等技术进步使信息的超载、过剩成为现实，但伴随的是有用信息、有价值内容的相对不足。

融合新闻实践中，技术、数据、创意、内容都越发重要。今天，技术的不断更新发展使新闻从整个生产流程到产品呈现都发生了重大改变，多媒体新闻、数据新闻、机器人新闻、算法新闻、虚拟现实新闻、新闻游戏、众筹新闻等新闻品类日益丰富。大数据时代，借用数据挖掘、分析与呈现技术，不仅可以创新新闻形式，还可以借助数据对错综复杂的事件进行综合性、系统性分析，为公众提供更具价值的“知识”。当全国媒体都报道共同的事件或对象时（如改革开放 40 周年、建国 70 周年），当技术与数据共享、内容受限制时，创意就成为媒体的制胜法宝。

2017 年 7 月 29 日，为庆祝建军 90 周年，《人民日报》客户端推出一款名为《快看呐！这是我的军装照》的 H5 产品，一经推出，浏览量、转发量都迅猛攀升。《人民日报》“军装照”H5 页面新闻之所以能够广受好评，绝佳的内容创意发挥了重要作用，“军装照”H5 紧扣八一建军节主题，内容借势推出，以相册为载体，从不同年代的军装切入，选择时间生成那个年代的军装，每一个参与用户可以生成独特的中国人民解放军军装，不仅让诸多无法实现军人梦的受众“美梦成真”，而且也能通过不同时间段的军装照体会到中国人民解放军这 90 年的进步、发展与强大。

融媒体时代，不论技术如何发展，数据如何丰富，创意如何新颖，没有好的内容，就像大厦失去了根基。借助技术、数据赋能，生产有高度、有品质、有创意的优质内容才是根本，换言之，内容品质仍是最重要的。2020 年新冠肺炎疫情充分验证了融媒体时代内容仍是新闻之本，当所有机构媒体和自媒体蜂拥而上的时候，那些忠实生动还原现场、提出思考、复盘全局的深度报道总能脱颖而出。[①]《财新周刊》《中国新闻周刊》《三联生活周刊》《第一财经》《中国青年报“冰点周刊”》等媒体推出的深度报道作品往往更令人印象深刻。

第二节　融媒体背景下新闻报道的挑战

媒体融合发展的必要性与急迫性源于互联网的快速发展。互联网平台的兴起改变了读者阅读新闻的习惯，人们越来越习惯于在移动终端而非传

① 参见陈卓、张国：《中国青年报：“硬核”内容为王》，《青年记者》2020 年第 16 期。

统媒体上获取新闻和资讯。在这样的信息环境下，传统媒体不得不走上融媒体转型发展之路。在转型发展的过程中，融媒体新闻报道面临一系列挑战，具体表现在以下六个方面：

一、UGC 大量涌现，媒体新闻报道的垄断地位被打破

基于开放、互动的互联网平台，融媒体新闻报道的一个关键特性是互动性。普通用户可以随时随地参与内容生产和传播，这彻底改变了新闻传播与接受的关系，用户成为新闻创造主体，涌现出大量的 UGC 新闻。UGC 是伴随着以提倡个性化为主要特点的 Web2.0 概念兴起的，是一种用户使用互联网的新型方式，即由 Web1.0 时代的以下载为主变成下载和上传并重。在 UGC 模式下，网友不再只是新闻的阅读者，而是成为新闻的生产者和提供者，尤其是在一般性即时消息、突发新闻的报道中，来自新闻现场的大众往往借助移动互联网、社交媒体成为第一报道者，这打破了传统媒体时代专业媒体新闻报道的垄断地位。

二、新闻报道优质内容的需求更加强烈

在众声喧哗、信息芜杂的网络环境下，不论从新闻资讯获取还是社会发展来说，我们对优质新闻报道的需求更加强烈。对于新闻报道来说，一方面，要向调查报道、背景报道和解释性报道等深度报道方向发展，在内容的原创性、深刻性、权威性上下功夫，深入挖掘事实细节，精心创作立意高远、观点独到、见解深刻、素材翔实的好新闻；另一方面，需要在形式创新上下功夫，着眼于移动互联网分众化、差异化传播特点，从单一维度向全媒体、多维、互动转变，同一新闻报道主题、同一新闻主体要实现“一次采集、N 次加工、多元化生成与多终端适配”。

在媒体向融媒体转型化浪潮中，《人民日报》、澎湃新闻等媒体成为新型主流媒体很重要的原因就是其生产的优质内容。《人民日报》依赖强大的采编团队，坚持提供有品质的新闻。澎湃初期的掌门人邱兵曾表达过，澎湃没有别的长处，就是扎扎实实把内容做好。[①]

① 参见窦锋昌：《媒变——中国报纸全媒体新闻生产“零距离”观察》，中山大学出版社 2014 年版，第 19 页。

三、新闻报道传播方式由“垂直式”变为“水平式”

传统媒体时代，新闻报道归专业媒体拥有，不管是政策制定还是民生新闻，都要经由媒体来报道，专业媒体在信息发布上享有垄断地位，新闻报道是一种从媒体到受众、自上而下、垂直式的报道。然而，互联网平台的开放性和互动性，使得各个机构、商业网站、每个用户都能凭借手机直接成为报道主体，参与新闻生产，这样一来，专业媒体的中介地位被打破，其作为中间环节的重要性和必要性也大大下降，新闻报道成为多元化、双向互动的水平式传播，成为用户之间多对多的交流互动，并且围绕新闻产品广大用户得以连接起来，形成彼此“互联”的网状结构。

四、新闻报道由大众化进入分众化甚至个性化

伴随着移动互联网的发展，以传统媒体为标志的大众媒体时代已经宣告结束。基于社交媒体的圈子、社群文化兴起，原来千人一面的大众化阅读被分众化、差异化阅读取代，不同特性的用户皆可以根据兴趣和需求在网络中找到专属的、定制化的信息。而且，在算法推送与大数据技术的作用下，以用户画像为精准导向的个性化阅读也日益凸显。在这样的情形下，原先传统媒体里大规模的工业化流水线模式已不能再适应市场需求，小众化、个性化新闻报道大大增加。

五、新闻报道对舆论场的话语权减弱

当人们获取新闻和资讯由传统媒体转向互联网平台，当媒体、商业网站、政府机构与公民个人都加入新闻生产的行列，并通过门户网站、社交媒体、网络平台发布消息时，互联网构建起一个强大的网络舆论场。在这个舆论场中，不同的声音得以呈现，不同的诉求得以表达，这其中既有正常的民意，也夹杂着商业利益、资本运作、多元政治利益等其他力量的博弈。主流舆论场面临着网络舆论场带来的巨大冲击，其主导地位不仅被网络舆论场逐步蚕食，而且影响空间也不断被挤压。从舆论主体数量来看，显然媒体数量要远远少于网民数量；从舆论作用力来看，网络舆论场中的情绪和情感往往具有更强大的影响力。在这样的情形下，我国媒体新闻报道的话语权不断减弱，其引导力、影响力和公信力都受到冲击，对主流意识形态安全也构成挑战和威胁。

六、新闻报道的技术困境

融媒体新闻报道与传统媒体新闻报道的一个根本区别在于技术基础。融媒体新闻报道是基于网络媒介技术进行的，只有依托互联网技术并在互联网平台上才能实现。并且，没有充分利用多媒体元素、没有运用融合思维与方法报道的新闻，仅仅是互联网上的新闻，并不是融合新闻。融合新闻不仅要利用多媒体技术将文字、声音、图片、视频、超链接、Flash、GPS位置信息等集于一体，而且也要运用报纸、广播和电视以及电脑、手机、电子报、电子杂志等数字载体形成多媒体推送方式，甚至需要整合所有媒介，统一规划，资源共享，建立新的新闻采编流程。因此，融媒体新闻报道还面临着技术困境。

根据美国西北大学教授里奇·高登的划分，媒介融合包括五个层次：所有权融合、策略性融合、结构性融合、信息采集融合、新闻表达融合。前三个层次是宏观融合层面，后两个层次则是媒介融合操作过程中的新闻生产与呈现方式，具体表现就是“融合新闻”。融合新闻要求新闻记者与编辑要能够充分利用互联网平台，将多媒体元素融合在一起报道新闻，发挥文字、图片、音视频、超链接、图表、动画等多种形式的优势，共同完成对新闻报道的呈现。

第三节　融媒体背景下新闻报道模式的变革

新媒体环境下，移动互联网、社交媒体等技术和服务的发展，使新闻报道模式也发生了变化。

一、从线性模式到循环模式

传统媒体时代新闻报道是从记者到编辑再到受众的线性模式（见图10-1）。一般包括四个阶段：(1)记者采访，搜集素材；(2)记者撰写新闻稿；(3)编辑选择、修改与编辑新闻稿；(4)媒体登稿，向受众传播。

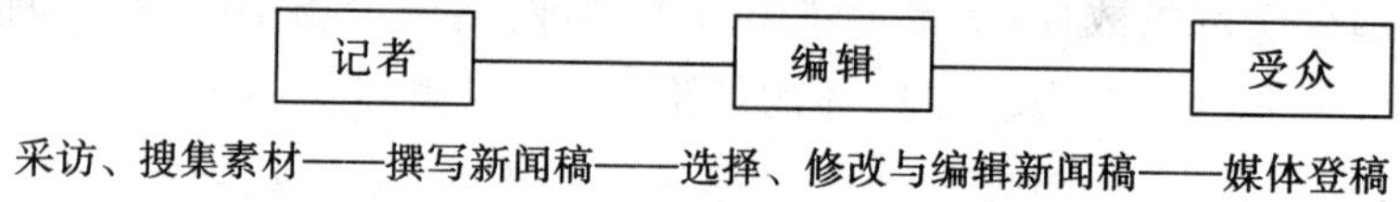

图10-1　传统媒体新闻报道的线性模式

融媒体时代，新闻报道的全时性、互动性、开放性，使得新闻不再是从记者到编辑再到受众的线性模式，新闻报道成为用户多元互动的状态，新闻报道没有明确起点和终点，生产与传播处于一种连续状态，因此融媒体时代的新闻报道形成一种循环模式（见图 10-2）。新闻可能始于记者的采访，也可能始于用户的网络讨论，而且在新闻制作过程以及新闻报道发出后的评论、反馈、追踪中，用户都可以全程参与，新闻的生产与传播有机结合，形成闭环。

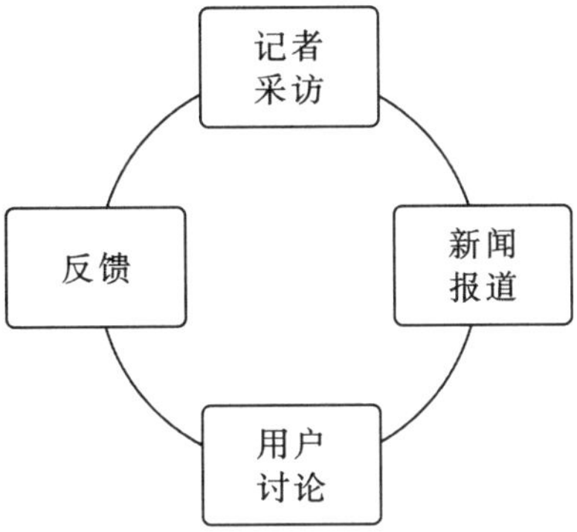

图 10-2　融媒体新闻报道的循环模式

二、从一对多的伞状模式到多对多的网络模式

传统媒体时代，媒体位于新闻传播线性模式的上游，普通大众位于下游，人们是作为新闻的接收者或消费者而存在的，新闻的传播是从媒体到用户，是一对多的传输，并且大众彼此之间是孤立的、分散的，新闻传播是一种从媒体到大众的、一对多的伞状模式（见图 10-3），媒体与用户之间的关系是不平等的。

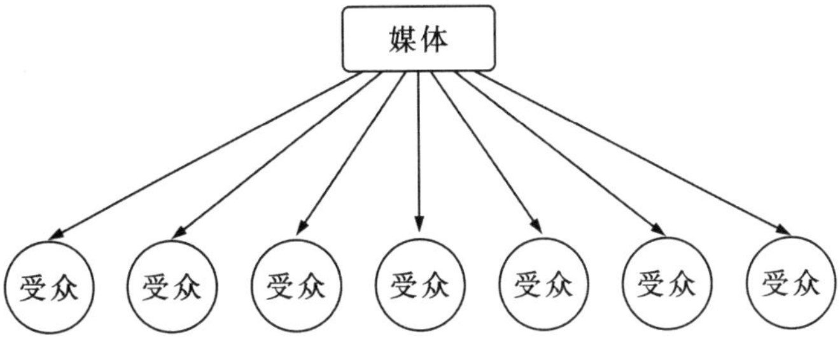

图 10-3　传统媒体新闻一对多的伞状模式

融媒体时代，由于互联网平台的开放性和互动性，媒体成为众多新闻生产主体中的一员，原先被动接收新闻的普通大众加入新闻生产，并且人与人之间也实现了相互连接，新闻报道成为用户之间多对多的交流互动，不同新闻生产主体彼此之间是平等的。围绕新闻产品，媒体和广大用户得以连接起来，形成了彼此互联的网状结构(见图 10-4)。

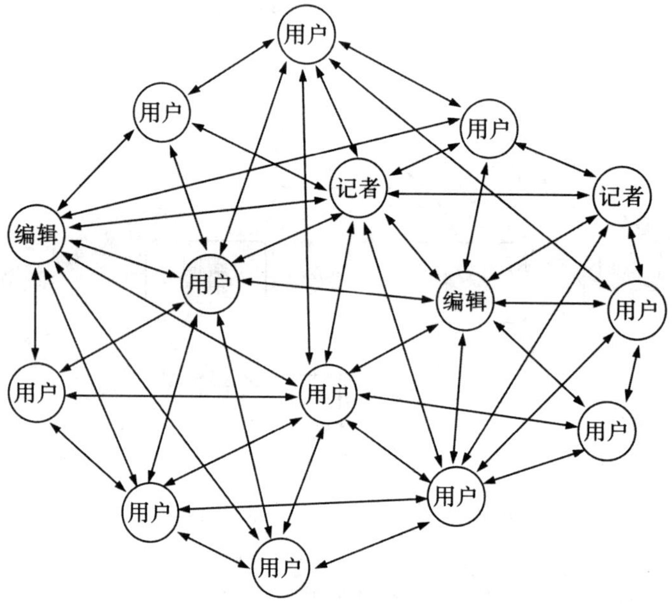

图 10-4　融媒体新闻多对多的网络模式

三、从专业化生产到社会化生产

融媒体背景下，新闻生产从专业化走向社会化。

首先，机构成为新闻发布的主体。以往，政府公告、政策发布以及贪官落马等消息要经新华社等国家权威媒体首发，而如今各级政府网站、微博微信、App 等也都可以发布，而且也已涌现出很多有影响力的政务自媒体。

其次，用户成为新闻生产主体中的重要成员，UGC 成为新闻生产的重要机制。用户对新闻的全程参与，使“众筹新闻”“众包新闻”得以成为融媒体时代新闻生产的一种可能的方式。2018 年汶川地震 10 周年之际，澎湃新闻推出的新闻作品《我的汶川记忆》便采用了 UGC 的创新路径并获得了成功。澎湃新闻通过社交媒体向人们发起“征集”记忆的活动，然后把征集到的 2000 多位网友的留言，按照关键词、地理位置、情绪等不同类型整合到交互式地图上，人们阅读新闻时既可以根据自己的兴趣点击不同的地理位置、情绪类别查看他人书写的记忆，也可以撰写自己的记忆，进一步丰富新闻。用户的参与即创造，用户的互动过程就是用户创造内容的过程。融合新闻中用户的互动成为新闻创造性的重要构成，用户生成新闻成为融合新闻重要的模式。

第四节　融合新闻报道的基础原则

采用融合方式进行新闻报道，不是为了跟风新技术，而是试图通过融媒体方式让新闻报道更加快捷、生动、深刻，使新闻传播效果更加优化。由此出发，通过一些报道策略，生产更好的新闻报道，是融合新闻报道的目的。

一、全方位

首先，全方位指的是综合运用各种媒介元素，如文字、图片、音频、视频、数据、图表、动画、H5 等，丰富新闻报道形式，同时也通过优势互补充分发挥每一种媒介的优势，优化新闻传播效果。融媒体时代，新技术的运用促进了新闻的全方位报道。中共中央政治局 2019 年 1 月 25 日在人民日报社就全媒体时代和媒体融合发展举行第十二次集体学习，习近平总书记围绕“建设全媒体，推动媒体融合向纵深发展”主持学习时强调，推动媒体融合发展、建设全媒体是我们面临的一项紧迫课题。

每年的“两会”期间，各大媒体运用新技术，推出的融媒体产品已经成为新闻报道的一道风景线。2021 年人民网“两会”专题报道有综合运用图文、图解、音视频、海报等融媒体形式的《习近平的“两会”时间》专题；基于 VR 技术的《两会夜话Ⅱ》栏目；有采用全息影像媒体技术的《“两会”云客厅》栏目；基于短视频的《代表委员说》《财米油盐》栏目；基于 H5 的《“十四五”碰碰词》《2021，向着目标出发》；首次采用全息投影技术的《“两会”云客厅》等（见案例），为我们提供了大量优质新闻内容。人民日报中央厨房通过“一次采集、多元生成、多渠道传播”“报、网、端、微”一体联动的方式，可以把一种素材资源，同步加工生成多种形态产品，进行多渠道分发推送，适配到多种媒体终端。

2021年人民网融合新闻

2021年“两会”期间，人民网线上视频对话栏目《“两会”夜话Ⅱ》由人民网总编辑罗华担纲主理人，人民网青年编辑记者担任主播，通过现场嘉宾+云访谈，年轻UP主、专家学者与“两会”代表委员跨圈互动，节目力图“由年轻人拍，给年轻人看”，贴近青年生活，解读大政方针，平等对话，观点包容。6期节目上线30余家平台，全网播放量4500万。短视频栏目《财米油盐》结合纲要草案，以及人民网“两会调查”相关内容，向受众介绍2021年全国“两会”热词及相关内容。H5小游戏《“十四五”碰碰词》梳理出“十四五”规划和2035年远景目标纲要草案的关键词、关键句，通过方块拼字的方式，让用户在游戏闯关中加深理解。创意H5产品《2021，向着目标出发》通过手绘十余幅精美的高铁旅行场景，配以文字信息和数据要点，把“十四五”开局之年的目标传递给广大观众，更具“趣味性”“交互性”，作品在人民网官方微信阅读量超10万。《“两会”云客厅》栏目首次采用全息影像媒体技术，代表委员云访谈，嘉宾“空降”虚拟演播厅，“屏对屏”的对话实现了“面对面”的效果，提升了异地访谈的现场感和沉浸感。①

其次，全方位指的是新闻报道既要注重事实的全面呈现，也要注重对真相的阐释。融媒体时代，新闻报道主体多元化，普通大众通过手机、电脑也可能加入新闻报道行列，在人人都能生产新闻的情形下，新闻记者更要通过深入和全面的采访与调查，挖掘事实真相。2018年7月18日，中国青年报·中青在线推出“强国一代”系列全媒体重磅报道《我站立的地方》，讲述了驻扎在西藏边境官兵的戍边故事。《中国青年报》派出一个文字记者、一个摄影记者、两个摄像记者组成报道组，他们根据各自采访素材，制作了一个长篇特稿、一个摄影专版、一个H5和两个视频纪实片，分别在报纸端、手机端和PC端发布，形成了一次立体的全媒体传播。其中，长篇通讯稿超过1.2万个微信公众号转发，其中不少公众号阅读量在10万次以上。②

① 参见中国网信网：《人民网：媒体融合联动打造优质内容　优势平台资源实现双向赋能》，2021年3月23日，http://www.cac.gov.cn/2021－03/23/c_1618078614212596.htm。

② 参见毛浩：《守正创新　应时而变——中国青年报深度报道的创新探索》，《新闻战线》2020年第17期。

二、全过程

融媒体背景下新闻报道打破了出版周期，成为一种全天候报道，新闻可以不断地进行动态补充，使得实时性滚动报道成为可能。“全过程”指的是融合新闻报道对新闻事实发展过程的全程报道和记录，以及对其中重要节点、关键细节的描述和阐释。2021年人民网的“两会”专题报道特别推出融媒体栏目《习近平的“两会”时间》专区，对习近平总书记的“两会”行程进行持续关注，并在专栏中策划了“学习金句”“学习导图”“跟总书记上‘两会’”等不同系列的内容，对习近平总书记在全国“两会”上的重要讲话及精彩瞬间进行了详细报道和生动解读。

三、互动

和传统媒体相比，融媒体新闻的一个突出特征——互动性比以往更加强化。我们不仅可以“看”新闻，还能“用”新闻，我们不用像传统媒体时代必须按照媒体的信息组织方式，挨个浏览排列好的数据，可以根据个人偏好自由地选择新闻的内容，并且可以随时随地参与报道，成为新闻生产者。为此，融媒体报道不仅积极运用各种新兴技术提升互动效果，而且积极开辟互动参与板块，调动用户互动参与的积极性。例如“两会”报道中，人民网《领导留言板》推出《我给“两会”捎句话》专栏，邀请网友“向部长献一策”“托书记省长捎句话”；新华网则推出“两会”调查，用户可以通过投票的方式直接参与新闻生产。

四、开放

传统媒体时代，新闻需要通过媒体专业机构独家制造和分发，新闻报道往往归媒体拥有，新闻报道的生产和传播受媒体控制，媒体是新闻报道的中心。然而，融媒体时代新闻的全时性、互动性，使新闻不再是一个媒体专属的、封闭的作品，而是成为一种可以全民参与的、持续进行的生产活动，新闻可以随时更新，新闻生产更加透明开放，新闻不再以媒体生产为中心，而成为一种去中心化的生产状态。因此，融合新闻在产品设计上不能仅仅着眼于多媒体化产品呈现和表达方式，更应关注如何为人们提供一个开放的平台和入口，让人们不仅可以自由灵活地根据兴趣或需求选取新闻内容，而且可以参与新闻，使其在转发、评论、互动中赋予新闻更多新鲜内容。

第五节　融合新闻报道的策略与方法

媒介融合语境下，融合新闻成为新闻报道的一种必然趋势。融媒体时代，我们需要重新认识和判断新闻的价值，利用新媒体平台的海量信息，并采用创新手段采集有价值的内容，结合融媒体丰富的表达形式完成新闻报道写作。

一、融合新闻价值判断

记者在对新闻事实进行专业判断时，主要依据新闻价值标准加以权衡。融媒体时代，新闻价值是否发生变化，发生了什么变化，这是从事融合新闻报道之前我们首先需要了解的。

传统媒体时代，尽管众多学者和专家对于什么是新闻、如何判断新闻价值有过诸多不同界定，但是在大量的新闻实践中，人们对新闻价值的要素与内涵有了比较一致的认识。事实能否成为新闻事实，关键要看事实是否具有以下新闻价值属性：时新性、接近性、显著性、重要性、趣味性。事实包含或体现的新闻价值属性越充分，其新闻价值也就越大，越能够成为新闻报道。

融媒体时代，传统媒体受到以互联网为代表的新兴媒体的冲击，这使得新闻事实判断标准——新闻价值发生了变化，新闻价值属性的内涵也发生了很大变化。

（一）时新性向实时性、即时性转变

时新性指时间上的新近性。新闻报道越接近事实发生的时间，其新闻价值就越大。新闻是对新近发生或正在发生的事实进行的报道与传播。一个事实只有具备了时新性才有可能成为新闻，时新性是新闻得以成为新闻的一个前提。自有新闻以来，时新性一直是新闻报道追求的首要价值属性，新闻记者竭尽全力以最快的速度报道最新发生的新闻，实现新闻价值最大化。

传统媒体时代，由于受传播渠道的限制，新闻报道往往是有周期的，报纸一般是一天，期刊大多为一周、半月、一个月，广播电视的新闻周期虽大大缩短，但一般也得几个小时。融媒体时代，在数字媒体技术的作用下，新闻

报道的周期进一步缩短，新闻价值的时新性正在向实时性、即时性转变。通过互联网平台，甚至可以实现在新闻事实发生的瞬间便发出新闻报道，并对动态新闻事实进行实时跟踪与报道。尤其是网络时代公民新闻的兴起，大量、分散的社会大众能够凭借手机和移动互联网成为距离新闻现场最近的人，因而可以随时随地参与新闻报道，成为第一信息源。由于新闻随时随地都可能发生，具有很大的不确定性，不管是传统媒体记者还是网络媒体记者都很难保证第一时间赶到新闻现场。因此，新闻从业者要善于利用各类网络信息源，重视网民提供的信息，借助互联网来完成新闻报道，只有这样才能确保时新性价值最大化。

另外，需要注意的是，大量公民新闻的出现，许多新闻并不是由新闻记者最先发布的，这一定程度上造成了媒体记者的新闻报道在第一时间上的滞后性。这样一来，新闻价值的时新性不能再仅仅从时效性上衡量，还要注意融合新闻的融合性。融媒体语境下，新闻报道的时新性不仅仅是时间上的即时，更是融合新闻的即时性。这就要求融媒体记者熟练掌握文字、图片、音频、视频等多种新闻报道技能，或者与不同特长的记者建立高效、良好的合作关系，一旦有重大新闻事实发生，团队成员能够快速地进入融合新闻的生产中，唯有如此，才能以最快的速度生产出融合新闻报道。

（二）接近性由地理的接近向心理的接近转变

接近性指新闻在地理上、利益上、心理上、距离上与读者的接近。事件发生地点离读者距离越近，新闻价值越大；与读者利益越相关，新闻价值越大；心理上与读者的需求越接近，新闻价值越大。当然，对于传统媒体来说，总体上主要的接近性体现在地理上的接近，通常是新闻媒体事先设定的传播范围内的接近性，在具体操作中体现为媒体对本地新闻的关注。

互联网的普及使“地球村”得以实现，人们交往的时空距离被打破，因此接近性的内涵在融合新闻时代也发生了相应的变化。这主要体现在两个方面：一是物理空间上的地理接近转变为网络空间的接近，网络空间突破了传统地域的边界性限制，在网络中任何一个角落发生的事件都有可能通过互联网成为全国甚至全球性信息传播；二是基于网民兴趣爱好或共同利益的心理接近更加凸显。由于网络打破了地缘对人际交往的限制，人们更多地从趣缘出发与其他人建立联系甚至建立社群，融合新闻一旦在兴趣或利益上与某一群体接近，就很容易通过网络社群的人际传播实现大众化传播，新闻传播过程呈裂变式、爆发式，短时间内新闻就能够达到大规模扩散。

互联网时代，人们由大众传媒时代被动的信息消费者转变为主动的用户，而且是个性化的、活跃的、以兴趣为主导的用户。因此，互联网时代用户思维是信息传播的关键。用户思维强调的就是以用户为中心，从用户角度提供信息、思考问题，满足用户需求，保护用户隐私，增强与用户的互动和联系。融合新闻的生产与传播，也必须持有用户思维，需要了解不同平台、不同圈子中用户的特征，获取并分析用户的个性与需求，把握用户的喜好和行为模式，从而针对性地、精准地定位新闻、推送新闻，真正实现新闻的接近性。

（三）显著性由知名度向关注度转变

传统媒体时代，主要通过知名度来判断新闻的显著性。显著即“明显、著名”，新闻的显著性主要包括新闻议题、新闻事件及其人物有多出名。一般来说，发生在著名人物、知名机构的事件，往往更容易受到人们的关注，所以新闻追求对政府官员、体育明星和赛事、知名人士的关注。

显著性在新媒体环境下仍然很重要，名人效应依旧发挥着积极作用。然而，与传统媒体时代不同的是，新媒体环境下普通大众可能成为名人，普通人物不寻常的事情也可能成为新闻。因此，融合新闻的显著性逐步由知名度向关注度转变。一个用户的粉丝数量，一条帖子的点击量、转发量、跟帖评论数、点赞数等成为判断显著性的指标，指标越高，说明用户的关注度越高，事件的关注度越高，新闻的显著性也就越高。

另外，传统媒体时代对新闻显著性的判断主要依赖记者的个人判断，记者根据自身的知识积累、生活阅历、工作经验做出判断，因而对显著性的判断有很大的主观成分。融媒体时代，由于用户的媒介接触行为都被计算机记录了下来，新闻显著性的判断有了量化依据，借助于大数据挖掘和分析，可以更加精确地分析用户数据和信息传播数据，粉丝数量、点击量、转发量、跟帖评论数、点赞数等都可以成为记者判断新闻显著性的有力工具。

（四）重要性由宏观向微观转变

重要性指新闻事实信息内容的重要程度对新闻事实是否具有重大影响或意义，能否造成重大结果的判断，事实信息内容越重要，影响越大，结果越重要，新闻价值越大。一般从政治、事实和群众的关系、事实与实际生活的关系三个方面进行判定。与人民群众的根本利益关系越大，对人们的思想、工作和生活越具有指导性，政治和社会意义越大，新闻价值越大。

传统媒体时代，新闻报道是面向社会大众的，因此传统媒体时代新闻重要性的判断是基于普遍意义上的综合考量，具有宏观视野，更侧重于新闻事实在最大范围内的影响力，因而传统新闻报道往往更注重关系国计民生的事实。

互联网时代，新闻的重要性内涵不断扩展，在网络细分化和用户个性化的趋势下，新闻的重要性也由宏观化向微观化、细分化转变。网络平台中，微博、微信、抖音等社交媒体的用户每时每刻都在生产大量的信息内容，网络裂变式传播模式使得一些个人化事件、私人化事件也可能引发网络围观，演变成公共事件或群体事件。因此，网络时代新闻的重要性不仅强调社会整体层面，更有对个体层面特性、需求、利益的观照。而且，基于大数据分析和算法推送，融合新闻报道可以做到按需生产和按需发布，能够为不同用户定制关联度更高的新闻。

（五）趣味性更加凸显

趣味性指新闻事实及其表现方式充满吸引受众的情趣和人情的特质，考量新闻事实对于受众兴趣的满足程度。越是受众感兴趣的事实信息，新闻价值越大。从新闻写作的角度来说，新闻可以分为硬新闻和软新闻。硬新闻一般指关系国计民生和人民利益，具有较强思想性、指导性的新闻，主要关注宏大主题、全国性或国际性事件。这一类新闻时效性更强，但内容一般比较严肃，趣味性较少。而软新闻一般指人情味较浓的社会新闻，时效性较弱，内容上更注重趣味性。我国传统媒体中，不论从媒体采编人员的配备还是媒体版面、栏目的设置，抑或是记者对新闻价值的取向，都更加注重硬新闻，因而新闻价值更强调显著性、重要性等属性，趣味性相对来说处于比较次要的位置。

然而，网络媒体则对软新闻更加重视和突出，这一定程度上反映了新闻价值取向的变化。一方面，网络媒体对软新闻的重视，其实就是对趣味性的侧重，形形色色的社会新闻、娱乐新闻，自然主要是具有趣味性价值的新闻。[①] 另一方面，网络时代融合新闻报道往往可以综合文字、图片、音频、视

① 参见董天策：《网络新闻价值取向的变化及其影响》，《新闻与传播评论》2004 年第 10 期。

频、图表、动画等多种手段来展现新闻事实,并通过交互式设计、H5、新闻游戏等形式丰富新闻的表现形式,这也是新闻趣味性的体现。因此,融合新闻在新闻操作层面应高度重视新闻的趣味性,选择人们喜闻乐见的选题,充分利用技术优势,提升人们阅读新闻时愉悦的体验。

二、融合新闻的信息采集

融媒体时代,作为新闻的基础环节,新闻采访也要适应融媒体环境下信息资源、信息传播的特性,学会利用互联网等新兴媒体平台,提升信息收集能力,提高信息采集效率。

(一)利用互联网发现新闻选题

传统媒体时代,新闻记者新闻选题来源主要有权威部门新闻发布、群众热线电话报料,以及记者“扫大街”和对已有选题的进一步追踪等。互联网时代,从早期网络论坛到社交媒体,都活跃着大量网民,他们或记录身边生活,或发布对某一行业或某一领域的观察,或发起对某一话题的讨论,或爆料某些幕后行为,网民的言论、发帖充斥网络空间,使得网络上的信息资源浩如烟海。而且,互联网时代,政府机构、商业机构等主体也常常通过社交媒体第一时间发布决策、人事动态等。在这样的情形下,新闻报道记者纷纷转战网络空间,从大量网络信息中发现新闻选题,搜索资源。如微博打拐、抵制日货、PM2.5、郭美美事件、故宫事件等均是先在网民的讨论和热议中形成话题,然后媒体记者跟进,再发布追踪报道。

(二)对网络信息进行考查与评估

互联网丰富的信息资源为记者发现新闻选题提供了大量线索,然而,网络低门槛的特性也使得网络信息良莠不齐。在网络信息海洋中,对信息进行筛选和梳理、考查和评估信息的可靠性、甄别信息的真伪成为融媒体时代记者新闻采集的一个关键步骤,因为这关系到新闻的真实性和媒体的公信力。

比尔·科瓦奇(Bill Kovach)在《真相:信息超载时代如何知道该相信什么》一书中专门针对信源做了论述,不论是目击者、参与者还是专家信源和分析人士,在进行新闻报道时都要更加谨慎,多问几个“是什么”和“为什么”,谁发布了消息,证据是什么?是一手叙述还是二手叙述?这个消息的目的是什么？是为了告知还是说服？消息内容有没有明显的偏见？背景信息是什么？消息是最新的还是已过时的？是否有其他材料可以进一步佐证？专家的分析基于什么？流露的思想倾向和立场是什么……

网络时代丰富的信息并不能取代记者传统的采访，相反，在良莠不齐的信息面前，记者需要通过深入的采访，与目击者、参与者以及权威人士深入交谈，梳理事件发生过程，了解涉事多元主体之间的复杂关系，客观地呈现新闻事件过程。

（三）筛选网络言论补充采访

融合新闻采访主要由两部分构成，一是记者直接的采访；二是记者对网民言论的收集和筛选。不论融媒体发展进程如何，新闻采访仍是新闻报道的重要环节，采访仍是新闻工作者的基本功；同时，新闻媒体也要充分利用网络中现成的言论，积极加入新闻采访，为新闻提供新鲜生动的原材料。例如，报道《武汉网友晒生活账单　月入万元仍感“压力山大”》便多次引用了网帖内容。

每到年底，很多居民都会盘算一年来的收入和支出。昨日，武汉有市民发帖晒账单，发现月收入一万多元，但仍然感觉生活压力大。

发帖人写道，“一匹温柔的大灰狼”是自由职业者，年收入在 8 万元到 9 万元。妻子年收入大约有 5 万元。平均起来，家庭月收入有一万多元。

据当事人介绍，他自己有 4 个兄弟姐妹，其他人家庭条件都不错，所以他不用为父母的生活掏一分钱，只是过年过节才意思意思。岳父母家住农村，平时不但不要儿女的生活费，逢年过节还给外孙送来土鸡蛋和压岁钱。即便如此，当事人“仍然倍感生活压力”。

在账单中，当事人一家三口每个月的生活费只有 1200 元左右，大部分开支基本都花在了房子、车子和孩子上——每月固定 500 元房贷和 400 元汽车加油费，但由此产生的物业费、汽车保险和保养等费用却不菲；孩子学习培训的开支也是重头。以今年 3 月份为例，当事人当月共支出 10450 元，其中汽车路桥费、加油、电子眼和保险等共计 5250 元，孩子上学、练琴花费 2300 元，这些开支占总支出的四分之三。

如此下来，当事人每年能有约 3 万元存款，但想到孩子以后的教育、父母年老多病等等，他倍感生活压力，希望能找到节约开支增加存款的方法。

这则帖子引起了众多网友的关注，有人羡慕他汽油费和过桥费花得少。

当事人回应称实际花费远不止这些，只是记下来了固定开销。网友“wuhanjh”对此深有同感：“平均每月将近6000块的开支，跟我家的开支差不多，貌似再没办法节省了。”

网友“zxj007289”分析后则发出另一种声音：“我没有看到保障方面的支出，除了社保，没有重病保险，没有寿险，没有小孩教育之类的保险，也没有看到投资。这种收支状况相当脆弱，你得很庆幸双方的父母都还没有给你添麻烦。”①

另外，融合新闻报道还可以利用大数据技术，通过对用户网络言论进行数据挖掘与分析，以数据新闻形式生成融合新闻。2020年12月31日，新华社与知乎联合发布年度视频《2020，36亿数据绘出这条线》，基于全网36亿条新闻基础数据、18000条热搜榜单数据以及知乎全年近万条点赞回答进行了分析，用我们共同的记忆绘制了2020全民情感曲线。

（四）善用新闻众包

融媒体语境下，UGC成为新闻生产的重要机制。用户对新闻的全程参与，使“众包新闻”“众筹新闻”成为融媒体时代新闻生产的一种可能方式。

2006年，《连线》编辑杰夫·豪(Jeff Hawe)在《众包崛起》中首次提出了“众包”的概念，说明企业利用互联网把工作分配出去的方式，以发现创意或解决问题。应用在新闻中，众包即利用大众的智慧和力量搜集或处理数据，集体完成一个新闻调查计划。2014年春节前，《南方周末》与环保组织创绿中心联合发起了“回乡测水”行动，由创绿中心为人们提供便携可定制的水质检测工具和水质信息平台，人们可以实时上传水质检测信息。南方周末将收集到的35个样本信息进行整合，推出新闻报道《“回乡测水”家乡水，清几许?》。

新闻众筹是新闻众包的一种类型，指新闻记者借助众筹平台为其新闻作品向投资者进行融资的行为。2013年11月29日，众筹平台“众筹网”正式发布中国首家“新闻众筹”平台，为各类媒体的娱乐、时尚、汽车、体育、房产、互联网等内容题材提供公众预筹资服务，“众筹新闻”开始进入人们的视野。新闻众筹至少包含三个过程：其一，新闻记者提出详尽的新闻报道计

① 《网友年终晒家庭账单　月入万元仍感“压力山大”》，2011年12月14日，齐鲁晚报网，https://epaper.qlwb.com.cn/qlwb/content/20111214/ArticelQ16003FM.htm? from=groupmessage。

划,并在众筹平台面向数量众多的群体募集资金;其二,众人通过资金捐助的形式支持项目完成;其三,新闻发布以及资助者获得相应的物质或精神回报。新闻众筹的实质是“预购”与“打赏”,也就是说众人集合起来花钱买未来的新闻产品。这一生产方式打破了传统新闻生产的融资模式,不是像先前那样靠政府或商业机构支持,而是由媒体从业者通过向大众募资的方式来从事新闻报道。

如著名众筹网站 Kickstarter 做过一个新闻众筹项目《漫画新闻:让德·拉尔回到阿富汗寻找真实故事》。这一项目由美国独立记者、漫画作家德·拉尔于 2010 年 3 月 5 日发起,他的计划是从公众中募集到 25000 美元,让他能够重新回到阿富汗,他则以卡通的形式对当地的社会状况做深度报道,然后通过卫星电话上传到网络。结果,2010 年 4 月 5 日他成功得到 211 个资助者为他提供的资金捐助,总共募集到 25999 美元,他的采访计划也得以顺利执行。

三、融合新闻的写作

从新闻产品元素来看,融合新闻是一种多媒体新闻,包含文字、声音、图像、动画等多种媒介元素。这样一来,新闻写作就不能一概而论,需要结合具体的新闻产品形式。然而,不论媒体形态如何变化,作为新闻产品的新闻文本仍是将新闻内容与受众联系起来的纽带,是人们阅读新闻的基础。因此,从整体上把握新闻文本的规律和原则,在融媒体时代仍然必要。

(一)多媒体元素的适用性和融合性

融合新闻首先表现为多媒体新闻,即由文字、图片、音频、视频、动画等多种媒介元素整合而成的新闻形态。这些不同元素具有不同的语言规律,整合到一起时,要注意分析不同组合方式的内在规律和语法系统,根据传播内容和读者定位,选择有助于传播内容效果最大化的多媒体整合方式。融合新闻并非一味追求媒介元素多元,良好的内容传达和传播效果才是宗旨,因此融合新闻对多媒体元素的选择要注意适用性,以及不同元素之间的整合性,让多种媒介元素科学而有效地“遇见”,形成聚合效应。

(二)超链接方式整合新闻

超链接是网络信息传播的一大特性,融合新闻写作要注意充分利用网络超链接的特点。超链接既可以指向同一网页的不同位置,也可以指向另一个网页、文件或程序。新闻事实往往是动态的,因而新闻报道也往往是动态的,充分利用超链接,既可以组织新闻背景或其他新闻报道等不同新闻内容,也可以使网民能够按照自己的思路阅读新闻,实现新闻内容跳转,还可以使围绕一个新闻事件的不同新闻报道以及不同媒体的报道之间能够形成合力,共同完成对新闻事实的跟进与呈现。

(三)互动叙事

不同于传统媒体新闻以生产者为中心,融合新闻将用户纳入了新闻生产,并强调在新闻传受关系中共同完成新闻报道。融合新闻是互联网用户思维的产物,互动性是融合新闻生成过程中必须突出的特性。因此,融合新闻应突破传统新闻线性的、平面的叙事结构,打造成开放的、多维的、层级式的叙事系统,让用户可以从任何一个"入口"进入,从任何一个"出口"结束,用户可以根据兴趣自如地选取新闻内容,控制新闻叙事的节奏,在每一次点击中探索和挖掘新闻内涵。而且,人们还可以积极参与新闻叙事,通过自主选择内容或拓展内容,进一步丰富新闻内容。另外,以社交网络为传播平台,融合新闻可以成为关系中的产品,能否提供友好的用户体验是融合新闻生命力的决定性因素。

四、融合新闻的形式

融合新闻多元和丰富的表现形式,为新闻报道创新提供了有效的手段。尤其是一些长期性的重大社会议题中,融合新闻有助于推动新闻选题策划的创新。如为庆祝新中国成立 70 周年《人民日报》推出的系列融合新闻产品,H5 新闻《军装照》《56 个民族服装任你选!快秀出你的爱国 Style》《今天我们都是升旗手》等,都产生了良好的传播效果。融合新闻的形式创新成为新闻创新的重要构成。

(一)图文新闻

图文新闻指通过文字和图片的组合进行的报道,是传统报纸媒体中最常见的一种报道方式。网络时代,虽然媒介形态和元素更加多元,但是作为最简单、直接、明了的图文方式仍在新闻报道中占有较大比重。新闻报道中的新闻摄影能够传达许多文字无法传达的信息,调动人们的感性理解和情绪，打动人心，既能够有效补足文字的叙事，也能给读者带来视觉享受，还能作为调节新闻版面和布局的元素，使新闻整体更美观、有趣。相比动态的视频影像，静态的新闻摄影能够让人们产生无尽的联想与思索。有的新闻摄影甚至成为新闻事件或社会事实的标志性记忆符号，具备了历史价值和社会价值。1991 年，摄影师解海龙拍摄的希望工程纪实系列照片中，《大眼睛》摄影作品不仅在当时打动了无数人的心，而且直至今日仍是希望工程的一个标志。

（二）视听新闻

如果说图文是报纸媒体的主要专长，视听则是电视媒体的主要方式。如今随着视觉文化时代的到来，视听信息在信息传播中的比重越来越大。网络技术的融合性，使文字、图片、音频、视频的融合成为必然，视听新闻在融合新闻中占有重要的作用。尤其是随着抖音、快手、微信视频号等短视频平台的发展，短视频新闻逐渐成为融合新闻的一大趋势。

2018 年 4 月 2 日，央视新闻客户端推出短视频新闻《鼓岭！鼓岭！》，用沙画＋电视资料画面＋现场回访的方式，讲述了一段时任福州市委书记习近平亲自促成的一段中外民间交往佳话。短视频融合了多种元素媒介形态，包括习近平的声音旁白、宝贵的历史影像、当事人的采访画面等。该短视频推出 24 小时内，在“央视新闻”两微一端及央视新闻移动网的阅读量即突破 500 万，数十家媒体及大量社交媒体账号热评热转，全网总阅读量 48 小时超过 9000 万。该短视频被评为 2018 年中央广播电视总台年度优秀节目之一。[①]

（三）数据新闻

近十年来，随着数据科学的发展和数据开放运动的推动，数据新闻成为融合新闻的重要形态。数据新闻是“一种运用计算机程序对事实材料和统计资料进行采集、分析和呈现的量化报道方式，也指一种通过上述方式生产的新闻品类”[②]。数据新闻基于数据图表和可视化技术，创新了新闻讲故事的方式。数据新闻的功能与价值体现在四个方面：（1）唤醒：重构沉寂的历

① 参见《鼓岭、鼓岭》，央视新闻客户端，2018 年 4 月 2 日，http://www.xinhuanet.com/zgjx/2019-05/23/c_138080245.htm.

② 方洁：《数据新闻概论》，中国人民大学出版社 2019 年版，第 3 页。

史数据;(2)关联:连接当下的事实主体;(3)预测:把握未来的信息走向;(4)"悦读":展现信息可视化之美。

《中国数据新闻发展报告(2018～2019)》基于对2011～2020年国内媒体数据新闻的跟踪调研,发现在以算法驱动的平台媒体模式对传统媒体造成巨大冲击的背景下,数据新闻栏目展现出强劲的生命力。尤其是新冠肺炎疫情期间,数据成为政府与公众沟通最为重要的信息类型之一,也是媒体必须报道的内容。澎湃新闻推出新闻报道《763例确诊患者的故事,还原了新冠病毒向全国扩散的路径》,截至2020年1月27日,从各地卫健委公布确诊病例中,搜集并分析了763例确诊患者的迁徙详情,运用了多种不同类型的数据图,直观呈现"封城"前后多少确诊患者出入武汉、离开武汉后到了哪些城市,以及他们在熟人空间和公共空间的传播途径,让读者可以直观地理解新冠肺炎病毒在初期的传播途径和传播模式。

(四)H5新闻

H5新闻是指建立在HTML5技术上的一种新闻呈现形式。H5技术具有融媒体、强交互、跨终端、跨平台,技术更新快的特点。[①] H5新闻的出现是融媒体时代新闻报道的一个重要创新,不仅多种新闻呈现形式能够为用户带来丰富的感官体验,而且由于H5完美契合了手机端,更符合用户的阅读习惯和社会化传播模式,更有利于跨平台传播。

2020年6月23日,我国北斗全球卫星导航系统最后一颗组网卫星发射成功。央视新闻联手千寻位置,推出宣传我国北斗卫星导航系统的H5作品《北斗,北斗,收到请回答》。H5在获取用户实时地理位置后,会自动呈现个人的专属卫星陪伴数量,点击后可进一步获知每颗卫星的经纬度、高度、坐标系等详细信息。

(五)VR新闻

随着VR技术的发展,新闻业也开展了VR实践,出现了一种新兴新闻类别——VR新闻。有学者认为,VR技术的兴起体现了媒介技术演进"时空征服"和"感知重组"的逻辑。[②] 在VR技术下,360视角的全景图片、全景

① 参见樊荣编著:《H5交互融媒体作品创作》,中国人民大学出版社2020年版,第4页。

② 参见邓建国:《时空征服和感知重组——虚拟现实新闻的技术源起及伦理风险》,《新闻记者》2016年第5期。

视频、全景直播，能够为人们提供视听上的多重感官体验，营造一种强烈的现场感，使用户足不出户就能“穿越”到新闻现场，“亲历”新闻事件。

2016年在切尔诺贝利核灾难事故发生30周年之际，网易新闻团队前往“死城”普里皮亚季市收集素材，制作了VR视频《不要惊慌，没有辐射！》。人们戴上VR眼镜即可以进入虚拟实境，通过调整头显设备观察到周围萧瑟的环境，加之光影特效，共同营造出恐怖的氛围。

（六）新闻游戏

2003年，乌拉圭游戏设计师冈萨洛·弗拉斯卡（Gonzalo Frasca）提出了“新闻游戏”的概念，用以指代“具有新闻价值事件的视频游戏”。伊恩·博格斯特（Ian Bogost）在《新闻游戏：游戏中的新闻学》一书中则认为，新闻游戏“本质上是一种程序修辞”。两位学者代表了目前关于新闻游戏的两种不同观点：“游戏说”与“新闻说”。新闻游戏可以分为两大类：一类是由新闻事件改编的严肃游戏；一类是作为互动新闻的程序叙事策略。[①] 总的来看，新闻游戏将新闻与游戏的内核融入一种新的媒介形式，衍生出了全新的新闻形态。

2016年，共青团中央与“橙光游戏”联合制作了一款新闻游戏《重走长征路》。该新闻游戏以第五次反“围剿”失利为背景，邀请用户扮演一名普通红军战士，在长征途中不断做出抉择，不同选择将导致不同的命运，产生不同的结局。该新闻游戏让人们以“亲历”的方式，感受了红军战士的英勇与智慧，体会了长征精神。

（七）移动直播

移动直播新闻指在移动端进行的，在新闻事件发生的同时发出新闻报道。移动直播区别于广播端和电视端的直播，主要是在移动端进行，直播创作者一般采用轻便化直播设备。移动直播新闻主要有两大类：一类是不可预测的突发事件，如自然灾害、社会新闻；另一类是意义重大的媒介事件，如“两会”等。

移动直播作为新近出现的技术，给新闻业注入了新鲜的血液，使得原生态、即时性、互动性、便捷性新闻生产成为可能，有助于创造一种即时、交互

---

① 参见潘亚楠：《新闻游戏：概念、动因与特征》，《新闻记者》2016年第9期。

的新闻体验。

2020 年新冠肺炎疫情期间，为应对医疗物资短缺、病床严重不足的情况，武汉市政府决定参照 2003 年北京小汤山医院模式，建造火神山、雷神山两家医院，“央视频”对两家医院的建造过程进行了全程直播，将施工现场、施工过程全时、全景地展现在人们面前。数据显示，该直播开播三日，其页面累计访问量就已超过 2 亿人次，网友们通过直播视频进行“云监工”。

第十一章　媒体融合背景下的新要求

在互联网、多媒体、物联网等技术的推动下，在国家政策指导下，媒体融合发展成为不可逆的趋势。我国目前正推动传统媒体与新兴媒体全面融合向纵深发展，构建以“全程媒体、全息媒体、全员媒体、全效媒体”为特征的“四全媒体”格局，从新闻采编播发一体化、新闻传播渠道一体化、新闻生产运营一体化方面重构新闻生产流程，打造“中央厨房”式全媒体新闻生产平台。新闻生产实践的变化发展对新闻人才也提出了新的要求。人工智能技术的应用，则进一步推动了融合新闻向智能化生产的方向发展。

第一节　媒体融合下的传媒生态和传播格局

2014 年 8 月 19 日，习近平总书记在全国宣传思想工作会议上强调“加快传统媒体和新兴媒体融合发展”。2019 年 1 月 25 日，习近平总书记在中共中央政治局第十二次集体学习时强调“要运用信息革命成果，推动媒体融合向纵深发展”。媒体融合是一项所有媒体都在参与的轰轰烈烈的行业实践，媒体融合发展是大势所趋，媒体融合时代已经到来。

媒体融合有三个阶段：第一阶段是“你就是你，我就是我”的物理融合，每一家媒体内部着手边缘突破，媒体与媒体之间寻找新的生态位。第二阶段是“你中有我，我中有你”的化学融合，传统媒体的资源、资产、管理优势与新兴媒体的技术、理念、文化等特色进行组合，创造新产品、构建新关系。第三阶段是“你就是我，我就是你”的生态融合。从国家整体的视角来看，这一阶段应该建立更加完善、立体多样、融合发展的现代传播体系。我国的媒体融合大体上处于第二阶段，第三阶段是媒体融合的方向和目标，也是媒体走向进一步融合的内在驱动因素。①

在媒体融合潮流中，新兴媒体技术的应用，改变了传统的信息传播方式，也重构了传媒生态和传播格局。融合新闻既指一种新兴的新闻形态和类型，更是一种新兴的新闻观念和实践。前者是微观意义上的概念，强调的是新媒体中区别于报纸新闻、广播新闻、电视新闻等传统新闻形态又融合了多元媒体元素的新兴新闻形态，如数据新闻、H5 新闻、VR 新闻、新闻游戏等。后者则是宏观意义上的概念，强调的是媒体融合趋势下不同于传统新闻的一种新闻生态、新闻话语和实践模式。

2019 年 1 月 25 日，习近平总书记在主持中共中央政治局第十二次集体学习时发表了《加快推动媒体融合发展　构建全媒体传播格局》重要讲话，提出了“全媒体”的发展理念以及“全程媒体、全息媒体、全员媒体、全效媒体”的重要概念。从内涵来说，媒体融合其实可以进一步定义为：与互联网和人工智能新技术、新应用紧密结合同频共振的全媒体传播体系建设。②

一、全程媒体

全程媒体指由于信息传输技术的飞速发展和移动网络技术迭代升级，信息传播活动可以突破传统媒体的时空限制，受众可以随时随地获取信息。全程媒体强调时空维度的“全时性”和“全景性”。全时性指在时间维度上新闻传播处于全天候、全过程、全覆盖的状态，时刻直击新闻现场；全景性要求新闻主体对新闻事件展开全方位、无死角的报道，尽量完整地呈现事件的发展过程和全貌。

全媒体时代，在新兴技术和全员协作的支持下，一个新闻事件从发生之时，就被纳入新闻生产与传播的链条中，媒体通过即时响应、时刻关注、持续报道、全程追踪的方式，为用户提供实时、动态、多角度的新闻信息，使其全面了解新闻事件。

2017 年 2 月 19 日，新华社上线“现场云”新闻在线生产平台，为入驻媒体免费提供基于移动端的全媒体采编发功能，采编人员可以实现即采即拍即传、即收即审即发，在线生产和行进式报道有效提升了报道时效，能够最

① 参见支庭荣：《“互联网＋”时代的媒体融合：概念界定、评价标尺与操作路径》，《教育传媒研究》2019 年第 3 期。

② 参见支庭荣：《“互联网＋”时代的媒体融合：概念界定、评价标尺与操作路径》，《教育传媒研究》2019 年第 3 期。

大限度地保障新闻内容的全时性和全景性。“现场云”被看作打造全程媒体的有益尝试，因而也被视为推动全媒体传播体系逐渐完善的重要举措，并得到了业界的高度认可。

二、全息媒体

全息媒体是指媒体的表现形式是全方位的，文字、图片、声音、视频等均可在一个端口、一张屏上展示，多介质融合，多种形态聚合。全息媒体强调信息表达和呈现维度的“立体性”与“环绕性”，是建立在数字技术对媒介物质基础依赖性的突破之上，通过丰富的媒介手段提升媒体可定位、可协调、可关联、可兼容的特性，尽可能地为受众还原物理社会真实形态的一种探索。[①]

随着移动互联网的发展，一个万物皆媒、万物皆屏的时代正在到来，任何信息都可以生动、鲜活地呈现在人们面前，虚拟和现实的界限逐渐模糊并不断融合。在虚拟现实、5G、物联网等技术的支持下，全息媒体为人们创设了一种全新的信息感知方式，以多元素、多维度、高仿真的融合性信息搭建新闻场景，讲述新闻故事，在传递信息的同时调动用户的感官，满足用户体验，实现情感共鸣。

2019 年，为庆祝澳门回归祖国 20 周年，央视网发布了《国家 20 年：VR 全景看“我”与澳门的跨时空对话》。该作品运用 VR 技术对澳门进行了全景展示和介绍，并结合不同场景，运用图文、视频、解说等元素，对澳门不同标志性地点的城市环境、文化与风土人情进行了介绍。该作品给予读者最大的主动权，让读者亲眼去看、亲耳去听、亲身去体会，仿佛置身于澳门，亲身游历了澳门。

三、全员媒体

全员媒体指新闻的传播不再是媒体机构垄断的单行道，不再是一对多的单向线性模式，而是要激活所有人的创作热情，实现全民参与和多元互动。互联网时代的一个显著特征就是信息生产的全员化，人人都有麦克风，人人都是发言人，永远在线、永久连接成为人们日常生活状态。阿尔文·托夫勒在《第三次浪潮》中提出“产消者”(Prosumer)的概念。产消者是生产者

① 参见喻国明、赵睿：《媒体可供性视角下“四全媒体”产业格局与增长空间》，《学术界》2019 年第 7 期。

(Producer)和消费者(Consumer)的结合,这意味着二者发生了融合,信息传播呈现出空前的社会化生产趋势。

全员媒体汇聚了集体智慧和群体创造,这使得新闻内容端口开始向UGC开放,甚至诞生了一种新型的基于全体参与的新闻生产方式——众包新闻,媒体邀请普通大众参与新闻生产流程,不仅为媒体提供新闻线索和资料,还可能承担起原本由专业新闻人员负责的文本编辑、内容发布等工作。如《南方周末》的新闻报道《"回乡测水"家乡水,清几许?》便是一则具有代表性的众包新闻。

另外,全员媒体参与主体的显著增加,也使得过去一元主导、强力引导的宣传舆论场变成多元共治、柔性制衡的公众舆论场,人人都是媒体、个个都有话筒成为媒体生态和舆论场现实场景。在这样的情形下,全员媒体的关键是要培育高影响力、高公信力的关键意见领袖账号或平台,同时新闻媒体内部也面临随时须在现场、专业报道不能缺席的新要求,呼唤更多全媒型、专家型记者,更好地发挥引领主流舆论的作用。①

四、全效媒体

全效媒体是指媒体突破了单一功能的限制,集内容、信息、社交、服务等多种功能于一体,强调媒体功能的全面化和传播效果的精准化,强调效能维度的最优化。全效媒体要求媒体机构既要有基于传统媒体的传播能力,又要有基于移动互联网的现代传播能力;既要具备舆论引导能力,也要承担社会服务功能;既要取得社会效益,又要提升经济效益。②

"信息一条街""全媒体矩阵"是全效媒体对未来媒体融合发展的一种效能实现。全效媒体的关键是如何找到最有效的转换路径,营造社会正能量的传播环境,实现真正的好效果和真效益。全效媒体要求把受众分析放在更高的位置,从受众的需要出发,满足受众又高于受众,降低其使用疲惫感,提升其转换效能。③

2019 年新中国成立 70 周年之际,新华社推出《60 万米高空看中国》系列可视化产品,首创"卫星新闻"报道样态。项目团队实地探访中国资源卫星应用中心等卫星单位,学习卫星专业知识,整合卫星影像资料,联动新华

① 参见徐黎:《如何理解"四全媒体"的内涵和意义?》,《学习时报》2019 年 4 月 8 日。

② 参见郭全中:《全程全息全员全效媒体创新探析》,《中国出版》2019 年第 4 期。

③ 参见殷陆君等:《"四全媒体":媒体融合新方向》,《传媒》2019 年第 8 期。

社31个国内分社及亚太总分社、驻台记者站，利用新华社“现场云”覆盖面广、用户深垂等优势，联系近百家“现场云”用户，实地拍摄“一镜到底”组镜，并不断与当地宣传部门深度协作，与优质商业平台的横向联合以及与垂直行业领域纵向协同，形成了一个“全社＋全网＋全国＋全球”的“四全”内容生产发布体系，取得了从中央到地方一呼众应、从线上到线下同声呼应的良好宣传效果。[①]

第二节　媒体融合下的新闻生产流程

新闻生产流程指新闻生产中各个业务环节的运行与衔接，以及新闻产品的传播过程。新闻生产的流程其实也是新闻运作的秩序。一个条理明晰、步骤严密的采编流程可以提高新闻工作者采编、制作效率，促使他们生产出高质量的新闻作品，甚至取得超出新闻从业者预期的传播效果，最终有助于传媒集团提高综合竞争力。

从传统媒体时代到融媒体时代，随着技术的完善，传媒环境的改变，新闻流程也发生了变化。

传统媒体时代的新闻采编流程大致有三个主要步骤：前期的申报选题，组织采访，挖掘新闻点；中期的新闻撰写，素材编辑，审核校对；后期的新闻作品发布，接受受众反馈。而且这个过程是单向的，是从记者到受众的一个线性过程，报纸、广播、电视等不同媒体对于新闻的采集、加工甚至发布过程是平行的，不同媒体之间没有实现互动，生产出来的新闻作品也几乎不对其他媒体产生影响。媒体对用户反馈的接收主要通过热线、短信、邮件等传统方式，往往无法和受众进行即时互动。总的来说，传统媒体的新闻生产流程没有实现不同媒体之间的资源共享，也不能在第一时间接受读者提供的反馈信息。

融媒体时代，新媒体的不断发展改变了信息的采集、编辑以及传播、反馈等各个环节的运行方式。融媒体新闻生产不再是过去单向、线性的过程，而是形成一个循环过程，既包含融合新闻生产流程，也包含融合新闻传播流程，生产与传播有机地结合在一起，而且变成一种连续状态，循环往复。基于互联网平台，用户自始至终参与新闻的生产与传播，新闻成品加工制作完

---

① 参见钟昊熹、文晶、李梦婷：《跨界引擎　创意驱动　破壁四界——新华社〈60万米高空看中国〉花式“撩”太空》，《新闻战线》2019年第22期。

成后，用户在新闻收受的过程中可以随时发表自己的见解，继续参与新闻生产。融合新闻流程也不会因为新闻产品制作完成、用户收受后便宣告终结，用户互动会延续新闻的生命，使得新闻生产与传播变成一个持久循环的过程。而且，新媒体也进一步促使传媒市场由卖方市场向买方市场转变，受众对信息的需求更加多样化、个性化。媒体原先的新闻生产流程无法做到资源整合和资源共享，因而也无法充分发挥全媒体优势，实现全媒体联动效应。因此，融媒体时代新闻媒体的顶层设计必须围绕融媒体定位展开，建立新的新闻生产流程，最大程度地整合媒体资源，释放新闻生产与传播的力量。

一、新闻采编播发一体化

融媒体时代，信息与资源的整合和共享性，使得新闻的生产、编辑和发布得以融合，形成了全流程打通的媒体融合生产体系。通过设立总编辑中心，作为新闻生产的指挥中枢，囊括新闻生产的采访中心、编辑中心、技术中心、发布中心等多个部门。总编辑中心主要负责宣传任务统筹、重大选题策划、采访力量指挥等工作，来自不同部门的成员均听从总编调度中心的指挥，进行全媒体新闻产品的生产加工，并鼓励不同终端如报纸、网页、App 的采编人员进行跨界生产，充分发挥全媒体的内容生产活力。

《人民日报》融媒体新闻生产过程中，实行的是“1＋N”的方式，即 1 名现场记者连接后方多名编辑和技术人员，记者在前方采集信息，后方随时进行新闻生产。生产出的新闻稿件会被放入统一的稿件库，稿件库中作品可以作为成熟的新闻产品直接发布，也可以再次由媒体内部的各个部门根据自己的传播渠道需求进行二次加工，制作成 H5、短视频、动画、新闻游戏、VR 新闻等其他融媒体产品。所有新闻产品首先在《人民日报》所属媒体发布，再进一步与国内外主流媒体、新闻网站合作，为其供稿，从而实现新闻报道“一体策划、一次采集、多种生成、多元传播、全天滚动、全球覆盖”。

二、新闻传播渠道一体化

渠道整合是全媒体运作过程中的重要一环。渠道整合指前线记者将采集的内容素材放入全媒体数据库，媒体内各类传播渠道、子媒体可根据自身传播特点和需求，选取素材进行二次加工，生产出符合自身传播形态的新闻产品，成就同一新闻素材在不同渠道端口的多样意义，从而实现“一套人马、多个出口”的运营模式。渠道整合既可以帮助媒体节约生产成本、提高生产效率，也可以使媒体与企业、政府机构等其他主体实现资源互通，探索出一条协同发展的新路径，实现全媒体联动。

2021年全国“两会”期间，《人民日报》通过整合多样传播渠道，以及对新闻素材进行不断加工，推出一系列集创新性、趣味性、互动性与新闻性于一体的融合新闻产品，如基于图解、音视频、海报的《习近平的“两会”时间》专题、VR新闻《“两会”夜话Ⅱ》、5G＋云技术新闻《“两会”云客厅》栏目、短视频新闻《财米油盐》、H5新闻《“十四五”碰碰词》《2021，向着目标出发》等，为我们提供了大量优质新闻内容。

三、新闻生产运营一体化

传统媒体时代，新闻生产与运营是分开的，记者通常仅为单一的信息载体采编制作新闻内容，编辑主要是新闻稿件的“把关人”，广告收入为媒体主要收入来源，通常由市场部负责。然而，媒介融合时代，记者、编辑的角色和职责都发生了改变，他们不仅要对新闻信息进行采集、编辑、加工，不只是内容的生产与把关，还要参与融合媒体的内容运营，掌握不同媒体的特性和用户的需求，根据媒体特点和用户需求组合与调配资源，有的放矢，生产不同的新闻产品，努力实现内容与用户需求的智能匹配和传播效果的动态监测。

技术的进一步发展也为新闻产品的精准推送、产品传播效果的精准评估提供了支撑。媒体可以通过搭建数据化、智能化、移动化的技术系统，实时抓取全网的数据，从内容关联、社会关系和兴趣类别等维度入手，描绘较为清晰的用户画像，实现与用户的紧密连接，同时可以对新闻内容进行细分化和标签化管理，最终根据用户需求和喜好推送相应的新闻产品。另外，数据技术的预测、监控还可以实现对传播效果的全程监测和精准评估。实时跟踪社会话题、舆论热点，动态分析用户习惯和行为偏好，将精确细分的新闻内容与用户进行智能匹配，实现融合新闻精准运营一体化。

第三节　融媒体生产平台的搭建

2014年以来，作为媒体融合发展的一项举措，国内传统媒体兴起了建设新媒体平台的热潮，网站、微博、微信公众号、头条号、百家号、App等配套平台，搭建起完整的全媒体平台体系。新闻生产平台的搭建包括两个方面：一是物质层面的生产平台，如“一报、一网、一端、两微”；二是适应全媒体新闻生产的组织架构的重组。建设新型主流媒体，推动传统媒体与新兴媒体融合发展就是实现传统媒体的互联网化，主要趋势就是要建设生态级媒体平台。这个平台要拥有强大的用户吸附能力和用户黏性，能够建立与外界的全面连接，可以使公众在这个平台上进行充分的信息交流。[①]

目前，融媒体生产平台主要有两类：“中央厨房”和县级融媒体中心。

一、“中央厨房”

当前，作为全媒体传播体系的重点，融合新闻的采编运营一体化中心——“中央厨房”建设成为媒体融合的“龙头工程”。从中央到地方的各级各类媒体都积极提出了自己的全媒体战略，并在媒体融合的新闻实践中开展了诸多尝试，打造符合自身发展特点和需求的“中央厨房”，比如人民日报“中央厨房”、新华社全媒体报道平台、《光明日报》融媒体中心、《中国青年报》“融媒小厨”、湖北广电集团“长江云”、《浙江日报》“中央厨房”等。虽然不同媒体的“中央厨房”各有特点，实践路径也不尽相同，但基本上都遵循了“新旧融合、一次采集、多种生成、多元发布、全天滚动、多元覆盖”的基本思路。[②] 实际上，“中央厨房”既是一个全媒体发布平台，也是一个实现“一体化督导、全盘化掌控”的信息控制中心。[③]

2017 年 1 月，时任中宣部部长刘奇葆出席推进媒体深度融合工作座谈会时指出，重构采编网络、再造采编发流程是媒体深度融合最需要突破的难点，是建设新型主流媒体必须攻克的“腊子口”，“中央厨房”就是融媒体中心，推进媒体深度融合，“中央厨房”是标配，是龙头工程，一定要建好、用好。[④]

（一）人民日报“中央厨房”

2014 年，人民日报媒体技术公司成立，积极探索媒体融合实践创新，建设在业界具有标杆意义的人民日报全媒体新闻平台——“中央厨房”，并于

---

① 参见宋建武：《未来媒体将是平台型媒体》，《光明日报》2016 年 11 月 5 日。

② 参见《我国媒体融合步入深水区　各媒体“中央厨房”建设一览》，人民网，2017 年 8 月 11 日，http://media.people.com.cn/n1/2017/0811/c14677-29464293.html。

③ 参见何炜、张旸：《“中央厨房”烹制新闻美味——人民日报全媒体平台创新融合发展途径的实践》，《中国报业》2016 年第 7 期。

④ 参见刘奇葆：《推进媒体深度融合　打造新型主流媒体》，《人民日报》2017 年 1 月 11 日。

2017年开始常态化运营。

“中央厨房”又称全媒体新闻平台，被视为人民日报社推进媒体融合发展的核心平台。“中央厨房”本质上是新闻采编和指挥控制系统的最新升级版，以流程再造的方式实现集中指挥和可视化呈现，人民日报社最早开始使用，然后在全国各地推广。

1.媒体融合的业务、技术、空间平台

人民日报“中央厨房”利用技术手段和业务架构的设计，使整个媒体集团的新闻生产模式更趋于平台化，更利于资源的流通、共享，力求让报社内的各个子媒体在保持自身特色的同时，在“中央厨房”这个平台上各取所需、团结协作，既统筹资源，又维持各自特性，打造一个可以双赢、互赢的平台。[①]

人民日报“中央厨房”全媒体平台在组织架构上由三个层面构成。

一是业务平台。“中央厨房”摸索出一套成熟完善的内容生产、协作、分发的业务模式，将传统意义上的采编人员重新定义为指挥员、信息员、采集员、加工员、推销员、技术员等。指挥员针对重大选题进行策划与指导，其他各“员”进行有效的分工合作，最终送达人民日报旗下各发稿终端以及有合作关系的国内外媒体终端，从而实现重大报道“一体策划、一次采集、多种生成、多元传播、全天滚动、全球覆盖”，以及新兴媒体与传统媒体、网上与网下、母媒与子媒、国内媒体与国外媒体的四个“联动”。

二是技术平台。人民日报“中央厨房”1.0版本由6个功能模块组成，包括内部用户管理系统、互联网用户管理系统、传播效果评估系统、可视化产品制作工具、新媒体内容发布管理系统、报纸版面智能化设计系统。这套系统为全媒体平台的业务运行提供强有力的技术支撑。其中，内部用户管理系统和互联网用户管理系统用以管理用户数据，可帮助新闻产品生产者把握用户的阅读习惯和偏好；传播效果评估系统会对每一则新闻产品进行统计分析与定向监测，获取用户的实时反馈，从而了解产品的传播效果；可视化产品制作系统着力对内容进行可视化处理，支持在线制作、发布可视化产品，如H5、短视频、数据新闻、新闻游戏等；新媒体内容发布管理系统是面向特定用户的互联网内容管理平台，允许非技术人员进行产品统筹，实现内容一站式管理和一键式发布；报纸版面智能化设计系统是一个集即时版面规划、内容编排、审核批阅和信息查阅等功能于一体的智能化设计平台，能够

---

① 参见何炜、魏贺、张旸：《人民日报“中央厨房”：探索新闻生产新模式》，《新闻与写作》2016年第9期。

有效提高报纸版面的整体编排效率。在六大模块的协同发力下,“中央厨房”实现了对内容分发、传播效果监测、舆情监测、用户行为分析等方面的有力管理,并逐步形成新媒体优先发布、报纸深度发掘、全媒体广泛覆盖的工作模式。

三是空间平台。人民日报全媒体大厅是全媒体平台的物理呈现与主要载体,是整个报社新闻采编与运营管理的指挥中枢和中控平台,社领导可以在此调控旗下所有媒体,高效实现全媒体产品的采集、制作与发布。

2.烹制优质融合新闻“大餐”

在先进技术的支撑下,人民日报“中央厨房”在适应融媒体生态、推动全媒体传播体系建设方面取得了令人瞩目的成绩,成为媒体融合的“样板”。围绕全国“两会”、建党 90 周年、改革开放 40 年、新中国成立 70 年、新冠肺炎疫情等重大事件,人民日报“中央厨房”通过集约化的制作流程、多极化的信息开发、生态化的管理运营,推出了一系列优质的融合新闻产品,搭建起一个面向受众、面向国际、面向未来的新一代内容生产、传播和运营体系。

2015 年习近平主席访美期间,“中央厨房”共向海外推送 57 篇原创作品,在 35 个国家的 246 家媒体实现 538 次落地,几乎涵盖所有国际主流媒体;人民日报脸书、推特账号中的相关报道阅读量也超过了 5400 万。策划制作的视频“Who is Xi Da-da?”在《人民日报》脸书账号首发后,美、加、英、法、德、印等十余个国家的主流媒体相继对其进行专题报道,包括路透社、纽约时报等国际知名媒体。

2016 年全国“两会”期间,人民日报“中央厨房”通过整合多样的传输渠道,以及对新闻素材进行“加工”和“调味”,推出一系列集新闻性、趣味性、互动性于一体的融合新闻产品。例如,H5 新闻《人大新闻发布群,傅莹邀请你加入群聊》将全国人民代表大会新闻发言人傅莹回答记者提问的现场,以微信群聊的形式展示出来,通过交互式的对答界面,将“两会”的严肃议题同日常生活的轻松氛围巧妙地结合在一起;H5 新闻《你有一份来自总理的神秘快递》设计了一个快递签收的场景,根据用户的社会角色设定,把对应的“两会惠民清单”递送到用户面前;H5 新闻《看! 有人把“十三五”画下来了》以手绘稿的形式,把国家发展融入个人与家庭的变迁中,展现了浓厚的家国情怀。

3.跨界融合,联动运营

人民日报在全媒体新闻平台(“中央厨房”)建设取得阶段性成果和经验

的基础上，规划建设推进媒体行业融合的新一代平台体系——全国党媒信息公共平台。平台于 2017 年 8 月 19 日正式启动，建设内容可以概括为“百端千室一后台”，即以人民日报全媒体新闻平台为基础，与全国各级各类媒体，党政机关、企事业单位的新闻宣传部门合作，联通数百个客户端，孵化融媒体工作室，在保持各类端口后台独立运营的前提下，打造一个共享的技术后台，从而构建面向全国党媒的人才共享、内容共享、技术共享、渠道共享、紧密协作的公共平台。截至 2021 年 3 月，党媒平台已与近 350 家入驻单位签订了合作协议，并在渠道和内容上逐步完成数据互通。①

（二）对“中央厨房”的争议

“中央厨房”成效突出，存在的争议也比较大，有提倡的，有中立的，也有反对的。

支持者对其前途表示高度乐观，宣称建立“中央厨房”的目的在于“实现传统媒体与新媒体记者、编辑、主持人、制作人等角色的自由切换，造就融媒体时代的‘全能型记者’”②。在技术层面上尽可能地使采编流程实现智能化，以提高采编效率，并智能分析受众行为和社交媒体中特定舆论场的舆论状态；在业务层面，使各部门的“分灶吃饭”打通为“中央厨房”，传统意义上的采编人员“被重新定义为指挥员、信息员、采集员、加工员等岗位”，以致力于使新闻产品生产实现“一体策划、一次采集、多种生成、多元传播、全天滚动、全球覆盖”的高效形态。③ 重庆日报报业集团“中央厨房”负责人崔健认为，“中央厨房”不只是对生产体系流程的改造，组织架构、人员调度、主题设置、管理考核等也要实行一体化，“中央厨房”倒逼整个重庆日报报业集团进行深度转型。

也有学者认为，现在建设的“中央厨房”意义有限，因为它是一种规模化的资源配置中心，体现的是一种规模经济逻辑，只有拥有众多共性需求的使用者运用时它才会产生显著作用。而这几年发展迅速的新媒体所造就的最大市场却是分众化，满足个性化需求的市场，“中央厨房”的模式还停留在过

① 参见左志新：《以技术创新为驱动 打造全媒体新生态——访人民日报媒体技术公司董事长、总经理何炜》，《传媒》2021 年第 6 期。

② 王君超：《从“中央厨房”看媒体深度融合》，《光明日报》2017 年 1 月 16 日。

③ 参见何炜：《“中央厨房”——探索融合新闻生产新模式》，2016 年 08 月 22 日，http://media.people.com.cn/n1/2016/0822/c120837-28656152.html。

去那种满足普遍需要的共性内容生产的层面。[①]

还有学者对“中央厨房”式媒介融合路径发起追问：在新的信息技术带来的全新传播生态下，投入巨资打造的“中央厨房”式融合改革能否带领传统媒体走出困境？“中央厨房”要想赢得未来，媒介经营者就必须对建设“中央厨房”有清醒的认知，这种认知来自以下两个追问：目前传统媒体面临的最大问题是什么？“中央厨房”能否解决这些问题？第二个问题还可以进一步转化为三个具体问题：内容生产流程重塑等能否触及用户需求痛点？传播渠道融合等能否解决用户匹配及链接问题？媒介组织重构等能否有效降低用户获取和维护成本？只有弄明白了媒体最需要什么、现有举措能否解决急需问题，“中央厨房”改革才会有效用。[②]

当下，中央和省级媒体对“中央厨房”的态度已经不再是要不要建的问题，而是必须建并且必须建好的问题。要切实发挥“中央厨房”在媒体融合发展中的龙头作用，必须认真辨析“中央厨房”的真实含义，破除对“中央厨房”的一些错误认识，才能少走弯路。

二、县级融媒体中心

2018 年 8 月 21 日，全国宣传思想工作会议上，习近平总书记提出要“扎实抓好县级融媒体中心建设”，把“引导群众、服务群众”作为建设标准。我国的媒体融合从以传媒集团“中央厨房”建设为主要特征的第一阶段，迈入以基层“县级融媒体中心”建设为标志的第二阶段。[③]

（一）县级融媒体中心现状

2018 年 9 月 20 日，中宣部召开县级融媒体中心建设现场推进会进行整体部署，要求 2020 年底基本实现县级融媒体中心的全国覆盖。自上而下的强力推动收到了立竿见影的效果：北京市在短短两个月内完成了区级融媒体中心的全面布局；河南、湖南、陕西、重庆、吉林、内蒙古、江西等省份的区县在政府宣传部门的直接推动下，县级融媒体中心的挂牌工作和试点建设

① 参见《观媒对话喻国明：“中央厨房”大而化之无法满足个性需求》，2016 年 10 月 12 日，http://www.sohu.com/a/115995778_465245。

② 参见程忠良：《人工智能时代“中央厨房”式媒介融合路径的追问》，《编辑之友》2019 年第 5 期。

③ 参见朱春阳：《县级融媒体中心建设：经验坐标、发展机遇与路径创新》，《新闻界》2018 年第 9 期。

呈燎原之势。县级融媒体中心发展过程中也涌现了众多发展“模式”：浙江长兴模式、邳州模式、项城模式、吉林模式、北京模式、顺义模式、延庆样板、长江云样板、太仓探索、玉门经验等。①

（二）县级融媒体建设与发展的模式

有学者把目前县级融媒体中心建设概括为四种模式。②

（1）“广电＋报业”的“中央厨房”模式。这一模式主要以北京延庆区融媒体中心为代表。由于延庆是2022年北京冬奥会的主赛场区县，因此为服务国家大局，在人民日报媒体技术公司的支持下，建设了国内首家区县级“广电＋报业”模式的“中央厨房”，对内进行整合重构，将下属的广播、电视、报纸、网站、客户端等传播资源整合成“中央厨房”，打造全媒体平台；对外则进行资源链接，与中央和北京市属媒体、技术公司联合，借鉴先进融媒体经验，加速自身融媒体中心的建设。作为全国首家“广电＋报业”模式的延庆融媒体中心，入选国家新闻出版广电总局优秀案例和2019“指尖融媒榜”最具影响力县级融媒中心。

（2）以广电为先导的移动传播矩阵模式。这一模式以甘肃玉门融媒体中心为代表，主要是以县域内最具影响力的广播电视台为融合原点，在此基础上嫁接报纸、网站与新媒体，以点带面，形成移动传播矩阵。如玉门融媒体中心以玉门市广播电视台为基础，建设了“一中心”（“祁连云”）、“四系统”（融媒体报道指挥系统、融合生产系统、全景演播室系统和融合媒资管理系统）和爱玉门 App 的融合媒体共享平台，构建了广播、电视、微博、微信、Web、App、户外大屏、全城免费 Wi-Fi 的传播矩阵，在增强县域传播能力的基础上，强化服务功能，为县域用户提供公共服务和生活服务，逐步将行政审批服务、社会治理服务、社区服务、生活服务等工作和功能融合到融媒体中心，打造群众“指尖上的服务窗口”。玉门市融媒体共享平台也获得2018年甘肃省宣传思想文化工作创新奖。

（3）组建县域传媒集团模式。这一模式主要以浙江长兴为代表。长兴融媒体中心由长兴广播电视台、长兴宣传信息中心、县委报道组、“中国长

① 参见朱春阳、曾培伦：《“单兵扩散”与“云端共联”：县级融媒体中心建设的基本路径比较分析》，《新闻与写作》2018年第12期。

② 参见李彪：《县级融媒体中心建设：发展模式、关键环节与路径选择》，《编辑之友》2019年第3期。

兴”政府门户网站等跨媒体整合而成，成立了全国第一家县级传媒集团——长兴传媒集团。2018 年 9 月 20 日至 21 日，中宣部在浙江省长兴县召开县级融媒体中心建设现场推进会，将长兴模式作为全国县级融媒体中心建设的示范样板在全国推广。长兴融媒体中心在融合策略上以移动端为优先战略，推出了“掌心长兴”微信公众号、“掌心长兴”App 以及短视频、掌心音频、微直播、微游戏、VR 等多种类型的融媒体产品；在技术创新上，充分运用 4G 传输、流媒体传输、移动直播、无人机采集、全景拍摄等技术，积极探索新技术、新媒体下的传播新形态；在人才培养上，以培养“一专一尖全能”的融媒体人才为目标，每年投资超 100 万元，实施“万物生长”融媒人才养成计划，培养名师名家；在产品创新上，基于“长兴帮”频道和“长兴帮”App 推出了“电视看单，手机下单”的“电视＋电商”模式，介入汽车、家装、房产等行业，利用“媒体＋产业链”模式，提供吃、喝、玩、乐、购等 O2O 服务、本地资讯服务和政务公共服务；在经营模式上，探索多元经营模式，开展以活动和产业为主的媒体类服务，如承接社会上纪录片、宣传片等视频制作工作，推出“小记者采访大记者”“小记者跑‘两会’”等活动。

(4)借力省级“媒体云”平台模式。这一模式是目前大多数县级融媒体建设选择的主要模式，主要由中央或省市级媒体建设“媒体云”，提供云制作、云汇聚、云转播和运营解决方案，帮助县级媒体打造县级融媒体中心，如“津云”“长江云”“四川云”“新湖南云”……省级媒体推出媒体融合“中央厨房”，区域内的传统媒体和新媒体都可以入驻云平台，并可以利用云平台大数据为新闻的采、编、发提供数据支持，实现信息的内部融合，进而实现“一次采集、多次生成、多元发布、多平台互动”。这一模式下的县级融媒体中心，可以以较小的代价共享省级融媒体中心的公有云平台的各种资源，实现公有云平台与本地媒体资源的交叉融合，进而形成上下联通、纵向整合的现代传播体系。

另外，有学者认为前三种模式走的是“单兵扩散”的路径，具体做法是将县级广电、县级报纸和县党委政府开办的网站、内部报刊、客户端、微信、微博，以及县党委新闻中心或宣传报道组等所有县域公共媒体和宣传资源统统整合起来，完成自我整合，并在此基础上尝试与外界资源进行对接，即以“单兵”基础上的“扩散”姿态来实践媒体融合。这种路径的优势体现在：一方面给了地方较大的操作空间，可以根据资源情况控制融媒体中心的建设规模；另一方面充分利用了当地实力最强的广播电视台，其视频化的生产业态，也离融媒体的业务需求更为接近，可减少一定的建设成本。第四种模式则是云端共联，即通过将区县媒体资源接入高层级媒体的“融媒体云”，快捷地在云端完成融媒体中心建设。这种“高层媒体建云，基层媒体加入”的方式，在系统性上具有明显的优势，不但有利于技术标准的统一，而且也利于新闻宣传、舆论引导的高效。“单兵扩散”路径强调对区县内资源的整合，“云端共联”路径则注重对上级融媒体网络的对接。[①]

三、媒体融合的未来发展

2021 年 3 月，十三届全国人大四次会议通过的《中华人民共和国国民经济和社会发展第十四个五年规划和 2035 年远景目标纲要》（以下简称《规划和纲要》）明确提出：“推进媒体深度融合，做强新型主流媒体。”《规划和纲要》旨在推进媒体融合改革向深度进行，并在时间和空间两个维度提出要求：时间上强调了媒体融合改革的历史性与紧迫性，空间上强调了媒体融合的全局性与广泛程度。“十四五”期间，需要在第一阶段改革成果的基础上，继续深化媒体融合改革，突出全媒体平台建设、深化县级融媒体中心核心建设任务、打造全媒体传播体系、构建完善媒体四级融合新发展格局。[②]

（一）以用户数据为核心资源的全媒体平台

在媒体融合进程中，从中央媒体到县级媒体都借助数字技术打造了诸多全媒体平台，然而，不少媒体打造的全媒体平台在数据资源的获得和转化能力方面与第三方平台（如两微、抖音、今日头条）之间还存在较大差距，有些地方的改革并没有形成平台优势，反而增加了固定资产折旧的风险。媒体的全媒体平台与第三方平台的差距不仅仅在于技术，更重要的是对资源的数据化整合。

用户接入是全媒体平台的首要问题。很多全媒体平台也作了一些努力来建设用户入口，比如常见的生活缴费就是一种尝试，但是效果并不理想。微信、支付宝与抖音是三个超级用户入口，它们已形成的用户资源优势以及场景闭环，使得用户一旦由某个入口接入，就只会在这个闭环中进行场景的

---

① 参见朱春阳、曾培伦：《“单兵扩散”与“云端共联”：县级融媒体中心建设的基本路径比较分析》，《新闻与写作》2018 年第 12 期。

② 参见胡正荣、蒋东旭：《全媒体传播体系与四级融合新发展格局》，《中国编辑》2021 年第 5 期；胡正荣：《打造 2.0 版的县级融媒体中心》，《新闻界》2020 年第 1 期。

转换，用户被限制在某个由资本构建的平台空间，无法对外流动。媒体融合进程中，全媒体平台的进一步建设要注重对人们数字化生存需求的满足，形成数字生态圈，将人们的生活与媒介融合起来，真正做到网上网下一体。网上网下最终都以数据为基本单位，通过自有平台掌握一手的用户数据，形成用户画像，并指导全媒体产品的生产与服务。

（二）构建完善媒体四级融合新发展格局

2020年9月，中共中央办公厅、国务院办公厅印发的《关于加快推进媒体深度融合发展的意见》指出，要按照资源集约、结构合理、差异发展、协同高效的原则，完善中央媒体、省级媒体、市级媒体和县级融媒体中心四级融合发展布局。

传播学者胡正荣从循环思想的角度指出，中央媒体是大动脉，省级媒体是中动脉，市级媒体是小动脉，县级融媒体中心是末梢循环中的毛细血管，用户数据通过各级媒体回流构建静脉网络，最终形成了传播系统的循环回路。血管通畅是保证循环系统正常运转的基础，决定着机体的健康水平与发展状态，媒体作为当代社会的“血管”承担了类似的功能。四级融合的媒体新发展格局是当代社会发展的基础条件与结构，并决定与反映了社会发展水平。

需要注意的是，四级融合发展不是四级办广播电视，不是相同机构的四级重复建设，四级融合更确切地说是媒体融合的四类具体形态，存在融合、互嵌、连通、分工的关系，并共同建构中心明确、技术先进、运转高效、体制灵活的全媒体传播体系。

（三）媒体融合发展与社会治理

2019年10月31日，党的十九届四中全会通过《中共中央关于坚持和完善中国特色社会主义制度　推进国家治理体系和治理能力现代化若干重大问题的决定》（以下简称《决定》）。《决定》深刻阐释了坚持和完善中国特色社会主义制度、推进国家治理体系和治理能力现代化的重大意义和总体要求，提出构建社会治理的新格局，强调基层社会治理的实现方式，即通过制度化与现代化实现社会治理和服务重心向基层下移，将更多资源下沉，强调要实现精准化与精细化的服务，特别提出“构建网上网下一体、内宣外宣联动的主流舆论格局，建立以内容建设为根本、先进技术为支撑、创新管理为保障的全媒体传播体系”。

习近平总书记在2019年1月25日第十二次政治局集体学习时也指出，媒体融合发展不仅仅是新闻单位的事，要把我们掌握的社会思想文化公共资源、社会治理大数据、政策制定权的制度优势转化为巩固壮大主流思想舆论的综合优势。[①] 媒体融合发展必须加入社会治理中来，成为社会治理过程中的支撑系统。融媒体中心应该契合国家治理体系与治理能力现代化这个改革总目标，放在更高的区域治理高度和更大的智慧治理范围内考虑这个问题。对于县级融媒体中心来说，必须抓住时机，认清责任，将其主要的功能职责向基层治理方面倾斜，在建设初期就要明确一系列基层治理的需求，开发出能够满足地方治理的应用程序。县级融媒体中心应该定位为区域综合智慧平台，在这个平台上实现信息治理体系和信息治理能力的现代化。

第四节　融媒体新闻人才

融媒体时代，伴随着传统媒体与新兴媒体融合发展步伐的加快和深入，一方面，我们看到传统媒体不断裁员，新闻从业者纷纷辞职、转行；另一方面，我们也看到各家媒体机构对媒体类人才的需求仍然旺盛。融媒体时代，到底需要什么样的媒体人才呢？

一、全能型融合记者

媒介融合时代，信息整合化、全媒体化，仅靠单一媒体的工作流程已不再适应今天数字化的融合新时代。传统媒体中以文字、摄影、声音、视频等媒介元素来划分记者类别的方式，将变得越来越不可能。融媒体时代，新闻生产流程与方式发生了改变，记者要完成的是多媒体信息的采集、编辑与发布，这就要求记者既要能写、能拍、能摄还要能编、能剪，记者越来越向“全能型记者”“背包记者”转变。

“背包记者”是全能型记者的一个形象说法，记者为了工作时方便，把数码相机、摄像机、录音笔、笔记本、智能手机等多个新闻采录设备集中装在一个背包里，以便可以迅速奔赴新闻现场。

融媒体时代，并不仅仅是媒介信息的多媒体化。多媒体新闻未必就是

---

① 参见习近平:《加快推动媒体融合发展　构建全媒体传播格局》,《求是》2019年第6期。

融合新闻。融合新闻除了强调多种媒介元素的运用，还强调整体的融合性，强调与用户的互动。因此，融媒体时代，新闻记者需要具备多种综合素养，既要完善信息记录技能，更要不断调整知识结构与思维结构，具备多媒体叙事能力，具备用户意识。

（一）跨媒体信息发布能力

媒体融合时代，纸质媒体、广电媒体、网络媒体相互交叉，记者不再只为某一媒体服务。面对同一新闻事件，记者要为不同媒体平台写不同稿件。例如，在采访中随时更新微博，发布最新消息；采访时用录音笔、相机、摄像机、手机同时采集音频、视频甚至直播；采访回来撰写图文稿件，整理成广播声音新闻，剪辑成视频新闻，发布到报纸、网络、电台、电视台或微信、抖音等社交媒体上。

可见，记者需要在不同的媒体之间自由转换，并按照不同媒体对新闻时效性、深刻性的要求，以及媒介形式的特点，对新闻素材进行加工制作，多次发布，生产出满足不同终端受众多元化需求的信息产品。

（二）信息甄别能力

互联网等新兴媒体的出现，打破了传统媒体对新闻生产和传播的垄断。今天，任何人只要有手机能上网，就可以随时随地进行信息的采集与发布，参与新闻生产和传播。由于互联网的开放性，任何普通民众想要表达的观点、对社会事件的看法，未经查证和检验的信息都可以通过网络平台进行发布。这样一来，网络信息面临良莠不齐、真假难辨的困境。未来学家约翰·奈斯比特在1982年出版的《大趋势》中就警告人们："在信息社会里，没有控制和没有组织的信息不再是一种资源，它反倒成为信息工作者的敌人。"

互联网海量且良莠不齐的信息，对记者提出了挑战，媒介融合时代，要求新闻记者从信息提供者向信息筛选者转变：从少量的信息中筛选出有价值的、受众感兴趣的有效信息，从真假难辨的信息中过滤出真实的信息。因此，融媒体时代新闻记者还必须具备信息甄别能力。

（三）新闻产品开发能力

媒介融合时代，信息的多种传播渠道高度融合，人们可以根据阅读喜好和习惯自由地选择信息接收方式。由于不同个体信息消费理念和方式不同，不同的平台又有不同的受众，而且不同传播路径也决定了信息形式和内容的不同，不同平台的运营方式也决定了人们接收方式的不同。因此，融媒体时代，新闻产品若想最大限度地覆盖受众，取得最好的传播效果，就必须针对不同平台的特点、不同受众的喜好，依据不同媒体的优势来进行新闻产品的多次开发。“一次采集、N次加工、多元化生成与多终端适配”已成为融合新闻的生产模式。

互联网时代，新媒体的超级共享性使得同一题材新闻的撞车和雷同现象十分突出，这样的情形下，传统媒体靠独家新闻赚取眼球成为一件难事。而通过对新闻资源的再开发，进一步加工生产新闻，通过创造性的策划，最大限度地挖掘与拓展新闻的内涵和外延，发掘新闻传播的广度和深度，则可以有效帮助媒体绕开新闻源的激烈竞争，在再次开发中取得更好的传播效果。新闻内容的竞争在媒介融合时代仍是重要的竞争手段。因此，融合新闻记者必须具备新闻产品多次开发的能力，通过独特的角度和思维模式，结合自身价值观、审美观对新闻事件做出独到的解读，生产出创新的产品。

（四）信息服务和用户意识

媒介融合时代，独家的信息加工视角、信息处理手段和信息表现方式，虽然是媒体吸引受众的有效手段，然而互联网的开放性也使得这些视角、手段和方式可以轻而易举地被复制和传播。尽管媒介融合时代新闻产品的内容优势仍占有重要地位，但是只注重内容显然已经不合时宜。

互联网上，人们不再是被动的信息接收者和消费者，而是主动的生产型用户，他们往往从兴趣爱好和个性需求出发，并且随时游走于不同新闻媒体、平台和产品。优质的新闻内容可能吸引人们的注意力，但不一定能够将人们吸附于媒体，激发人们对媒体的依赖性。只有以用户需求为中心，站在用户角度思考问题、解决用户痛点，在满足用户需求的同时丰富用户的体验，提升用户的黏性，才能给媒体带来更大的收益。因此，融媒体时代，新闻记者要从新闻产品的生产者转化为信息服务的提供者，确立用户思维：在新闻产品生产前了解用户的需求，对融合新闻产品准确定位；在产品生产过程中，以满足用户需求和丰富用户体验为核心设计产品；在产品发布时，与用户展开互动，通过持续交流建立起相互需要的牢固关系。

二、融合型新闻编辑

新闻编辑指新闻媒体中，从事媒介产品生产过程中的决策、组织、选择加工、产品设计等综合性工作的总称，同时也指从事这些工作的专业人员。传统媒体时代，编辑一般按照不同媒体分类，如报纸编辑、电视编辑、网络编辑，或者同一媒体内按照不同的工作内容进行分类，如文字编辑、视频编辑、图片编辑。新闻编辑在新闻传播活动中是一个比较独特的角色，处于信息采集者、记者与受众之间，是信息的把关人、过滤者，是记者、信息、媒体与受众之间的中介，担任着信息的决策、选择、优化和表现等工作。

互联网时代，多媒体融合成为新闻编辑工作的语境，编辑面临这样一个现实：传统信息传播的流程和模式都已经改变，新闻编辑的工作内容、工作状态甚至思维方式都在不知不觉地发生变化。一次采集、深度开发、多重发布取代了过去的一次性采访与信息发布。传统媒体向融合媒体转型变化最大的不是信息采集与写作，而是信息编辑阶段对新闻信息的整合、加工。传播渠道和信息载体的多元化，推动了新闻编辑部组织结构以及角色和功能的变化，对新闻编辑的素养和能力提出了新的要求。

（一）编辑策划能力

一篇完整的新闻作品从确定选题、制定报道方案、协调记者分工、确定报道内容、设计报道形式各个环节，都离不开编辑人员的编辑策划。可以说，新闻报道就是编辑对新闻资源进行合理规划与利用，从而达到最佳传播效果的过程。这一过程需要编辑掌握各种媒体技术，熟悉不同媒体的传播优势，突破不同媒体之间报道手段的界限，从而生产出更有创造性、创新性的新闻产品。

互联网时代，海量信息的存储为编辑提供了丰富多元的资源和更大的发挥空间，融合编辑成为多种传播形态新闻产品的集大成者。新闻编辑的策划意识与策划水平逐渐成为融合编辑的基本素质。融合编辑需要在新闻报道前，根据不同的媒体平台，确定不同的报道对象与范围、报道的重点，协调记者分工，分配媒体资源，根据不同传播渠道和用户喜好对新闻产品进行分类生产，实现对新闻全方位、多角度、多观点、立体化的报道，提高新闻资源的使用效率，扩大媒体的综合影响。

（二）信息资源整合能力

传统媒体的报道方式往往是单一的、分离的。而在融媒体时代，原有的不同媒体工作者之间的界限被逐渐打破，编辑不再受文字编辑、图片编辑、视频编辑、网络编辑等工作内容的限制，通过融合媒体编辑平台对多种传播内容进行组织、加工与传播，编辑的媒介属性消失，而且处于新闻现场的记者往往会发回两种形态以上的媒体报道。这意味着融媒体时代的编辑要具备多元编辑能力和信息资源整合能力。如果编辑不能很好地整合新闻，展示最有价值、受众最感兴趣的信息，即使再重要的信息也只能淹没在信息的海洋中。而且，编辑还要能够将不同媒体平台的内容进行融合创新，按照不同媒体平台的特色与传播特点生产出相应的媒体产品。

（三）协调统筹能力

融媒体转型发展过程中，不少媒体成立“中央厨房”“中央编辑部”，其目的之一就是实现资源共享，降低生产成本。这个资源既包括新闻资源，也包括人力资源。在“中央厨房”，报纸、网站、客户端、微博账号、微信公众号等多个出口完成了整合和统一，多个出口变成了“浑然一体”的一个出口，整合在统一的编辑部。如果不能做到“统一指挥，统一把关，统一理念，统一步调”，“中央厨房”就不会真正发挥“龙头”作用。融媒体“中央厨房”式的生产模式要求编辑具备强大的资源配置能力和协调统筹能力。

三、懂新闻的技术人才

大数据、5G、人工智能、物联网等信息技术的发展推动着传播技术的迭代升级，全媒体传播体系、媒体融合发展速度加快。新闻业与技术的联系越来越紧密。融合新闻生产过程中，采编平台搭建、大数据挖掘与分析、产品可视化设计、内容分发数据库建设、用户数据搜集、算法推荐……这些环节都离不开技术人才。融媒体时代，技术人才已经从新闻生产的后台走到了新闻生产前线，并且发挥着越来越重要的作用。当然，在媒体里工作的技术人才除了懂技术以外还要懂新闻。

四、团队合作人才

传统新闻业务以单一媒介形态为基础，各媒介形成了自己独特的新闻采编流程，而媒介融合打破了这种不同媒介之间的限制和流程，要在全方位技术运用和综合媒介形态基础上整合新闻传播，建立新闻生产与传播新平台、新流程与新模式。因此，新闻生产与传播越来越体现为团队合作与管理，而非记者编辑的个人智慧。

2012 年卫报《解读骚乱》的数据新闻，即由卫报网站与伦敦政治经济学院合作，组成报道团队，包含 100 多名记者、学者、研究人员，并得到开放社会基金会等的支持，历时一年多完成报道。2020 年 12 月 31 日 0 点 0 分0 秒起，新华社 26 个国内分社联动 100 余名新华社记者，开启 24 小时全媒体直播《大国小村的那些脱贫故事》。从国内外新闻实践来看，近些年获得新闻奖项的新闻报道，基本上都是团队合作甚至兵团式作战的结果。

另外，媒介融合虽然要求记者向全能型记者发展，但是不应当“重视多能，忽视一专”，而是应包容不同专长的人才，要求他们在团队中正确理解自己的角色，发挥应有作用，通过集思广益、博采众长共同完成。这就要求融合新闻人员要具备团队合作能力和协作意识。

五、融合型产业经营与管理人才

互联网时代，不同媒体之间的界限消失了，不同行业之间的壁垒也在不断打破，形成彼此渗透、相互融合的局面。融合新闻生产不只是采编和内容制作，还包括全方位盈利模式的探索，与其他行业、平台、终端的跨界合作。因此，融媒体时代，还需要能够跳出新闻行业，着眼于整个互联网生态，进行整合传播策划的高层次产业经营和管理人才。

2019 年，新华社与搜狗公司合作，整合了自身的内容优势和搜狗的技术优势，推出站立式 AI 合成女主播，播报“两会”新闻，被视为新闻行业的一次重要革新。这些都是新闻跨界融合的代表性实践。可以预见，未来跨界合作的趋势会持续增强，对融合型产业经营与管理人才的需求也会持续增多。

六、综合能力突出的专业人才

有学者运用定性比较分析方法，基于公开途径选取了 101 个与新闻传播专业相关的采编业务、内容制作、运营、广告与公关等岗位的实习生或正式员工的招聘信息，分析了传统媒体传统岗位、新媒体岗位以及互联网企业岗位三种不同岗位类型对人才的需求，发现在业界需求中，按重要程度排名前三的是个人综合能力、智力素养、专业能力。其中，新闻传播人才的协调能力、协作能力、组织能力、沟通能力、体能、心理抗压能力、表达能力、策划能力、学习与钻研能力、视野等个人综合能力极为凸显。新闻传播人才也应具备互联网思维、分析思考能力、解读能力、理性的调查研究能力、批判性思维、创新能力等智力素养。另外，研究还发现，从传统媒体到互联网媒体，新闻传播的专业基础技能，如写作能力、新闻敏感性、信息传播基本技能、策采编播评、摄影与摄像等专业能力仍是新闻传播人才必备能力。[①] 全媒体环境下，虽然数据与计算机科学成为当前媒介发展和演进的驱动力之一，但这并不意味着新闻人才培养要以技术至上，相反，应该着眼于技能、实务和实际应用，加大对于学生的专业基础训练。在人人皆媒、万物互联的时代背景下，新闻传播专业能力、智力素养与个人综合能力应该得到进一步强化。

第五节　融合新闻的未来趋势

融合新闻是技术快速更迭的产物，互联网、多媒体、移动互联网以及人工智能技术的发展都为融合新闻的主流化提供了坚实的技术基础。基于当前融合新闻的发展现状、传播技术，本节将重点探索人工智能技术与融合新闻生产，探讨人工智能时代的新闻生产趋势。

一、人工智能技术与新闻生产

移动化、社交化和智能化被认为是传统媒体转型的三种重要路径。其中，数据分析技术、人工智能技术、物联网技术等发展驱动的智能化为新闻业带来了一场从生产流程到内容形态的革命。

人工智能已经深深嵌入人们的日常生活，如语音助手、购物时的刷脸支付。在新闻生产领域，早在 2010 年机器人写稿就已经被一些新闻媒体采纳，成为常规的新闻生产方式之一。2019 年全国“两会”期间，新华社联合搜狗公司推出了全球首个 AI 合成女主播；2020 年全国“两会”之际，双方又联合发布了全球首个 3D AI 合成主播“新小微”。“新小微”以新华社记者赵琬微为原型，基于超写实 3D 数字人建模、多模态识别及生成、实时面部动作生成及驱动、迁移学习等多项人工智能前沿技术，在 AI 算法的驱动下，只需输入文本内容“新小微”就能根据语义实时播报新闻，其表情唇动、肢体动作和语音表达高度契合、自然逼真。

另外，随着物联网时代的到来，任何一个物体都可以安装传感器，传感器技术作为一种感知技术，能够突破人类感知（视觉、听觉、嗅觉、触觉）的极限，得到之前难以获取的海量数据与信息。而对于新闻业来说，利用传感器

---

① 参见吴炜华、张守信：《全媒体人才之业界需求：基于定性比较分析方法》，《现代传播》（中国传媒大学学报）2020 年第 3 期。

一方面可以生成或搜集数据，进行信息采集，另一方面可以收集用户反馈体验，对收集到的数据进行分析、可视化，使用数据支持新闻报道。如今，个体的可穿戴设备中有各种各样的传感器，如压力传感器、温度传感器等，这些传感器中的数据都可以成为新闻的素材和反馈手段。可以预见，传感器新闻亦将成为应用越来越广泛的新闻类型。

总体而言，人工智能技术在不断地向新闻业渗透，重塑了新闻的生产流程及表现形态，在新闻的选题策划、信息采集、信息加工等内容生产和分发的各个环节中，智能化技术都发挥着至关重要的作用。2019 年 1 月 25 日，习近平总书记在中共中央第十二次集体学习时指出，要探索将人工智能运用在新闻采集、生产、分发、接收、反馈中，全面提高舆论引导能力。[①]

二、新闻采编的智能实践

对于新闻生产而言，人工智能技术改变了信息采集、写作和编辑的流程，全方位提升了新闻舆论工作的效力和效果。

（一）智能信息采集

传统媒体时代的信息采集主要依赖记者的人力，而在智媒时代，以传感器为载体、大数据技术为支撑的智能采集成为可能。2017 年，腾讯推出的写作机器人 Dreamwriter 接收到武汉长江大桥上的传感器收集的数据，在 0.5 秒内生成新闻稿《长江大桥 11 月日均车流量 9.2 万日高峰车流10.4 万》。自此，武汉长江大桥成为全国首个传感器“通讯员”。

传感器等智能技术“延伸”了记者编辑的感官，使其可以调查无法亲自看见、听见与接触的报道对象，获取更多的、可量化的数据。传感器技术的运用是对传统信息采集方式的创新，它不限于对声音、图像等常规信息的采集，还能借助无人机、卫星等设备采集常规手段难以获取的信息。并且，这类数据不仅便于计算机处理，更为挖掘、分析现象背后的深层事实提供了重要支撑。2017 年，在新华社“媒体大脑”的发布会上，融合新闻生产团队通过摄像头、无人机等传感器采集发布会现场的语音和视频数据，再由智能程序对这些数据进行识别分析，判断其新闻价值并撰写新闻稿。

除采集建筑、车辆等物理信息外，传感器还能够采集人的心跳、体温、地

---

① 参见《习近平在中共中央政治局第十二次集体学习时强调 推动媒体融合向纵深发展 巩固全党全国人民共同思想基础》，《人民日报》2019 年 1 月 26 日。

理位置等感官无法直接获取的信息。新华网开发的生物传感智能机器人Star,可以利用传感技术获取用户在特定场景下的生理数据,并根据内置的人工智能算法解读原始数据及映射出的用户心理状态,并通过相应的写作程序自动生成报道。2018年“两会”期间,Star以一套科学“读心术”生产出国内首条生理传感新闻:《更懂你:政府工作报告这样让你怦然心动》。在总理作《政府工作报告》的100多分种内,Star描绘出观众的“情绪曲线”,精准分析出人们“心潮澎湃”的瞬间,直接“触碰”人们内在的真实情感;《政府工作报告》中“直击人心”的那些话,由Star实时捕捉、自动计算得出,通过人机交互等技术转化为数值,同时自动生成体验报告。

(二)智能新闻写作

2015年9月10日,腾讯财经发布了题为《8月CPI同比上涨2.0%创12个月新高》的报道。报道内容本身没有什么特色,细心的网友却在文章的结尾发现一行小字:“本文来源:Dreamwriter,腾讯财经开发的自动化新闻写作机器人,根据算法在第一时间自动生成稿件,瞬时输出分析和研判,一分钟内将重要资讯和解读送达用户。”[①]这是国内第一篇由机器人完成的稿件。

2015年11月,新华社推出机器人记者“快笔小新”,用于撰写体育赛事英文稿件和财经信息稿件,大大提高了稿件的生产效率。2017年底,新华社发布国内第一个媒体人工智能平台“媒体大脑”,翻开了媒体智能化发展的新篇章。

经过几年的发展,机器人写作已经不再是一件新鲜事了。人工智能技术不仅能够完成简单的文字写作,还能生产图文并茂的报道甚至音视频作品,2011年创立于以色列的视频技术公司Wibbitz就致力于将文字报道直接转化为视频:平台首先会对文字报道进行语义分析,并自动从文章中抽取关键词、生成摘要,接下来从网上自动搜索获取相关图片加以匹配,最后将这些文字和图片信息瞬时整理转换成一个视频,视频中还会穿插炫酷的特效、朗读配音等。目前,今日美国、美国在线、福布斯等媒体纷纷将Wibbitz用于短视频的快速生产。新华社推出国内第一个短视频智能生产平台“媒体大脑·MAGIC短视频智能生产平台”,集纳了多项人工智能技术,世界杯期间该平台上最快一条短视频从进球到发布耗时仅需6秒,整个平台日均

① Dreamwriter:《8月CPI同比上涨2.0%创12个月新高》,腾讯财经,2015年9月10日。

产量可以达到1万条。①

三、算法新闻的崛起

算法是人工智能技术的核心，算法新闻亦成为智能新闻生产的重要组成部分。自2010年美国《洛杉矶时报》开始使用计算机程序自动写稿以来，算法逐步渗入新闻生产的各个环节，无论是运用数据挖掘和机器学习技术来辅助新闻调查，还是通过微软"小冰"等聊天机器人来优化读者的阅读体验，或是基于语料库和视频资料来自动生成稿件和新闻视频，这些应用主要源自算法的计算、排序、分类等基本功能。

算法的基本功能之一是计算。腾讯写稿机器人Dreamwriter在撰写关于国内经济发展的稿件时，能够快速根据公式计算出消费者价格指数的变化幅度以及蔬菜价格、猪肉价格等不同变量对该指数的影响。算法具有排序功能，即划分优先级，突出强调部分内容、淡化其他内容。例如，搜索引擎的搜索结果中不同网址呈现顺序的差异就体现了排序功能；今日头条、BuzzFeed等新闻分发平台也是根据算法来推算用户对新闻感兴趣的程度，并将新闻按照某种顺序加以呈现。算法还能实现基于分类的过滤功能，如优酷、抖音等平台的"青少年模式"都会根据算法对视频内容进行识别和预测，过滤掉那些不适宜儿童观看的内容。

从新闻线索的发现、新闻故事的生成、新闻写作的呈现与新闻推送，算法已被运用于新闻生产中的不同环节。其中，新闻推送是算法对新闻业影响最深的领域。算法推送新闻的工作原理是：首先基于大数据技术对人们在网络中留下的注册、登录、关注、收藏、点赞、评论、转发等数字痕迹进行分析，从而描绘出一幅幅用户画像，掌握每一位用户的性别、年龄、阅读兴趣、行为习惯等信息，同时对平台信息内容的主题、语义、情感等进行分析，然后用机器算法在信息与用户之间进行匹配，根据用户画像，为其提供量身定制的个性化新闻产品。有学者通过内容分析法对77名调查对象收到的今日头条信息推送进行分析，发现77名调查对象中没有人收到完全相同的新闻推送，这在某种程度上验证了算法推送能够实现信息传播的"千人千面"。②

---

① 参见孟笛、柳静、王雅婧：《颠覆与重塑：人工智能时代的新闻生产》，《中国编辑》2021年第4期。

② 参见王茜：《打开算法分发的"黑箱"——基于今日头条新闻推送的量化研究》，《新闻记者》2017年第9期。

四、智能新闻生产的问题

人工智能技术并不是万能的，在当前的实践中，算法逐渐暴露出诸多问题。基于算法的智能新闻生产出现了事实错误、违反伦理法规、不透明等问题。

2018年8月，一位程序员在微博上声称自己开发了一项应用，基于人脸识别技术将色情视频网站上的女性影像与Facebook、Instagram、抖音、微博等社交媒体平台上的女性照片进行匹配，“在全球范围内识别了10万多从事不可描述行业的小姐姐”[①]。这一应用引发了激烈的争论，一些网友指出了该应用涉及的伦理问题。首先，该软件无法确保100%的正确识别，如果识别错误，就涉嫌诽谤，侵犯他人名誉权；其次，软件收集数据和识别人脸的过程也涉嫌侵犯他人隐私和人格侮辱；再次，该应用以技术之名满足的是人们的窥私欲，特别是男性对女性的偷窥欲。

另外，人工智能技术所涉及的繁杂算法使得算法的运作过程正在“去透明化”。美国法学教授弗兰克·帕斯奎尔(Frank Pasquale)将这种建立在不透明算法基础上的社会称作“黑箱社会”(Blackbox Society)。[②] 算法新闻生产过程中所涉及的复杂技术无法为用户所理解或解释，新闻线索发掘、新闻文本写作、评论策展、标题制作、网页编辑、新闻分发等诸多流程被推进了“黑箱”，人类在现有认知水平下对算法的真实度、可信度、透明度难以判断。[③] 有学者则从新闻专业主义的角度出发，认为算法推送的信息分发机制，进一步冲击了新闻专业主义。新闻从业者职业共同体重构，“机器模式”下新闻专业实践式微，算法产生的“过滤气泡”阻碍了公共讨论，平台媒体的“市场模式”瓦解了公共性的根基，从而导致公共性缺位。[④]

五、人机合作

机器算法将是未来新闻生产的常态，如果只是因为目前机器算法给新

---

① 参见《“一图鉴渣女”的原谅宝重出江湖?》，天眼查，2020年4月18日，https://t.cj.sina.com.cn/articles/view/5690608944/1532fcd3002000nsi1? from=tech。

② 参见[美]弗兰克·帕斯奎尔：《黑箱社会：控制金钱和信息的数据法则》，赵亚男译，中信出版社2015年版，第200页。

③ 参见仇筠茜、陈昌凤：《基于人工智能与算法新闻透明度的“黑箱”打开方式选择》，《郑州大学学报》(哲学社会科学版)2018年第5期。

④ 参见任晓敏：《算法推送对新闻专业主义的解构与重塑》，《中国报业》2018年第5期。

闻专业主义带来的诸多冲击便主张抛弃算法，回归传统手工新闻生产，或者主张传统媒体全部退出平台媒体，无异于因噎废食。人们喜欢通过平台媒体获取新闻，除了与需求吻合之外，还在于平台媒体能为人们提供多数据形式、多来源、多媒体的信息。平台媒体的算法机制并不是新闻专业主义的终结者，而是更有力的推动者和维护者，具体做法可以通过算法优化、算法与专业新闻从业者相融合的人机结合模式来实现。

当前，算法还处于人工智能初级阶段，在应用中存在算法功能不完善、算法不透明、算法机制不一等问题。随着人工智能的不断发展，通过修正当前存在的问题，不断调整和优化算法，把更多指标纳入算法机制。同时，通过增加合作媒体数量，加大专业生成内容占比，优化网络爬虫技术，提高自媒体进入门槛，进一步保证优质内容资源，可以逐步规范算法对媒体的内容聚合和向用户的信息推送。

此外，人工智能的诸多不足恰恰凸显了人的价值，算法“机器模式”的缺陷正是新闻人“手工模式”的优势。彭兰认为，机器时代，人的价值的重新认识与定位，变得更为重要。因此，平台媒体通过实行“人机结合”，吸纳专业媒体工作者作为人工编辑，实施内容把关，将机器的高效率、精准性与人工的价值性、复杂性结合起来，可以实现新闻传播规模与优质内容的共同发展。

参考文献

一、著作

艾丰:《新闻写作方法论》,人民日报出版社 2020 年版。

陈立丹:《新闻理论十讲》,复旦大学出版社 2008 年版。

窦锋昌:《媒变——中国报纸全媒体新闻生产"零距离"观察》,中山大学出版社 2014 年版。

樊荣编著:《H5 交互融媒体作品创作》,中国人民大学出版社2020 年版。

冯健主编:《中国新闻实用大辞典》,新华出版社 1996 年版。

甘惜分主编:《新闻学大辞典》,河南人民出版社 1993 年版。

高钢、潘曙雅:《新闻采访与写作》,中国人民大学出版社 2018 年版。

龚彦方:《当代新闻编辑——从宏观思维到微观实践》,中山大学出版社 2015 年版。

李良荣:《西方新闻事业概论》,复旦大学出版社 2006 年版。

刘明华、徐泓、张征:《新闻写作教程》,中国人民大学出版社 2002 年版。

莫林虎主编:《财经新闻概论》,浙江大学出版社 2013 年版。

徐宝璜:《新闻学》,中国传媒大学出版社 2016 年版。

张柏兴、汪宗保、龙长征编著:《专业新闻报道》,浙江大学出版社 2005 年版。

张芹、刘茂华:《突发事件报道案例教程》,上海交通大学出版社 2013 年版。

周树春、胥晓婷、杨国强、徐兴堂:《新华通讯社 90 年 90 篇精品选》,新华出版社 2021 年版。

朱洁:《新闻采访100例》,四川大学出版社2013年版。

[美]比尔·奎恩:《生产消费者力量》,赖伟雄译,四川大学出版社2004年版。

[美]弗兰克·帕斯奎尔:《黑箱社会:控制金钱和信息的数据法则》,赵亚男译,中信出版社2015年版。

[美]杰里·施瓦茨:《如何成为顶级记者》,曹俊、王蕊译,中央编译出版社2003年版。

[英]安德鲁·查德威克:《互联网政治学:国家、公民与新传播技术》,任孟山译,华夏出版社2010年版。

二、期刊论文

陈力丹:《新闻记者首先要对真相负责》,《新闻战线》2011年第4期。

陈卓、张国:《中国青年报:"硬核"内容为王》,《青年记者》2020年第16期。

程忠良:《人工智能时代"中央厨房"式媒介融合路径的追问》,《编辑之友》2019年第5期。

仇筠茜、陈昌凤:《基于人工智能与算法新闻透明度的"黑箱"打开方式选择》,《郑州大学学报》(哲学社会科学版)2018年第5期。

邓建国:《时空征服和感知重组——虚拟现实新闻的技术源起及伦理风险》,《新闻记者》2016年第5期。

董天策:《网络新闻价值取向的变化及其影响》,《新闻与传播评论》2004年第10期。

郭全中:《全程全息全员全效媒体创新探析》,《中国出版》2019年第4期。

何炜、张旸:《"中央厨房"烹制新闻美味——人民日报全媒体平台创新融合发展途径的实践》,《中国报业》2016年第7期。

金宇:《谈都市报财经新闻的选题》,《新闻世界》2013年第8期。

雷跃捷、司丽:《"反转新闻"视角下新闻真实性再探》,《青年记者》2019年第15期。

李良荣:《当前中国新闻改革的基本特点——纪念新闻改革25周年》,《现代传播》2004年第5期。

刘兢:《拓展新闻学的想象力——四本英文期刊"新闻业之未来"专辑的

启示》,《新闻记者》2011 年第 11 期。

刘颖:《中央厨房模式下纸媒话语的转型路径》,《传播力研究》2018 年第 17 期。

陆晔、周睿鸣:《“液态”的新闻业:新传播形态与新闻专业主义再思考》,《新闻与传播研究》2016 年第 7 期。

孟笛、柳静、王雅婧:《颠覆与重塑:人工智能时代的新闻生产》,《中国编辑》2021 年第 4 期。

潘亚楠:《新闻游戏:概念、动因与特征》,《新闻记者》2016 年第 9 期。

任晓敏:《算法推送对新闻专业主义的解构与重塑》,《中国报业》2018 年第 5 期。

石研:《金融危机下财经报刊需应对的几个问题》,《编辑之友》2010 年第 3 期。

田晓凤、张伟、雷跃捷:《中国新闻奖首设的“媒体融合奖项”获奖作品评析》,《中国记者》2018 年第 11 期。

王晓东:《2021 年全国两会融媒体报道创新观察》,《传媒》2021 年第 9 期。

吴雨蓉:《新议新闻特写的新闻性和文学性》,《新闻知识》2013 年第 2 期。

杨青:《新闻是广播电视的主体——吴冷西同志谈广播电视新闻》,《新闻战线》1982 年第 12 期。

殷陆君等:《“四全媒体”:媒体融合新方向》,《传媒》2019 年第 8 期。

喻国明、赵睿:《媒体可供性视角下“四全媒体”产业格局与增长空间》,《学术界》2019 年第 7 期。

张贺:《融媒体时代党报时政报道如何守正创新》,《传播力研究》2019 年第 3 期。

张意轩、尚丹:《深度融合、技术助力、内容创新——基于对2018 年全国“两会”媒体报道的观察》,《青年记者》2018 年第 12 期。

支庭荣:《“互联网+”时代的媒体融合:概念界定、评价标尺与操作路径》,《教育传媒研究》2019 年第 3 期。

周红泉:《让主题报道更“有味”——从新湖南客户端十八洞系列产品谈主题报道创新》,《新媒体研究》2020 年第 6 期。

朱春阳:《县级融媒体中心建设:经验坐标、发展机遇与路径创新》,《新闻界》2018 年第 9 期。

三、报纸文章

曹娴:《欧美黑杨砍掉之后——西洞庭湖湿地生态保护见闻》,《湖南日报》2019 年 7 月 19 日。

陈道龙:《一纸推广证　几多“生意经”》,《新华日报》2016 年 5 月 12 日。

杜飞进、耿建扩:《三十年回望塔元庄》,《光明日报》2016 年 8 月 24 日。

杜江茜、谢凯等:《1 个人和 27 个人生死对话》,《华西都市报》2019 年 4 月 4 日。

杜献洲、邵薇、安普忠、柴华:《英雄底色——湖北省来凤县离休干部张富清纪事之一》,《解放军报》2019 年 5 月 25 日。

范敬宜:《过去统计“有”　现在统计“无”》,《人民日报》1995 年9 月 13 日。

高杨、郭少雅:《草莓农残超标致癌,是真的吗?》,《农民日报》2015 年 5 月 1 日。

哈丹宝力格、海粼:《牧民开始用卫星放牧》,《内蒙古日报》2011 年11 月 23 日。

黄晓宇:《相机中上千张照片不翼而飞　买家诉小米公司索赔万元》,《北京晨报》2018 年 10 月 4 日。

江夏、许志峰:《“这次会议真的不一样”》,《人民日报》2012 年12 月 17 日。

康劲、黄贵彬、马勇强:《“见字如面”23 年》,《工人日报》2017 年3 月 18 日。

柯进:《十几年搬不掉一个“筹”字》,《中国教育报》2015 年 4 月 27 日。

李海鹏:《满语消失的最后一瞬》,《南方周末》2008 年 4 月 4 日。

李海鹏:《灾后北川残酷一面》,《南方周末》2008 年 5 月 22 日。

刘畅:《呼伦贝尔草原上的白灾人家》,《中国青年报》2002 年 1 月 27 日。

刘奇葆:《推进媒体深度融合　打造新型主流媒体》,《人民日报》2017 年 1 月 11 日。

马美菱、樊丽萍:《在这里,找到患者信任的理由》,《文汇报》2016 年 12 月8 日。

南香红:《没有木卡姆就等于没有了生命》,《南方周末》2006 年11 月

30 日。

童浩麟:《火车站见证兰考经济变迁》,《河南日报》2012 年 12 月 3 日。

王海涛、刘印:《二百八十一个签名挽留第一书记》,《陕西日报》2019 年 6 月 3 日。

王思达、周聪聪、朱艳冰:《李保国的最后 48 小时》,《河北日报》2016 年 4 月12 日。

王晓英、张雷、张志杰:《寻找"最美女孩"》,《西安晚报》2017 年4 月 19 日。

温庆生:《一名护士长的"速度与激情"》,《光明日报》2020 年 3 月 27 日。

文彩云、杨波:《变"民生痛点"为"发展支点"》,《广西日报》2019 年7 月 21 日。

徐黎:《如何理解"四全媒体"的内涵和意义?》,《学习时报》2019 年4 月 8 日。

杨继斌:《温州大火七个人的生死一天》,《新京报》2007 年 12 月 12 日。

杨利:《四名中国青年科学家在斯里兰卡"4·21"事件中遇难》,《新京报》2019 年 4 月 22 日。

杨雯:《央视网 VR 新技术助力"两会"报道》,《中国新闻出版广电报》2019 年 3 月 20 日。

杨永辉:《法警背起生病被告》,《北京青年报》2000 年 12 月 16 日。

余清楚:《别让谣言跑在科学前面》,《人民日报》2020 年 1 月 28 日。

俞陶然:《"先投后奖"走通股权奖励路》,《解放日报》2016 年 8 月 10 日。

张盖伦、操秀英:《IEEE 挑战学术底线　损害学界声誉》,《科技日报》2019 年 5 月 30 日。

张临山、冷雪:《别了,白家庄矿》,《陕西日报》2016 年 12 月 28 日。

张雅、张月朦:《网络热文疑造假"暗号"引向赌博网》,《北京青年报》2018 年 5 月 23 日。

章正、马富春:《大学女教师患癌被开除事件调查》,《中国青年报》2016 年8 月 19 日。

后　记

本书写作初衷是为山东省各高校提供一本规范的融媒体时代新闻报道的教材，在山东省新闻传播学类专业教学指导委员会的牵头下，多所高校教学经验丰富的教师共同努力，本书得以完成。

在写作过程中，我们广泛查阅学界、业界前辈留下的宝贵资料，尽最大可能让内容充实、表述准确；我们听取高校教师、学生的意见和建议，问道从业多年的职业记者，几番调整教材框架，辨析写作思路，力争给读者提供一个新闻报道方法的专业手册；我们尝试使用了一些融媒体多元文本，并尽可能用"年轻化"、生动化的叙述来讲述这个不断变化着的融媒体时代；我们引用了丰富的案例，其中很多作品来自近年的中国新闻奖获奖作品，希望这些案例能给大家一些创作方面的启发。

本书是在借鉴众多采写经验的基础上完成的。广大新闻工作者以他们的一线实践为教材提供了丰富的范例，在此，我们深表谢意。

本教材由王倩主持编写，任晓敏、郝丽丽、王育红担任副主编。黄雯撰写第一、二章，李静媛撰写第三章，郝丽丽撰写第四、五章，王雯漪撰写第六、七、八章，王育红撰写第九章，任晓敏撰写第十、十一章。

最后，感谢各方对本教材编撰工作的帮助、关心。书中尚有不少疏漏、粗浅、偏颇之处，欢迎大家批评指正。

王　倩

2021 年 4 月